CW01662965

Compostelle en Poche

GUIDE

DU PUY AUX PYRÉNÉES

JEAN-PIERRE SIRÉJOL

RANDO éditions

Toutes les photographies sont de Jean-Pierre Siréjol
Textes patrimoniaux : Véronique Sucère, d'après Louis Laborde-Balen

22, rue Eugène-Ténot – 65000 Tarbes
www.rando-editions.com
accueil@rando-editions.com

Dépôt légal : mars 2013 (précédent dépôt légal : février 2010)
ISBN 978-2-84182-535-6

Cartographie : Philippe Valentin pour Rando Éditions
Mise en pages : Thierry Renard
Photogravure : Isokéa (64, Anglet)
Impression : Loire Offset Titoulet (42, Saint-Étienne)

Auteurs et éditeur vous suggèrent des itinéraires. En aucun cas ils ne peuvent être tenus pour
responsables d'éventuels accidents ou de modification des conditions de réalisation des parcours
décrits dans cet ouvrage (qui dépendent de la forme physique de chacun, des conditions
météo, des équipements en plus ou moins bon état, de la signalétique éventuelle...).
Les informations concernant les hébergements n'ont pas de valeur contractuelle.

Les appellations GR® (balisage blanc et rouge), GRP® (balisage rouge et jaune)
et PR® (balisage jaune) sont des marques de la FFRando.

Le progrès ? Non. La créativité ? Par nécessité. Il peut n'y avoir aucun progrès mais nous devons continuer à nous imaginer nous-mêmes. Le monde – notre monde – a toujours existé et chaque jour nous devons le recréer. Si nous n'avions pas marché, la terre n'aurait pas existé.

Breyten Breytenbach
Le Monde du milieu

CONSEILS PRATIQUES

Bien évidemment, vous ne partirez pas sur les Chemins de Compostelle uniquement mus par votre intuition. Ce grand départ exige raison et préparation. Comment remplir son sac à dos sans qu'il ne devienne trop lourd ? À quel rythme marcher, selon quel découpage ? Comment s'alimenter, se soigner ?
Sachez tout d'abord que votre chargement ne devra pas dépasser le cinquième de votre poids (vous pesez 60 kg : votre sac à dos se limitera à 12 kg ; contenance : 45 à 60 l). Les éléments les plus lourds iront au fond et ce poids reposera sur les hanches (sur les os davantage que sur la musculature). Vous mémoriserez au plus juste le contenu de votre sac.

Le contenu du sac : duvet et/ou sac de couchage (matelas mousse si vous campez), nécessaire de toilette (allégé : gel douche, shampoing, savon de Marseille, mouchoirs, nécessaire à rasage, papier hygiénique), serviette, pinces à linge (pour faire sécher), gourde et gobelet, boîte(s) étanche(s), briquet, lampe électrique, couteau type "suisse". Pour les vêtements, préférez le coton (sous-vêtements en triple exemplaire), pantalon et short (ou bermuda) de rechange, couvre-chef, coupe-vent, veste Goretex, polaire, gants éventuellement. Pharmacie sommaire (bobos, ampoules). Lunettes de soleil, crème solaire. Sacs plastiques de protection ; carnet et crayon ; matériel photo…
Vos chaussures ne seront pas neuves… Légères, avec des semelles souples et bien crantées (surtout pas de semelles

semi-rigides), elles seront remplacées le soir à l'étape par des nu-pieds ou des espadrilles.
Vous n'oublierez pas le bâton de marche, ferré. Il est utile dans les descentes comme dans les montées, réconfortant lors de rencontres avec des chiens.
Vous vous serez entraînés avant le grand départ par des marches de 20, 25 voire 30 km, le sac sur les épaules. Vous pourrez alors partir quand bon vous semblera, le Chemin étant praticable presque toute l'année, en sachant malgré tout que la traversée de l'Aubrac et/ou des Pyrénées sera délicate, voire impossible (neige) de la Toussaint jusqu'à Pâques. La surfréquentation des mois d'été (avec, de plus, les risques d'insolation ou de déshydratation) vous incitera à choisir plus volontiers mai ou juin (journées assez longues, mais risque de pluie et donc de boue dans le Sud-Ouest), ou septembre, mois très favorable.
Vous partirez tôt le matin, vous reposerez à l'ombre aux heures les plus chaudes, boirez et mangerez convenablement pour parvenir en bon état à Compostelle.
Vous ne laisserez aucun déchet derrière vous, mais seulement dans les poubelles des refuges ou des villages traversés.
Vous éviterez les nuisances sonores, à commencer par la sonnerie de votre portable… (Il sera d'ailleurs préférable de bien vous renseigner auprès de France Télécom : 0800 202 202.)
Votre portefeuille et votre carte de crédit ne seront pas oubliés dans une poche du sac à dos. Votre sens de la courtoisie et de la tolérance restera vivace : vous n'oublierez pas, par exemple, de téléphoner pour réserver votre hé-

bergement, ou pour le décommander dans le cas contraire. Bien entendu, papiers d'identité, carte de groupe sanguin, cartes Vitale et de mutuelle seront du voyage.

DÉCOUPAGE DES ÉTAPES HÉBERGEMENTS

Les capacités physiques (et financières) des pèlerins sont aussi singulières et différentes que leurs habitudes... Chacun fera donc comme il ou elle pourra ou voudra, que ce soit dans l'épreuve de la distance quotidienne à parcourir ou dans le choix de son mode d'hébergement.
Les étapes proposées dans ce guide sont indicatives, et surtout pas impératives. La météo (composer le 08 92 68 02 + n° du département), un incident de parcours, un bobo, un refuge saturé ou une auberge bondée, votre fantaisie du moment peuvent vous obliger ou vous inciter à modifier le cours de votre étape. Les hébergements sont suffisamment nombreux tout au long de ce Chemin pour que vous puissiez inventer jour après jour votre parcours. Souvent (constat des anciens...), dans le premier quart de l'itinéraire vers Compostelle, les marcheurs suivent le découpage du guide. Puis les choses se modifient : fatigue pour les uns, vitesse de croisière pour les autres, soit plus ou moins une demi étape... Le temps dévolu à l'éventuelle visite des villes sera également un facteur important dans le calcul du kilométrage de l'étape d'arrivée dans la cité, et de celle du départ. Le découpage de chacune des étapes de cet ouvrage répond à l'observance stricte de la moyenne horaire conventionnelle : 4 km/h, les temps d'arrêt devant être ajoutés. Le découpage mesuré en termes de distance sera aussi utile aux cyclistes qui ne le prendront minutieusement pas au pied du chiffre...
Les hébergements du chemin sont de toute nature : refuges publics, associatifs, confessionnels (généralement pas de prix affiché...), privés ; auberges de jeunesse, hôtels, chambres d'hôtes. Les propositions de ce guide ne sauraient être ni exhaustives, ni contractuelles. Si vous choisissez les gîtes d'étapes, vous aurez intérêt à ne pas avoir oublié votre sac de couchage ! Certains hébergements ne vous seront accessibles que sur présentation d'une crédencial (CO). Les marcheurs y sont prioritaires. La participation à l'entretien de certains lieux relève de l'obligation (PO). Si vous choisissez les auberges de jeunesse, la carte FUAJ internationale est obligatoire (www.fuaj.org). Enfin, les campings, plutôt rares, nécessitent le transport de tout un fardeau (popote, réchaud) encombrant. La très grande fréquentation du Chemin du Puy a incité les hébergeurs à se professionnaliser et à adapter prix et prestations. Vous n'oublierez jamais de vous comporter en hôtes courtois, respectueux de l'éthique inhérente à ce qui fonde votre présence en ces lieux partagés par les pèlerins et les randonneurs confondus en une même communauté.

BALISAGE ET SIGNALISATION

Depuis près de deux décennies, le Chemin du Puy connaît un regain de fréquentation. La Fédération française de la randonnée (via ses comités départementaux) a mis en place un abondant balisage qui rend difficile la "sortie de route".
Vous rencontrerez trois types de balisages :
- Sentier de Grande Randonnée : les normes d'homologation sont connues des marcheurs. Matière vivante (et non figée, n'en déplaise à certains pour qui il n'existe qu'un itinéraire historique), le tracé du chemin bouge, s'adapte, hésite, contourne : le sentier aménagé relève du mieux à un moment donné.

Bonne direction

Tourner à gauche

Tourner à droite

Mauvaise

Flèches jaunes
Apposées sur toutes formes de supports (arbres, panneaux de signalisation routière, angles de murs, etc.), elles ont le mérite de la simplicité en matière d'orientation – quand des petits malins ne les inversent pas…

Le logo de l'Itinéraire culturel du Conseil de l'Europe
La coquille stylisée jaune sur fond bleu se fait plus visible, plus fréquente et plus encore en territoire espagnol. Ce logo a été conçu de manière à signifier l'interpénétration entre l'identité d'un territoire et l'universalité européenne : il n'a pas d'immédiate fonction directionnelle. Mais l'usage veut qu'il soit interprété comme tel, ce qui souvent induit confusion et interprétations divergentes.

RENSEIGNEMENTS SUR L'ÉTAT DES SENTIERS, SUR LE BALISAGE, CONSEILS POUR DES ITINÉRAIRES PERSONNALISÉS

Centre d'Information de la Randonnée Pédestre
14, rue Riquet – 75019 PARIS – (métro Riquet)
Tél. : + 33 (0) 01 44 89 93 93
Fax : + 33 (0) 01 40 35 85 67
Courriel : info@ffrandonnee.fr
Site : www.ffrandonnee.fr

CDRP Haute-Loire
21 rue du Collège
FR 43000 Le Puy-en-Velay
Tél. : + 33 (0) 04 71 04 15 95
Courriel : randohauteloire@wanadoo.fr
Site : www.lacroiseedeschemins.com

CDRP Lozère
Route de Coste Ebesse
FR 48700 Rieutort-de-Randon
Tél. : + 33 (0) 04 66 47 17 03
Télécopie : + 33 (0) 04 66 47 17 05
Courriel : cdrp48@worldonline.fr

CDRP Aveyron
Maison du Tourisme – 17 rue Aristide Briand
FR 12008 Rodez Cedex
Tél. : + 33 (0) 05 65 75 54 61
Télécopie : + 33 (0) 05 65 75 55 71
Courriel : cdrp12@aveyronsport.com
Site : www.aveyronsport.com/cdrp12/

CDRP Lot
BP 7 – FR 46001 Cahors Cedex 9
Tél. : + 33 (0) 05 65 35 80 82
Courriel : cdrp46-figeac@tourisme-lot.com
Site : www.randonnees-lotoises.net/coderando/coderando00.htm

CDRP Tarn-et-Garonne
Maison de la Randonnée : 5 Sente du Calvaire –FR 82200 Moissac
Tél. : + 33 (0) 05 63 04 73 25
Courriel : cdrp82@wanadoo.fr

CDRP Gers
Maison du Tourisme : 3 Bd Roquelaure
BP 106 –FR 32002 Auch
Tél. : + 33 (0) 05 62 05 87 41
Télécopie : + 33 (0) 05 62 05 02 16
Courriel : cdrp32.asso@wanadoo.fr

CDRP Landes
Mairie – FR 40180 Narrosse
Tél. : + 33 (0) 05 58 90 12 84
Télécopie : + 33 (0) 05 58 56 95 94
Courriel : cdrp.40@wanadoo.fr
Site : www.cdrp40.asso.fr

CDRP Pyrénées-Atlantiques
18 rue de La Carrère
FR 64370 Arthez-de-Béarn
Tél. : + 33 (0) 05 59 67 43 46
Courriel : cdrp64@wanadoo.fr
Site : www.cdrp64.asso.fr

DOCUMENTS SPÉCIFIQUES

En bien des endroits, il vous faudra attester de votre qualité de pèlerin en marche pour Compostelle. Ces documents (passeports du pèlerin) seront à chaque étape revêtus d'un tampon apposé par la mairie, le prêtre, l'office de tourisme, le lieu d'accueil. S'ils sont une recommandation de l'organisme qui

vous l'a délivré, ils impliquent également un devoir de respect pour vos hôtes et de tolérance pour tous les autres cheminants.
La créanciale : accréditation délivrée à celui qui accomplit le pèlerinage à fin d'authentification de sa motivation spirituelle. Délivrée gracieusement en France par l'Église, après entretien, ce qui n'implique pas d'être un chrétien accompli. S'adresser à votre paroisse ou, mieux, à l'évêché.
La crédencial : document délivré par des associations laïques, des offices de tourisme. Même fonction – et mêmes devoirs – que le document précédent. Recommande le pèlerin auprès de ses hôtes et de ses semblables. Voir la liste des associations jacquaires.
La compostella : certificat officiel instauré au XIVe siècle, rédigé en latin et délivré par le Bureau des pèlerins à la cathédrale de Compostelle. Il symbolise l'accomplissement du pèlerinage (dans une démarche religieuse ou spirituelle) à condition d'avoir parcouru à pied au moins les cent derniers kilomètres avant Santiago (200 km à cheval ou à vélo). Un document analogue est délivré au même lieu aux marcheurs laïcs.

CONSEILS AUX CYCLISTES

Ne jamais l'oublier : les marcheurs ont priorité, en toutes circonstances. Votre deux roues devra être muni d'un timbre discret mais efficace pour signaler votre approche. Vous roulerez sur des petites routes goudronnées, en ville, sur des pistes et des chemins de terre, des sentiers caillouteux, des portions ravinées : votre monture sera donc de préférence un hybride, à savoir un VTC. L'éclairage devra être en état de marche, le porte-bagages équipé de sacoches (moins de déséquilibre qu'avec un sac à dos), la trousse de réparation révisée et complétée avant le départ. Cuissard, casque et gants paraissent indispensables. Pour en savoir plus, contactez la Fédération française de cyclotourisme : www.ffct.org et info@ffct.org (ou 01 56 20 88 88).

CARTOGRAPHIE

Le GR 65 est un itinéraire très bien balisé par les bénévoles de la FFRP et des CDRP. Le guide Le Chemin du Puy propose une cartographie schématique à une échelle approchant le 1/100 000 (1 cm = 1 km).

ABRÉVIATIONS

Acheminement transport des cheminants jusqu'à l'hébergement ; service payant ou gratuit (se renseigner)
av. avenue
bd. boulevard
CO crédencial obligatoire
ch. chambre
CH chambre d'hôte
Dbl. double
empl. emplacement camping
€ euro
H hôtel
HC hors chemin
HR hôtel-restaurant
(HR) heure des repas
(HDB) heure de bureau
ML machine à laver (service gratuit)
MLP machine à laver (service payant)
OT office de tourisme
pdj petit déjeuner
pers. personne
pl. place
poss. possibilité
Réservation revêt un caractère obligatoire
SI syndicat d'initiative
tente concerne les pèlerins munis de leur tente
TH table d'hôte
WE week-end

QUI FAIT QUOI ?

Si vous voulez échanger avec d'anciens cheminants, vous préparer et ne pas marcher seul... contactez les Associations Amis de Saint-Jacques.
Pour élargir votre choix d'hôtels : contactez les offices de tourisme ou les syndicats d'initiatives. Ils renseignent sur les hébergements, les choses et lieux à voir, les manifestations culturelles dans la commune ou le canton. Certains disposent d'informations précises et adaptés aux besoins des cheminants sur les routes vers Compostelle, notamment ceux des principales haltes. Le service offert et la disponibilité sont variables. Pour les retrouver : http://www.tourisme.fr
Les mairies des petites communes peuvent vous fournir une information d'appoint sur les hébergements ou les animations. Attention : ce n'est pas là leur rôle principal !
Les associations réunissent les usagers des chemins vers Compostelle, des particuliers, anciens ou futurs cheminants. Leurs orientations sont diverses : religieuse ou culturelle, privilégiant tantôt l'activité de recherche historique locale, tantôt l'accueil.

Société française des amis des Saint-Jacques
8, rue des Canettes, BP 14, 75261 Paris Cedex 06
Tél. 01 43 54 32 90
www.compostelle.asso.fr

Fédération française des associations des chemins de Saint-Jacques de Compostelle
44, rue Henri-Barbusse, 75005 Paris
www.union-jacquaire-france.net

Confrérie fraternelle des jacquets de France
41, place Charles-de-Gaulle, 63400 Chamalières
Tél. 04 73 36 28 36
www.pelerins-compostelle.net

Association de coopération interrégionale des chemins de Saint-Jacques
4, rue Clémence-Isaure, 31000 Toulouse
Tél. 05 62 27 00 05
www.chemins-compostelle.com

Association des amis de Saint-Jacques du Velay
Relais Notre-Dame, 29, rue du Cardinal-de-Polignac, 43000 Le Puy-en-Velay
e-mail : andre.cuny@orange.fr

L'abreuvoir de Chazeaux

AUTRES INFORMATIONS UTILES

Au Puy-en-Velay :
- Possibilité de stationner au parking souterrain de la place du Breuil. Tarif spécial pour les cheminants.
Renseignements : + 33 (0)4 71 02 03 54 (ouvert de 6h30 à 20h ; fermé dimanche et jours fériés)
- Toutes informations pratiques sur la ville dans la brochure gratuite "Guide d'informations pratiques à l'usage des pèlerins et des randonneurs" (disponible en allemand et anglais courant 2006). Renseignements à l'office de tourisme du Puy-en-Velay. Tél. : +33 (0)4 71 09 38 41 ou auprès du CDRP Haute-Loire. Tél. : + 33 (0) 04 71 04 15 95

Portage de bagages
- Association Factage : transport du Puy-en-Velay à Logroño (se renseigner pour d'éventuelles prestations plus après sur le chemin). Les Vignals – FR 82110 Lauzerte
Tél. : +33 (0)5 63 94 75 60 (de 18h30 à 22h)
Courriel : factage@free.fr
Site : www.factage.free.fr

SNCF
État du trafic (ligne vocale) : 08 91 67 68 69 (0,23 €/min)
Informations / réservations (ligne directe) : 08 92 35 35 35 (0,34 €/min)
Information régionale : www.ter-sncf.com
Site : www.voyages-sncf.com
Information nationale : 36 15 ou 36 16 SNCF (0,20 €/min)

Avion
Principaux aéroports les plus proches : Lyon (Saint-Exupéry), Aurillac, Le Puy-en-Velay (Loudes), Agen (La Garenne), Rodez (Marcillac)

LE PATRIMOINE MONDIAL UNESCO

"La mémoire est un ressort essentiel de la créativité : c'est vrai des individus comme des peuples qui puisent dans leur patrimoine – naturel et culturel, matériel et immatériel – les repères de leur identité et les sources de leur inspiration."
"Le patrimoine est l'héritage du passé, dont nous profitons aujourd'hui et que nous transmettrons aux générations à venir."
"Les sites du Patrimoine Mondial appartiennent à tous les peuples du monde, sans tenir compte du territoire sur lequel ils sont situés."

Le Patrimoine Mondial est constitué de deux catégories de biens culturels et naturels reconnus pour leur valeur universelle exceptionnelle. En 1998, les "Chemins de Saint-Jacques de Compostelle en France" ont été inscrits sur la liste du Patrimoine Mondial.

LE PUY-EN-VELAY
SAINT-JEAN-PIED-DE-PORT
FRANCE
ESPAGNE
ANDORRE
GOLFE DE GASCOGNE
GOLFE DU LION
N
O
E
S
BRIOUDE
MAURIAC
TULLE
PERIGUEUX
BLAYE
BRIVE-LA-GAILLARDE
SAINT-FLOUR
SAUGUES
SAINT-PRIVAT-D'ALLIER
AURILLAC
SARLAT-LA-CANEDA
LIBOURNE
BORDEAUX
BERGERAC
La Dordogne
Bassin d'Arcachon
ROCAMADOUR
SAINT-ALBAN-SUR-LIMAGNOLE
NASBINALS
AUMONT-AUBRAC
GOURDON
FIGEAC
LIVINHAC-LE-HAUT
GOLINHAC
BEDUER
CONQUES
SAINT-CHÉLY-D'AUBRAC
MENDE
LARGENTIÈRE
ESPALION
LANGON
La Garonne
CAJARC
CAHORS
Le Lot
TOURNON-D'AGENAIS
LASCABANES
VARAIRE
LARAMIÈRE
VILLEFRANCHE-DE-ROUERGUE
RODEZ
L'Aveyron
FLORAC
AGEN
LAUZERTE
L'Ardèche
NÉRAC
MOISSAC
CASTELSARRASIN
ALÈS
MILLAU
CONDOM
LA ROMIEU
MONTAUBAN
LE VIGAN
MONT-DE-MARSAN
SAINT-ANTOINE
Le Gar
LECTOURE
Le Tarn
La Midouze
ALBI
NÎMES
DAX
NOGARO
EAUZE
LODEVE
AIRE-SUR-L'ADOUR
AUCH
MONTPELLIER
L'Adour
BAYONNE
ORTHEZ
TOULOUSE
CASTRES
ARZACQ-ARRAZIGUET
MIRANDE
L'Hérault
SAN-SEBASTIAN
ARTHEZ-DE-BÉARN
Le Gers
MURET
AROUE
PAU
BÉZIERS
NAVARRENX
TARBES
OSTABAT
L'Aude
OLORON-SAINTE-MARIE
CARCASSONNE
NARBONNE
RONSCEVALLES
PAMIERS
BAGNÈRES-DE-BIGORRE
SAINT-GAUDENS
LIMOUX
PAMPLONA
ARGELÈS-GAZOST
SAINT-GIRONS
FOIX
PERPIGNAN
LOGROÑO
PRADES
CÉRET

→ Le Puy-en-Velay → Saint-Privat-d'Allier

La Vierge noire

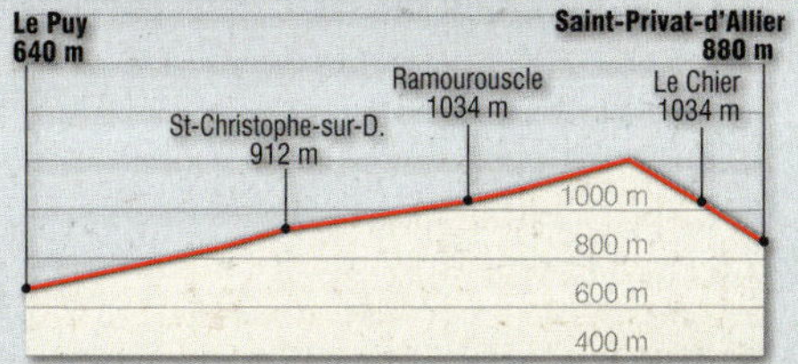

Les cheminants doivent ressentir une certaine émotion à descendre les 134 marches de la cathédrale pour partir sur les traces d'un pèlerinage vieux de plus d'un millénaire. Les premiers efforts des pèlerins sur les hauteurs de la ville permettent de jeter un ultime coup d'œil panoramique sur la cité et de partir à la découverte de la beauté du paysage des monts du Velay.

RENSEIGNEMENTS PRATIQUES

LE PUY-EN-VELAY (43000)

- OT, 2 pl. du Clauzel, 04 71 09 38 41, www.ot-lepuyenvelay.fr
- Tous commerces, services, gares SNCF et routière, nombreux hôtels, restaurants et chambres d'hôtes
- AJ Centre Pierre-Cardinal (en travaux jusqu'en juin 2013), 72 pl., C.O., nuitée 11,50 €/p., pdj 4 €, coin cuisine, pas de repas, du 01/10 au 31/03 accueil de 14h à 23h30, fermé week-end (sauf pour les groupes), jours fériés et vacances de Noël, le reste de l'année (du 01/04 au 30/06 et du 01/08 au 30/09) ouvert tlj, accueil de 14h à 23h30 sauf dimanche et jours fériés de 18h à 21h, réservation conseillée en juillet et août, 9 rue Jules-Vallès, 04 71 05 52 40, www.fuaj.org/Le-Puy-en-Velay
- GE Maison Saint-François, 13 ch. (19 pl.), nuitée 18,50 €/p., pdj compris, ½ pension 29 €/p. (sauf jeudi et dimanche), coin cuisine, 6 rue Saint-Mayol, 04 71 05 98 86
- Accueil Saint-Georges (grand séminaire), 100 ch. (200 pl.), nuitée de 21 à 45 €/1 à 3 p., pdj compris, repas 11 €, panier repas 7 €, 4 rue Saint-Georges, 04 71 09 93 10, grandseminaire43@live.fr
- GE et H des Capucins, 4 ch. (19 pl.), nuitée de 14,90 à 17,90 €/p. (selon saison), pdj 7,50 €, coin cuisine, panier repas 8 €, 29 rue des Capucins, Mlle Terrasse, 04 71 04 28 74, www.lescapucins.net
- CH Les Jardins de Champfleury, 3 ch. + 1 studio (10 pl.), nuitée de 59 à 120 €/1 à 4 p., pdj compris, TH sur réservation 23 €, ouvert du 01/04 au 30/09, 133 bis av. Maréchal-Foch, Champfleury, 04 71 02 36 75 ou 06 07 42 93 59, www.lesjardinsdechampfleury.fr
- Camping municipal de Bouthezard, 80 empl., tente 6 €/p., ouvert du 15/03 au 31/10, ch. de Bouthezard /Aiguilhe, 04 71 09 55 09, www.camping-bouthezard-43.com

SAINT-CHRISTOPHE-SUR-DOLAISON (43370)

- www.st-christophe-sur-dol.com (site en cours de refonte)
- Boulangerie, épicerie, restaurant, bar, poste

→ 800 m après le centre-bourg : CH et GE La Maison Vieille, 4 ch. (14 pl.), nuitée 18 €/p., pdj 5 €, repas 14 €, coin cuisine, panier repas, accueil équestre, fermé en déc. et janv., Tallode, Nicole Allègre, 04 71 03 17 78 ou 06 18 11 38 06, www.gite-43.fr

BAINS (43370) Sur variante du chemin

→ Épicerie, médecin, pharmacien, poste, restaurant

→ CH à la ferme, 3 ch. (9 pl.), nuitée de 43 €/2 p., pdj compris, repas 14 €, coin cuisine, ML, accès Wifi, accueil équestre, rte du Puy, Mme Raveyre, 04 71 57 51 79 ou 06 83 59 93 47, lafermedestjacques.pagesperso-orange.fr

→ G du Velay, 6 ch. + 1 dortoir (37 pl.), nuitée 12 €/p. en dortoir, pdj 5 €, nuitée de 30 à 105 €/1 à 6 p. en ch., pdj compris, ½ pension de 42 à 177 €/1 à 6 p., repas 12 €, 04 71 02 71 60, www.grand-gite.fr

MONTBONNET (43370)

→ Bar-snack

→ GE L'Escole, 4 ch. (15 pl.), nuitée 12 €/p., pdj 5 €, ½ pension 31 €/p., coin cuisine, accueil équestre, ouvert de mars à oct., accueil de 15h à 18h, M. Pinon, 04 71 57 51 03, www.lescole.com

→ CH La Barbelotte, 3 ch. (10 pl.), ½ pension 35 €/p. + 5 € (draps et serviettes), ouvert du 01/04 au 01/10, uniquement sur résa, 04 71 02 19 95 ou 06 74 45 51 13, www.labarbelotte.com

→ GE La Grange, 4 ch. (15 pl.), nuitée 14 €/p. + 3 € (draps et serviette), pdj 5 €, repas du soir 12 €, ½ pension 31 €/p., accueil équestre, ouvert du 01/04 au 23/08 et du 02/09 au 30/10, 04 71 57 54 44 ou 06 20 74 47 43, christian.gentes.pagesperso-orange.fr

SAINT-PRIVAT-D'ALLIER (43580)

→ Point info (dans le gîte), 04 71 57 25 50, mairie 04 71 57 22 13, www.mairie-saintprivatdallier.fr

→ Épicerie, boulangerie, boucherie (fermées le lundi sauf en été), bar, hôtel-restaurant, poste

→ HR La Vieille Auberge, 19 ch., nuitée de 54 à 80 €/1 à 3 p., pdj 7,50 €, ½ pension de 43 à 45 €/p., poss. panier repas 7,50 €, menu à partir de 15 €, fermé en fév., résa basse saison, le bourg, 04 71 57 20 56, www.lavieilleauberge43.com

→ GE La Cabourne, 13 ch. (47 pl.), nuitée de 13 à 19 €/p. (selon la ch.), pdj 6 €, repas 16 €, ½ pension de 36 à 43 €/p., résa recommandée, AP à partir de 16h, départ avant 10 h, le bourg, 04 71 57 25 50, www.lacabourne.fr

→ CH, 5 ch. (15 pl.), nuitée de 20 à 48 €/1 à 4 p., pdj 5 €, repas 15 €, panier repas 8 €, ouvert de mars à fin oct., le bourg, Mme Micheli, 04 71 57 29 12, www.accueil-randonneurs.fr

→ Camping municipal Le Marchat, 18 empl., tente 4 €/p., ouvert du 01/05 au 15/10, résa pour juil./août, 04 71 57 22 13

→ AP, 4 ch. (15 pl.), repas du soir et pdj pris avec la famille, PO aux frais, coin cuisine, accès Internet, ouvert tte l'année, fermé le vendredi, contacter propriétaire en période de vac., M. Lucien, ch. du Bonheur, 04 71 57 21 56, www.chemindecompostelle.com/lucien ou www.webcompostella.com/St-Privat-d-Allier_a67.html

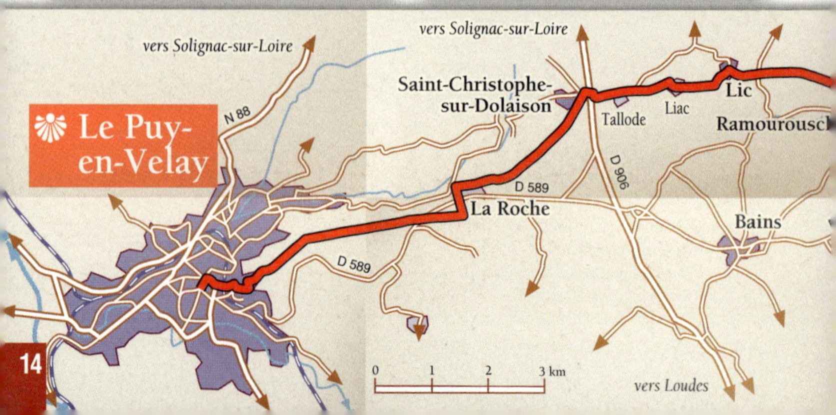

00,0 Notre-Dame du Puy. Au pied des marches de la cathédrale, descendez la rue des Tables. Au carrefour après la fontaine, prenez à gauche la rue Raphaël. À la bifurcation, continuez à droite puis, en suivant, empruntez la rue Chênebouterie qui mène à la place du Plot. Sur sa droite, suivez la rue Saint-Jacques.

Notre-Dame du Puy

00,5 Feux : traversez le boulevard Saint-Louis pour monter en face la rue des Capucins. Sur le haut, face au mur, tournez à droite rue de Compostelle en laissant plus loin la rue Antoine-Pitarch, la rue Louis-Pasteur et l'ensemble sportif sur la droite. Dans le virage, un bout de sentier et quelques marches coupent une épingle de la rue.

01,5 Plus haut, après l'entreprise Fontanille, prenez à gauche un chemin empierré et large qui longe un grand mur. Plus loin, au croisement multiple avec une croix, continuez en face entre deux murettes sur un chemin plus rocailleux. Il monte et passe devant la ferme en restauration de Conflans.

04,3 Traversez la D 589 pour un chemin caillouteux en face. 800 m plus loin, au croisement, prenez à gauche et poursuivez sur le goudron à la hauteur de la première maison.

1h20 05,4 Traversez encore la **D 589** pour suivre une ruelle en face. Hameau (870 m) de la Roche : après la dernière maison, tournez franchement à droite en laissant un chemin herbeux à gauche. Plus loin, laissez à gauche le goudron pour un chemin en face qui se prolonge par un court sentier. Remontez le goudron à gauche et, à la sortie du hameau, 40 m avant la D 589, prenez un sentier à gauche. Celui-ci reste en bordure d'une dépression, puis rejoint un chemin caillouteux.

06,9 À la bifurcation après une croix de pierre, allez sur le chemin à droite. Plus loin, passez un pont, puis retrouvez le gravier et ensuite le goudron.

2h10 08,5 Saint-Christophe-sur-Dolaison. Sur la place, tournez à droite et dépassez l'église par la gauche. Prenez une rue à gauche et sur la route (rue du château) allez à droite. Au carrefour, à la sortie, prenez à droite la direction de Tallode pour passer sous la D 906. Doublez ensuite le hameau de Tallode (926 m) et laissez les chemins de terre sur la gauche.

10,6 Bifurcation de Liac : poursuivez à gauche et, 80 m plus loin, prenez à droite. Après le goudron, continuez sur un chemin gravillonné.

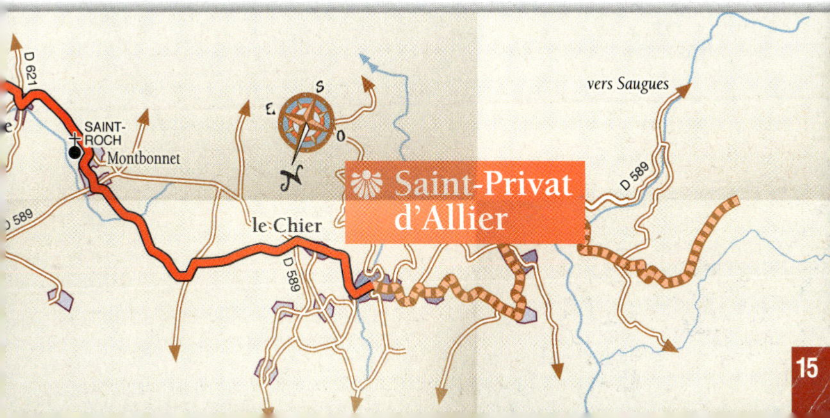

11,6 Hameau de Lic. Juste à la sortie, prenez à droite un chemin d'abord caillouteux, puis herbeux et de nouveaux caillouteux. 400 m après le hameau, prenez à gauche sur un chemin.

12,5 Croisez une petite route (laissez la variante par Bain à droite) pour suivre le chemin en face. 400 m plus loin, au carrefour de chemins, allez en face. Puis, à la bifurcation, allez à droite et, au carrefour de chemins suivant, continuez en face. Après l'étable, suivez la D 621 à droite.

3h30 **14,2** **Ramourouscle.** Au carrefour, prenez à gauche direction Montbonnet. À un carrefour, le balisage s'oriente nord-ouest. Vous dépassez la chapelle Saint-Roch et, une centaine de mètres après, vous prenez à droite à la bifurcation pour entrer dans Montbonnet.
Traversez le village et laissez un chemin avec une croix à droite ; à la bifurcation continuez à droite.

16,6 Carrefour avec la D 589 : allez à gauche sur 200 m avant de bifurquer à droite sur une allée goudronnée, en laissant le GR 40 à gauche. Le chemin devient herbeux. Aux deux premiers carrefours, allez en face, et au suivant prenez à droite en traversant un ruisseau. 300 m plus loin, laissez descendre un embranchement à gauche.

18,4 Carrefour à droite d'une ruine : montez tout droit et à l'intersection en Y, 100 m après, poursuivez à droite.

18,7 Au carrefour au-dessus, virez à gauche (retour de la variante de Bains par la droite). Le chemin terreux en sous-bois peut devenir très boueux par temps de pluie. 150 m plus loin, laissez le Tour du Velay à droite.

19,4 Petite route (1206 m) que vous suivez à gauche sur 60 m avant de descendre sur un petit chemin à droite. Vous y laisserez deux embranchements à gauche.

21,4 Traversez la D 589 (alt. 1059 m).

5h30 **21,8** **Le Chier*** (1034 m). Allez tout droit (ouest) en passant devant la mairie. À la sortie du hameau, un chemin remplace le goudron.

22,3 À la bifurcation, prenez à droite (nord-ouest) où le chemin descend assez fortement dans la première partie avant de se calmer ensuite. Quand il remonte, prenez à gauche un sentier en creux.
Plus bas, passez le ruisseau puis un pont près d'un ancien moulin. Enfin, remontez le goudron. Vous rejoignez la D 589 (881 m) que vous descendez à gauche.

6h00 **23,9 Saint-Privat-d'Allier.**
Carrefour avec bar et pompe à essence.

** Au Chier, les VTT descendent à droite sur la route, passent le Villard, et rejoignent Saint-Privat par la D 589.*

Le Puy-en-Velay : *podium* en latin (« monticule ») désigne ici l'un des pitons volcaniques. Velay, lui, est un mot celte. La tribu des Vellaves appartenait à l'ensemble arverne, d'où viennent les Auvergnats. La ville conserve une tradition pascale originale : la procession des Pénitents blancs, le Jeudi saint à la nuit tombée.

À travers la ville

La cathédrale, de style roman, présente diverses influences venues d'Orient et de l'Espagne mauresque (portes en bois sculptées du XIIe s., pierre des Fièvres, fresques d'influence byzantine et italienne, statue vénérée de la Vierge noire, trésor de la sacristie, très beau cloître roman des XIe et XIIe s. et baptistère Saint-Jean).

Des expositions de dentelle à l'Atelier conservatoire national de la dentelle à la main, ainsi qu'au musée Crozatier.

Le rocher Corneille et sa statue de Notre-Dame-de-France érigée en 1860.

La chapelle Saint-Michel-d'Aiguilhe (X^{e}-XIIe s.) en haut d'un piton de lave de 80 m.

L'église gothique Saint-Laurent de l'ancien couvent des dominicains (XIVe s.).

L'un des tombeaux du connétable Duguesclin, mort en 1380.

La fontaine de la Bidoire (XIIIe s.,) et la statue de saint Jacques inaugurée en 1990.

Le panorama sur le bassin du Puy par la rue de Compostelle.

Par Saint-Christophe chemin faisant

La petite montagne du Croustet, un cône de scories volcaniques, exploitée sous le nom de « pouzzolanes ».

L'église de Saint-Christophe-sur-Dolaizon (XIIe s.) en pierre volcanique rougeâtre (clocher à quatre arcades et enfeux extérieurs).

Sur la D31, les restes d'un four banal, dans lequel les familles de Saint-Christophe cuisaient leur pain.

À proximité de la Croix de Ramourouscle (1631), une maison caractéristique où les successeurs des servants des Templiers recevaient les pèlerins.

→ Saint-Privat-d'Allier → Saugues

Grange à Escluzels

Entre monts du Velay et plateau du Gévaudan, la profonde entaille de l'Allier oblige les randonneurs à effectuer prudemment, à partir de Rochegude, une grande descente sur la petite ville de Monistrol-sur-Allier. Un dénivelé conséquent qu'il faut regagner au-delà des orgues volcaniques pour récupérer les hauteurs de la Margeride naissante et faire étape au cœur des vieilles pierres de Saugues.

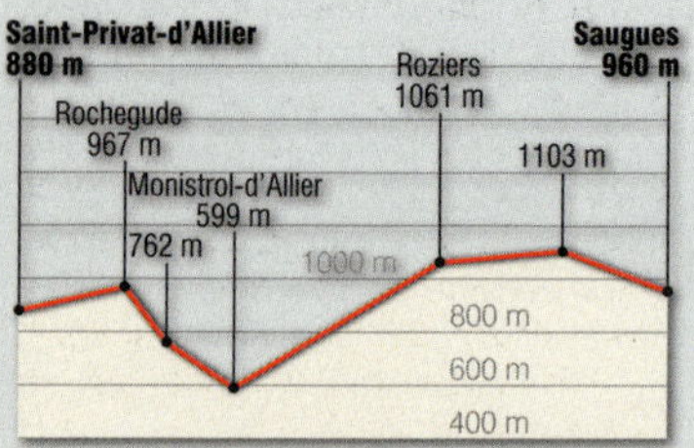

RENSEIGNEMENTS PRATIQUES

MONISTROL-D'ALLIER (43580)

→ Mairie, rue Jacquets, 04 71 57 21 21, www.monistroldallier.com

→ Boulangerie avec épicerie (fermée le jeudi sauf en été), bar-restaurant, gare SNCF (faire signe au conducteur)

→ GE communal, 12 pl., nuitée 10,30 €/p., coin cuisine, accueil équestre, fermé de nov. à fév., 04 71 57 24 14 ou mairie

→ GE La Tsabone, 10/12 pl., nuitée 11,50 €, pdj 4,50 €, repas sur réservation 13,50 €, coin cuisine, accueil ânes et chevaux, montée des Deux-Chiens, proche église, réservation, fermé du 31/10 au 28/02 et réservation mars et oct., Mme Barus, 04 71 06 17 23 ou 06 03 02 19 01, www.latsabone.fr

→ HR Le Pain de Sucre, 17 ch., 54 à 92 €/2 à 4 p., pdj 7 €, menu à partir de 16 €, accueil équestre, M. Joyce, 04 71 57 24 50, www.hotel-restaurant-monistrol.com

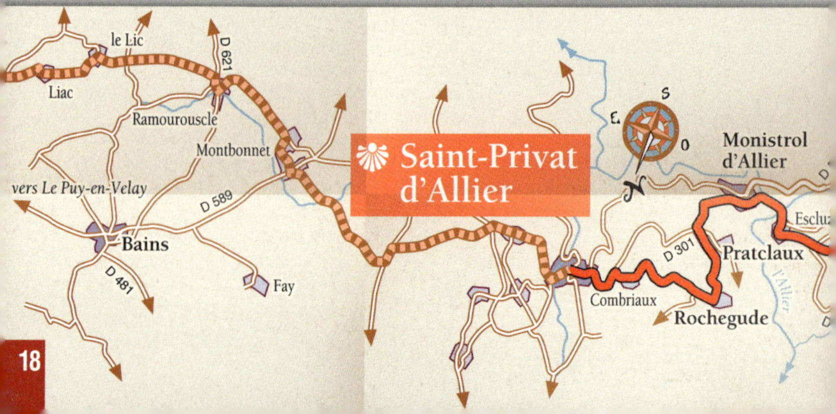

→ Camping municipal du Vivier, 47 empl., randonneur 5 €/p., ouvert du 01/04 au 15/09, 04 71 57 24 14 (gardien) ou 04 71 57 21 21 (mairie) + point accueil jeunes, 100 pl., nuitée 2,50 €/p., 04 71 57 21 21

SAUGUES (43170)

→ OT, cours Gervais, 04 71 77 71 38, www.gorges-allier.com, www.mairie-saugues.com, 04 71 77 17 30

→ Tous commerces et services

→ GE communal, 15 pl. en 5 ch., nuitée 11,50 €/p., coin cuisine, MLP, ouvert à l'année, M. Blanc, 04 71 77 80 62 ou 06 65 15 04 32, campingsauges@orange.fr

→ Centre d'accueil La Margeride, 16 ch. (40 pl.), nuitée 13,50 €/p., pdj 5 €, ½ pension 29,50 €, repas 11 €, panier repas 7 €, coin cuisine, MLP, ouvert du 01/03 à mi-oct., rue des Tours-Neuves, Mme Mouchet, 04 71 77 60 97, www.lamargeride.com

→ CH (gîte de France) Les Gabales, 5 ch. (15 pl.), ½ pension 75 €/p. (ch. individuelle), 45 €/p. (ch. partagée), panier repas 10 €, ouvert du 15/03 au 15/11, sur réservation, route du Puy, M. Gauthier, 04 71 77 86 92, www.lesgabales.com

→ Gîte de séjour Martins, 6 ch. (19 pl.), ½ pension 35 €/p. (+ 4 € draps), ouvert du 15/03 au 01/11, rue des Roches, Mme Martins, 04 71 77 83 45, www.chemindecompostelle.com/itiermartins

→ CH, 1 ch., nuitée de 35 à 48 €/1 à 3 p., pdj compris, coin cuisine, rue Emma-Roussel, Mme Blanc, 04 71 77 64 15, heleneblanc43@orange.fr

→ 3 km après le village : CH Les Fourneaux, 4 ch., nuitée 50 €/2 p., pdj compris, ½ pension 39 à 44 €/p., MLP, poss. panier repas sur demande, ouvert du 01/04 au 30/09, acheminement, Le Rouve, Mme Blanc, 04 71 77 64 15, www.chambres-hotes-saugues.info

→ CH L'Étape, 5 ch. (15 pl.), nuitée 22,35 €/p., pdj compris, repas 15 €, panier repas 10 €, MLP, rue de la Margeride, 04 71 77 38 03 ou 06 10 39 69 50, www.letape-saugues.com

→ Camping de la Seuge, 92 empl., tente 6,20 €/1 à 2 p. tarif pèlerin CO, pdj 5 € et snack : en saison, MLP, accueil équestre à proximité, ouvert du 15/04 au 15/10, av. du Gévaudan, M. Blanc, 04 71 77 80 62 ou 06 65 15 04 32, www.saugues.fr

00,0 Saint-Privat. Depuis le carrefour avec la pompe à essence et le bar, montez à droite par une petite route en laissant plus haut la direction du camping, à droite. 300 m après, dans une épingle (sous le regard de trois croix), quittez le goudron pour un sentier en balcon qui offre une vue panoramique sur le village que vous venez de quitter. Au bout de 300 m, vous reprenez le goudron sur la droite. Dans le virage près d'un pylône quittez cette route pour un sentier à gauche qui plonge jusqu'à un petit ruisseau et remonte jusqu'à la route.

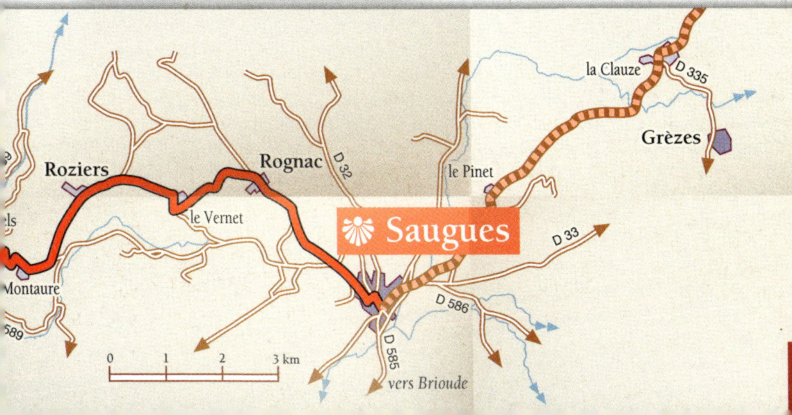

Vous êtes sur le Chemin

01,1 Traversez la route pour le chemin en face assez raide*. Allez à droite sur 40 m avant de prendre un chemin pavé, à gauche.

01,4 Combriaux : prenez pied sur le goudron que vous suivez à gauche. Au carrefour dans le hameau, poursuivez à gauche. Avant de rejoindre la bifurcation de routes, allez à droite sur un sentier. Il vire et devient creux.

01,9 Prenez la petite route à droite sur 500 m environ, puis empruntez un sentier à droite, parallèle à la route que l'on retrouve 220 m plus loin. 100 m après, quittez encore la route pour un sentier à gauche qui se poursuit par un chemin. Celui-ci mène directement au village.

0h50 03,3 Carrefour dans le hameau **Rochegude.** Descendez à gauche une petite ruelle (967 m) qui devient rapidement sentier. Il descend fortement un long moment sur un parterre rocheux et glissant (impraticable sur deux roues).

04,1 Vous tombez sur une route (D 301) que vous suivez sur la gauche. Après le point bas, laissez une petite route à gauche comme à droite et empruntez un chemin sur la gauche entre deux murettes, sur 90 m.

04,5 Pratclaux. Prenez le goudron à gauche et 20 m plus loin virez à droite. Après un pâté de maison, laissez plusieurs chemins à gauche ; après la dernière maison, prenez un chemin à droite sur 80 m. Traversez la D 301 pour continuer en face sur un autre chemin entre deux murettes. Vous retrouvez le goudron que vous suivez à droite sur une centaine de mètres pour prendre à gauche un chemin (panneau : Danger carrière).

05,4 Quittez le chemin dans un virage pour un sentier à droite ; il est en partie très caillouteux.Vous retrouvez la route que vous suivez désormais en descente.

1h40 06,5 Monistrol-d'Allier. Au carrefour, descendez en face la D 589 et, 200 m après, traversez le pont métallique (599 m). Suivez à droite la route sur 200 m avant de descendre à droite à la bifurcation en prenant la direction de la Madeleine. Dans la montée, vous laissez le sentier des Orgues à droite.

07,8 Quittez le goudron pour un chemin raide à gauche, fermé par une barrière. Plus haut, après la chapelle dans la roche, le chemin est aménagé de marches en rondins.

08,1 Escluzels : sur le goudron allez à droite et, 30 m plus loin à la bifurcation dans le hameau, poursuivez à gauche. Autre bifurcation où le GR 65 monte à gauche en suivant le goudron. Plus haut laissez un chemin à droite. Quittez le goudron pour un chemin à gauche qui exécute un lacet.

09,0 Traversez la route et prenez un bout de sentier en face. De nouveau traversez la route (D 589) pour continuer sur un chemin qui part vers la droite. Il monte longuement en lacet.
Au coude d'une petite route, montez en face. Au carrefour 140 m au-dessus et à gauche du hameau de Montaure, poursuivez à gauche.

11,3 Après le point haut (1021 m), prenez un chemin blanc à gauche et 200 m plus loin laissez un embranchement à gauche. Le chemin s'infléchit sud-sud-ouest.

En flânant dans Saugues...

3h10 12,6 Roziers. Goudron ; carrefour : continuez en face et, au prochain, allez à droite en suivant la route. Plus loin, laissez un embranchement à gauche, puis un autre à droite.
À la bifurcation en Y, poursuivez à droite (ouest) sur la route. Elle descend au ruisseau puis remonte. Au point haut (1049 m), laissez un chemin à gauche puis un autre 100 m plus loin.

14,4 Le Vernet : montez à droite et, 50 m plus haut, allez à gauche après la fontaine. À la sortie, prenez à gauche un chemin marqué par une croix perchée sur une roche. Le chemin se réduit en un sentier qui rejoint plus tard un bout de chemin.

16,2 Rognac. Allez vers la droite et passez à gauche du hameau en suivant la route. À 700 m, laissez une route à gauche vers Saint-Prejet.

17,1 Au bout de la ligne droite, prenez en face un petit chemin herbeux avec des passages rocailleux. Il se poursuit tout droit en un chemin que vous quittez à son tour en continuant toujours tout droit. Après, prenez un autre chemin tout droit en descente. Remarquez les sculptures en bois dédiées aux pèlerins.

18,2 Traversez la D 589 pour descendre en face une petite route en sens interdit. 300 m plus bas, laissez une petite route à droite. En bas, allez deux fois à gauche pour prendre la rue de la Demoiselle. Puis, au carrefour, prenez à droite la route du Puy.

4h50 19,2 Saugues. Carrefour au centre-ville (960 m) entre la D 589 et la D 585.

** Les VTT continueront tout droit par la D 301.*
Ceux qui veulent aller visiter Rochegude feront un aller et retour sur la petite route au premier carrefour, en laissant les Combriaux un peu plus haut à droite.
Au carrefour avant Pratclaux, laissez la D 301 pour aller à gauche vers Monistrol, toujours sur la route.

Saint-Privat-d'Allier

Par Montaure chemin faisant

Avant Escluzels, la chapelle de la Madeleine est une grotte dans le basalte aménagée au XVIIe s.

À Montaure, les « boules » sont de gros blocs érodés provenant des fractures du granit de la Margeride. Au Vernet, deux anciennes « Maisons d'assemblée » de Béates. Ces saintes femmes vivaient une vie spirituelle, sans pour autant avoir fait de vœux religieux. Leur institution prit son essor au XVIIe s., en particulier en Velay, en Vivarais et en Gévaudan. Les Béates se consacraient à leur village et à leurs habitants. Elles vivaient soit en commun soit seules, dans une maison appelée l'« assemblée ». Les Béates ont disparu dans la première moitié du XXe s. Mais on peut toujours apercevoir leurs assemblées, comme celle, sur la variante de Bains, que les habitants d'Augeac ont restaurée en 1971.

Au hameau de Rochegude

Saugues est la capitale du Gévaudan. Comme la proche Lozère, elle fut le théâtre des terribles carnages de la bête du Gévaudan : des enfants et des femmes dévorés, la tête séparée du corps. La première victime fut une fillette d'Abats-en-Vivarais, le 3 juillet 1764. Puis les morts se multiplièrent. On mobilisa des corps de volontaires pour tuer la bête. En vain. Ce fut finalement Jean Chastel qui l'abattit, en juin 1766.

À travers le bourg

La Tour des Anglais, un donjon carré du XIIIe s., doit son nom à des mercenaires pillards qui s'y installèrent au siècle suivant. Dominant le bourg, elle abrite aujourd'hui un musée.

L'ancien hôpital Saint-Jacques, devenu hospice, existe toujours.

La chapelle des Pénitents est le siège d'une confrérie de pénitents qui défilent en cagoule blanche le Jeudi saint.

La collégiale Saint-Médard possède une pietà du XVe s. et des croix processionnelles Renaissance en argent.

Linteau au Villeret-d'Apchier

→ Saugues → Saint-Alban-sur-Limagnole

Votre traversée de la Margeride, où le granit affleure ça et là en de jolis chaos, passe par la tour de Clauzes posée en équilibre sur un rocher, gagne Villeret-d'Apchier et le vallon du Virlange. Dans les bois de hêtres se cache le domaine du Sauvage, un gîte aux allures de forteresse ; si vous n'y faites pas escale, vous entrerez en Limagnole, dans le département de la Lozère.

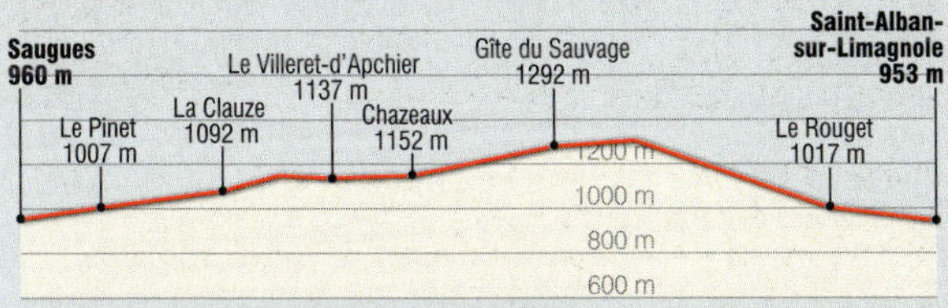

RENSEIGNEMENTS PRATIQUES

LA CLAUZE (43170)

→ G et ch. à la ferme Au Repos d'Antan, 5 ch. (7 pl. + 2 pl. en chalet), ½ pension à partir de 32 €/p., ouvert du 10/04 au 10/10, fermé le dimanche, résa obligatoire, M. Mme Vidal, 04 71 77 66 56 ou 06 66 47 67 18, www.chemindecompostelle.com/vidal

→ GE Refuge des Pèlerins de Margeride, 2 dortoirs (6 pl.), nuitée 12 €/p., pdj 5 €, repas 12 €, ½ pension 26 €/p., MLP, ouvert du 01/03 au 15/11, M. Mme Estrade, 06 81 20 66 08, www.chemindecompostelle.com/estrade

LE VILLERET-D'APCHIER (43170)

→ GE Auberge des 2 Pèlerins, ch. de 2 à 4 pl. (19 pl.), nuitée 7 à 14 €/p. (selon ch.), pdj 5 €, ½ pension de 21 à 46 €/p. (selon ch.), ½ pension 72 €/2 p., draps et serviette 6 €, panier repas sur résa 7 €, MLP, ouvert du 01/03 au 15/11, village, 04 71 74 47 23 ou 06 07 28 06 44, www.aubergedes2pelerins.fr

CHANALEILLES (43170) 800 m hors GR

→ Bar-restaurant-épicerie (café du Pont)

→ 3,5 km avant Chanaleilles, sur GR : GE du Falzet, 3 ch. (7 pl.), nuitée 15 €/p., pdj 4 €, repas 13 €, ½ pension 30 €/p., panier repas 7 €, coin cuisine, MLP, poss. acheminement, accueil équestre, espace pique-nique 04 71 74 44 79, ouvert du 01/03 à la Toussaint, Le Falzet, Mme Delcros, 04 71 74 42 28, www.chemindecompostelle.com/delcros

→ 400 m hors GR : GE Café du Pont, 3 ch. (12 pl.) + 1 dortoir (8 pl.), nuitée en dortoir 11 €/p., ½ pension 29 €/p., nuitée en ch. 15 €/p., ½ pension 33 €/p., tente 5 €/p., pdj 5 €, repas 13 €, panier repas 5 €, coin cuisine, ML, épicerie, ouvert d'avril à nov., Mme Richard, 04 71 74 41 63, www.chemindecompostelle.com/cafedupont

→ 6 km après Chanaleilles : GE du Sauvage en Gévaudan, 41 pl., nuitée 13 €, pdj 6,50 €, ½ pension 32 €/p., menu à partir de 10 € le midi, coin cuisine, accueil équestre, ouvert tte l'année, Le Sauvage, Mme Chausse, 04 71 74 40 30, www.chemindecompostelle.com/lesauvage

✣ LA ROCHE-SUR-LAJO (48120) 800 m hors GR

- GE La Bergerie de Saint-Jacques, 4 ch. (16 pl.), ½ pension 30 €/p., ouvert du 01/05 au 30/09, La Roche, Mme Astruc, 06 79 69 85 11 ou 04 66 31 90 70
- 2 km après, sur GR : CH Les Bouleaux Nains, 3 ch., ½ pension de 39 à 78 €/1 à 2 p., wifi, MLP, accueil équestre, ouvert d'avril à oct., acheminement depuis chapelle Saint-Roch, le bourg, Lajo, M. Mme Soulier, 04 66 31 52 06 ou 06 71 85 51 89, www.chemindecompostelle.com/soulier

✣ LES FAUX (48120 – hameau de Saint-Alban) 1,2 km hors GR

- 900 m hors GR : HR et GE L'Oustal de Parent, H : 13 ch., nuitée de 42 à 62 €/ch., pdj 7 €, ½ pension de 42 à 49 €/p. ; GE : 19 pl. en dortoir, du 15/03 au 15/11, ½ pension 28 €/p. + 5 € draps, coin cuisine, panier repas 6 €, MLP, accueil équestre, acheminement, fermé de nov. à janv., M. Parent, 04 66 31 50 09, www.oustaldeparent.com

✣ SAINT-ALBAN-SUR-LIMAGNOLE (48120)

- OT, rue de l'Hôpital, 04 66 31 57 01 ou 09 64 27 69 21, www.ot-saint-alban-sur-limagnole.fr
- Épicerie, boulangerie, boucherie, café, restaurant, poste
- HR du Centre et GE, H : 20 ch., nuitée de 25 € à 46 €/p. ; GE : 16 pl., ½ pension 26 €/p., ouvert d'avril à fin sept., panier repas 6 €, 32 Grande rue, 04 66 31 50 04, www.hotel-restaurant-du-centre.fr
- GE La Croix du Plo, 3 ch. (12 pl.), nuitée 12 €/p., pdj 5 €, ½ pension 29 €/p. + 4 € draps, MLP, accueil équestre, ouvert tte l'année, Le Rouget, M. Mme Pic, 04 66 31 53 51 ou 06 33 55 61 03, www.chemindecompostelle.com/pic
- CH Sur le Chemin, 5 ch., nuitée de 25 à 45 €/1 à 2 p., pdj compris, MLP, coin cuisine, ouvert tte l'année, Lou Carreirou (près de l'épicerie), rte de Mende, 04 66 31 53 03 ou 06 37 10 96 18, sur-le-chemin.pagesperso-orange.fr
- CH Les Genêts, 5 ch. (9 pl.), nuitée de 35 à 69 €/1 à 3 p., pdj compris, 5-7 rue Bellevue, 04 66 31 51 25 ou 06 72 26 83 02, www.gite-lozere.eu/lesgenets/
- Camping Le Galier (sur GR), 77 empl., tente de 11,80 à 14,80 € /2 p. (selon saison), pdj 5 €, bar-snack, MLP, accueil équestre, ouvert de mars à sept., rte de Saint-Chély-d'Apchier, 04 66 31 58 80, www.campinglegalier.fr
- 3 km hors GR : CH Au Pradet, 2 ch. (6 pl.), ½ pension de 61 à 92 €/1 à 2 p., acheminement vers Saint-Alban, hameau de Chassefeyre, 04 66 42 94 48 ou 06 87 37 64 10, www.aupradet.fr

00,0 Saugues. Du carrefour central, prenez la rue Ménard en direction de Saint-Alban, par la D 589. Dépassez la place Limozin pour descendre la rue de la Margeride. À la trifurcation, continuez en face, vers le Malzieu, route du Mont-Mouchet.

00,6 Carrefour : allez en face et traversez le pont sur la Seuge. Laissez ensuite l'accès au marché couvert à droite et,

un peu plus loin à gauche, empruntez un chemin blanc.

01,6 Prenez une petite route à gauche et, à la bifurcation 900 m plus loin, allez à gauche vers…

0h45 03,0 Le Pinet. Au premier pâté de maisons, allez à droite et dans la deuxième partie du hameau, virez à gauche sur le goudron. Face aux dernières maisons, prenez un chemin blanc à droite. 400 ms plus loin, laissez venir un embranchement de droite. Le chemin longe plus loin un bois de pins.

04,5 Carrefour en T : allez à droite. 100 m plus loin, laissez un chemin à droite. Vous entrez ensuite en forêt et vous laissez tous les embranchements secondaires. Laissez un chemin à gauche dans une clairière. Plus loin, votre chemin est encadré par deux clôtures.

06,1 Carrefour avec une piste plus large que vous laissez sur la droite pour continuer en face. Vous dépassez ainsi une maison et passez le pont de pierre sur la Seuge. Montez ensuite tout droit pour couper un lacet de la piste bien plus large maintenant.

07,1 Vous suivez le goudron ; au carrefour qui suit continuez en face. Un peu plus loin, laissez un chemin à droite. Au petit carrefour suivant, remontez à droite.

1h50 07,3 La Clauze. Suivez la route à gauche et laissez la tour vers la gauche. Dans la courbe, laissez un chemin en contrebas et poursuivez sur le goudron. Délaissez tous les chemins à droite comme à gauche en restant sur la route.

Église de Saint-Alban

09,2 Au carrefour sur un point haut (1152 m), continuez sur la route à gauche vers le Falzet. Sur le bas, laissez un large chemin blanc à gauche. Au carrefour après le gîte d'étape, continuez à droite.

10,0 Le Falzet. Au carrefour allez à gauche et, 200 m plus loin, au T, prenez la route à gauche. Un peu plus de 100 m plus loin, dans un virage, quittez le goudron pour un chemin en face. 600 m après, il devient goudronné.

2h50 11,1 Le Villeret-d'Apchier. Au carrefour avec la D 587, continuez en face, légèrement sur la droite, pour descendre une rue assez raide. Aux embranchements suivants, virez d'abord à gauche et, 50 m plus loin, allez à droite. Le goudron est remplacé par un chemin blanc qui longe le ruisseau.

11,5 À la bifurcation après le pont sur la Virlange, montez le chemin blanc à gauche. Ignorez un autre chemin sur la gauche, puis au grand carrefour plus haut, descendez à droite.

12,3 Carrefour au Moulin du Pin : continuez à gauche sur un autre chemin blanc qui plus loin devient plus herbeux. Au goudron, descendez à droite et, 200 m plus loin, au carrefour de Contaldès (1134 m), poursuivez sur un chemin qui démarre à gauche d'une maison.

3h30 14,0 Chazeaux. Au carrefour au cœur de ce hameau, montez la rue à gauche puis la route en suivant. Au carrefour, traversez la route pour le chemin blanc en face.

15,0 À la bifurcation de piste, montez la branche de gauche. Ce chemin se rétrécit en entrant dans la forêt. Vous passez un portail en bois que vous n'oubliez pas de refermer.

16,9 Un autre portail marque la fin d'une clairière, la GR monte à gauche et plus haut vire à droite dans une plantation d'épicéa. Plus loin, à la sortie de la forêt, la vue se porte sur les grands bâtiments du Sauvage. Au carrefour, passez la barrière à droite pour suivre le chemin jusqu'à...

4h45 18,9 La ferme et le **gîte du Sauvage.** À gauche des bâtiments, poursuivez sur la piste vers le sud. À la bifurcation, allez à droite dans la forêt sur un chemin empierré. 1500 m après le Sauvage, à la rencontre avec une autre piste, allez en face. 700 m plus loin, laissez un embranchement à gauche.

21,8 Au col de l'Hospitalet (1304 m), après le foyer de ski de fond, suivez la D 587 à gauche.

22,4 Entrée dans le département de la Lozère et chapelle Saint-Roch. La D 587

La tour de la Clauze

devient D 987. Une centaine de mètres après le refuge, quittez le goudron dans une courbe pour un chemin herbeux et raviné, en face. Vous rencontrez un autre chemin et poursuivez en face.

24,3 Traversez la D 987 et continuez sur le chemin en face. 100 m après, poursuivez en face. 500 m plus loin, allez toujours en face. En suivant, vous traversez trois petits ponts faits de dalles de granit. Le chemin s'enfonce sous les pins.

25,8 Carrefour à l'entrée de la forêt de Rouget (gîte indiqué vers la gauche) : allez en face. Après 600 m, laissez un embranchement et le GR4 qui vient de droite et, 140 m plus loin, faites encore de même. À la bifurcation prenez à droite un chemin herbeux. Plus bas, il se rétrécit et exécute un lacet serré. Prenez à droite à la bifurcation sous deux lignes électriques.

7h10 28,7 Le Rouget. Traversez la D 987, descendez en face dans le hameau et, à la bifurcation, prenez à droite. À la sortie et après le goudron, continuez sur un chemin blanc. 200 m plus loin, au carrefour en étoile, allez en face. À la bifurcation après un virage, allez à droite sur le goudron d'abord, puis de nouveau sur un chemin empierré. Carrefour sous une ligne électrique (1028 m) : allez en face et laissez ensuite les embranchements secondaires. 400 m plus loin, à la bifurcation en Y avec une petite croix en pierre, prenez à droite. Sur le haut, ce chemin passe entre deux clôtures.

30,4 Prenez la D 987 à gauche sur une centaine de mètres. Panneau d'entrée de Saint-Alban-sur-Limagnole et carrefour : allez à gauche (sur une route de crête). À la bifurcation, continuez à gauche, et au carrefour en T prenez à droite en laissant l'hôpital à droite (en fait vous le contournez). À la bifurcation 100 m plus loin, continuez à gauche, et à la suivante : 200 m : après descendez à droite.
Laissez la rue qui mène au château et passez devant l'entrée de l'hôpital. Descendez en face ; au carrefour en T prenez à droite. Sur le bas, prenez à gauche une rue en sens interdit et allez tout droit.

8h10 32,4 Saint-Alban-sur-Limagnole. Petite place et église (953 m).

À La Clauze, une tour du XIIe s., perchée sur un bloc de granit, est entourée des bases de deux autres tours hautes encore de 5 m. Ce sont les vestiges d'un château qui joua son rôle dans les guerres de Religion.

Au Villeret-d'Apchier, la maison du maçon est ornée d'une sculpture. Cette contrée, où l'on sait travailler la pierre, recèle d'extraordinaires linteaux animaliers (lions, canards ou crocodiles !).

Le domaine du Sauvage, isolé au sommet de la Margeride, se dresse à 1 292 m. Cette ancienne domerie des Templiers comporte des bâtiments en pierre de taille. Elle a été rachetée par le département de la Haute-Loire qui la donne en location pour l'élevage de bestiaux. On y trouve gîte et produits de la ferme dans un cadre merveilleux.

L'Hospitalet aurait été fondé, selon certains historiens, en 1198 par Hélie de Chanaleilles et Hugues de Thoras, puis confié aux Templiers. Confisqués en 1314, le domaine du Sauvage et l'hôpital auraient été dévolus à l'Hôtel-Dieu du Puy. Les guerres de Religion ruinèrent les édifices.

La Margeride, la montagne du Gévaudan, culmine à 1 450 m de hauteur. C'est une des plus vieilles montagnes d'Europe. Mamelonnée et couverte de pâturages entrecoupés de bois, elle est parsemée de blocs de granit aux formes bizarres. Sur sa partie centrale se trouve un beau granit, le feldspath de la Margeride.

Vers Saint-Alban chemin faisant
Le village du Rouget tire son nom du grès rouge oligocène d'un petit fossé d'effondrement.À Saint-Alban, l'hôpital psychiatrique a été agrandi et modernisé. Il a succédé à l'ancien asile créé en 1821 au château d'Apcher, un bâtiment Renaissance à trois galeries superposées (blason des Apcher, vestiges de la forteresse féodale du XIIIe s.).

→ Saint-Alban-sur-Limagnole → Aumont-Aubrac

RENSEIGNEMENTS PRATIQUES

LES ESTRETS (48700)

- GE et CH Le Gévaudan, GE : 4 ch. (20 pl), ½ pension 33 €/p., coin cuisine ; CH : 3 ch. (8 pl.), ½ pension 43 €/p., panier repas 6 €, ouvert du 01/04 à mi-oct., M. Rousset, 04 66 45 61 90 ou 06 88 90 97 89, www.chemindecompostelle.com/rousset
- 1,5 km après Les Estrets : GE, CH et Auberge Les Granges de Bigose, GE : 10 pl., ½ pension 35 €/p. (tarif pèlerin) ; CH : 9 ch., nuitée de 50 à 85 €/1 à 3 p., pdj compris, ½ pension de 65 à 138 €/1 à 3 p., panier repas 7,50 €, repas 10 €, MLP, accueil équestre 5 €, ouvert du 15/03 au 01/11, lieu-dit Bigose, Rimeize, 04 66 47 12 65, www.lesgrangesbigose.com

AUMONT-AUBRAC (48130)

- OT de la Terre de Peyre, maison du Prieuré, rue de l'Église, 04 66 42 88 70, www.ot-aumont-aubrac.fr
- Tous commerces, services, gare SNCF
- HR Prunières, 45 ch., nuitée de 50 à 64 €/1 à 2 p., ½ pension de 75 à 112 €/1 à 2 p., MLP, fermé en déc.

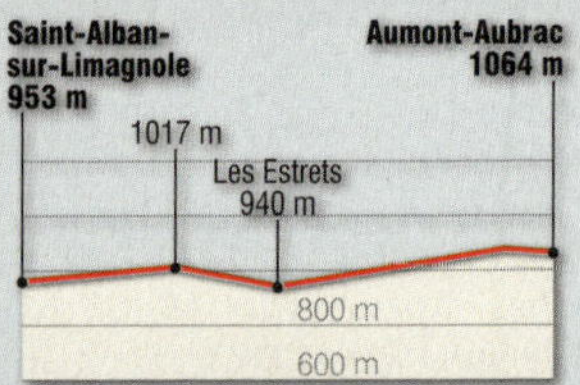

Journée de transition entre les plateaux de la Margeride et de l'Aubrac où le relief plus tourmenté de chaque côté de la vallée de la Truyère égayera votre étape. Quelques petits bourgs rythmeront votre marche au cœur de la Lozère. L'harmonie et la sérénité qui règnent dans le bourg d'Aumont-Aubrac, joliment préservé et restauré, combleront votre étape.

et fév., R uniquement le midi en hiver, Sarl AFY, pl. du Relais, 04 66 42 80 14, www.hotelprunieres.free.fr/

➜ GE Le Calypso et H Aubrac, GE : 14 pl. en dortoir, nuitée 12 €/p., ½ pension 32 €/p., coin cuisine, ouvert du 01/04 au 15/10 ; H : 13 ch., nuitée de 45 à 70 €/2 à 4 p., ½ pension 85 €/2 p., pdj 7 €, ouvert tte l'année, pl. du Foirail, M. Dutartre, 04 66 42 99 00, www.aubrac-hotel.org

➜ GE et CH Les Sentiers Fleuris, 9 ch. de 2-3 p. (20 pl.), ½ pension 39 €/p. ; CH : ½ pension 47 €/p., MLP, ouvert du 15/03 au 30/10, M. Mme Gibelin, 7 pl. du Foirail, 04 66 42 94 70 ou 06 42 64 80 02, www.sentiers-fleuris.com

➜ GE et CH La Ferme du Barry, GE : 24 pl., ½ pension 33 à 36 €/p., CH : 1 ch., ½ pension 42 €/p., ouvert de mi-mars à mi-oct., 9 rue du Barry, M. Boussuge, 04 66 42 90 25 ou 06 71 83 17 46, www.ferme-du-barry.com

➜ 1 km hors GR : camping municipal, 100 empl., tente 6 €/p., ouvert du 01/06 au 30/09, N 9, OT 04 66 42 88 70 ou mairie 04 66 42 80 02, info@ot-aumont-aubrac.fr

LASBROS (48130) 6 km après AUMONT-AUBRAC

➜ GE, 5 ch. (16 pl.), nuitée 15 à 17 €/p. (en ch. partagée ou indiv.), pdj 5 €, coin cuisine, accueil équestre, pas de repas, dépannage ravitaillement, La Chaze-de-Peyre, M. Hernandez, 04 66 47 08 94 ou 06 75 37 20 21

00,0 Saint-Alban. Face au porche de l'église, prenez à gauche une ruelle en sens interdit et devant l'école allez à gauche, rue de la Cournelle. Ensuite, traversez la place sur la gauche et encore sur la gauche en prenant la route.

00,5 Au carrefour, suivez la D 987 à droite et dépassez le stade. Après le panneau de sortie d'agglomération, empruntez à droite un chemin blanc. Il vire à gauche un peu plus loin dans le bosquet de pins. À la bifurcation, 500 m plus loin, montez à droite sur un chemin qui se ravine au-dessus. Une croix vous attend sur le point haut. À la hauteur d'une maison, poursuivez sur le goudron ; dans un virage, laissez un chemin à droite.

02,4 Hameau de Grazières-Mages : au carrefour, allez à gauche, et à la bifurcation suivante prenez à droite. Au carrefour suivant, prenez encore à gauche et traversez deux ponts. Dans le virage prenez tout droit un bout de sentier.

02,7 Traversez la D 987 et prenez en face un chemin qui part de biais. Il s'avère raviné et se réduit rapidement en un sentier qui file entre deux clôtures sous les pins sylvestres. Sur le haut, à découvert, il redevient chemin.

04,7 Allez à droite sur la route, contournez le hameau de Chabanes-Planes*

La Bête à Aumont-Aubrac

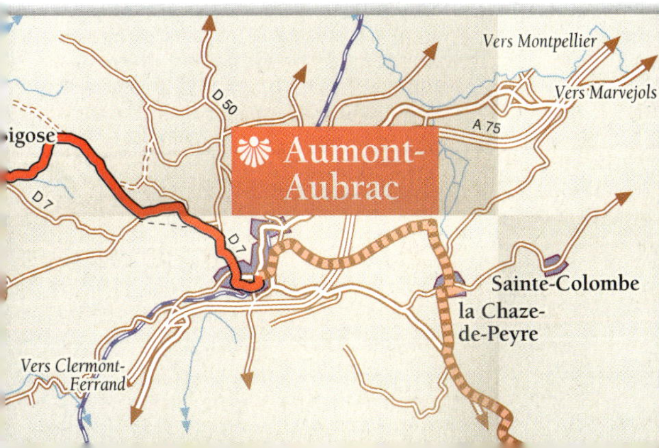

(1017 m) et montez la route des Estrets vers le sud-est. Au point haut, prenez à droite un sentier en creux pouvant comporter des passages boueux sur 200 m.

05,6 Au carrefour de chemins, poursuivez en face. Vous longez un bosquet entre deux clôtures, puis à travers champs à la sortie du bois.
Le chemin s'enfonce de nouveau dans un bosquet de pins et descend assez raide en deuxième partie, puis il sort du bois.

1h50 07,4 Les Estrets. Descendez le goudron d'accès à une maison sur 50 m, puis prenez à droite une ruelle au-dessus de l'église. Ensuite, tournez à gauche et, 40 m plus loin, utilisez à droite la rue principale. Au carrefour, allez à gauche en laissant un gîte à 50 m (panneau). Traversez la N 106 ; 60 m plus loin virez à droite.

08,0 Le pont des Estrets : traversez le pont sur la Truyère et, 50 m après, tournez à gauche entre les maisons. Rapidement, virez à droite après les maisons et remontez un petit chemin sablonneux entre deux clôtures. Au coude d'une petite route (996 m d'altitude ; à 50 m de la D 7), vous descendez à gauche.

09,1 Hameau de Bigose. Montez vers la droite (poteau électrique). Le chemin remonte doucement le vallon, puis traverse le ruisseau. Plus loin il vire à gauche et s'élève plus fortement. Sur le haut, il traverse un bosquet de pins ravagé par la tempête.

11,0 Vous rencontrez une autre piste que vous suivez à droite et, 100 m après, au carrefour (croix de 2004), continuez tout droit. Puis, 40 m plus loin, laissez un embranchement à gauche. Cette large piste court longuement entre deux clôtures.

12,8 Prenez la D 7 vers la droite sur 200 m à peine pour vous engager dans le chemin à gauche.

Église d'Aumont-Aubrac

14,0 Juste avant de rejoindre la route, empruntez le petit chemin à droite marqué par une croix avec une coquille (1087 m). 500 m après, retrouvez la D 7 que vous suivez jusqu'au centre du village.

14,7 Dans la courbe à l'entrée d'Aumont-Aubrac, descendez un petit escalier (gîte à droite), puis en suivant traversez la place et l'avenue du Repos. En face et un peu à gauche, prenez la rue du Prieuré. Au bout, vous pouvez aller à l'église et la place du Cloître, sinon montez à gauche.

3h50 15,4 Aumont-Aubrac.
Place du Portail et sa fontaine.

** En VTT, évitez les 200 m de sentier boueux après Chabanes-Planes. Il suffit de continuer sur la route et prendre le premier chemin à droite.*

Saint-Alban-sur-Limagnole se trouve au cœur d'un bassin d'effondrement de grès rouge et d'argiles barriolées, traversé par la Limagnole. Le bourg (2 000 habitants) s'est établi autour du château féodal et de l'église dédiée à saint Alban, premier martyr d'Angleterre. L'église romane possède une nef en grès rouge local, un clocher-mur, une abside du XIe s. (?) et des chapiteaux sculptés.

Vers la Truyère chemin faisant En quittant Saint-Alban, une grande croix sculptée arbore d'un côté le Christ, de l'autre la Vierge.Sur le plateau de Chabannes-Planes, on peut apercevoir des quartz roulés alluvionnaires.

À la sortie de Chabannes, un bâtiment voûté de 1794 abrite un lavoir ou une fontaine et garde, sur le mur du fond, une Vierge noire.

Les Estrets est une ancienne commanderie des hospitaliers de Saint-Jean-de-Jérusalem, dépendant de Cap Francès sur le mont Lozère et contrôlant le passage de la Truyère. Un peu plus loin se trouve le pont des Estrets, où l'on versait péage au seigneur de Peyre. La chapelle de la Vierge des Estrets devint sanctuaire paroissial en 1843.

Aumont-Aubrac, autrefois bourg fortifié, était situé au carrefour des antiques voies d'Auvergne et de Lyon à Toulouse. C'est aujourd'hui une station estivale du Gévaudan. L'église Saint-Étienne est un ancien prieuré bénédictin remontant à 1061 et attesté en 1123 au cœur de la baronnie de Peyre. Les maisons des XVIe et XVIIe s. conservent des façades de pierre de taille et des rez-de-chaussée voûtés s'ouvrant en arceaux.

Les monts d'Aubrac s'étendent entre les vallées de la Truyère et du Lot. Composés d'une immense coulée de lave fluide, devenue le basalte, ils constituent surtout une terre de pâturages.

5ème étape | 26,3 km | 6h40

→ Aumont-Aubrac → Nasbinals

Draille sur l'Aubrac

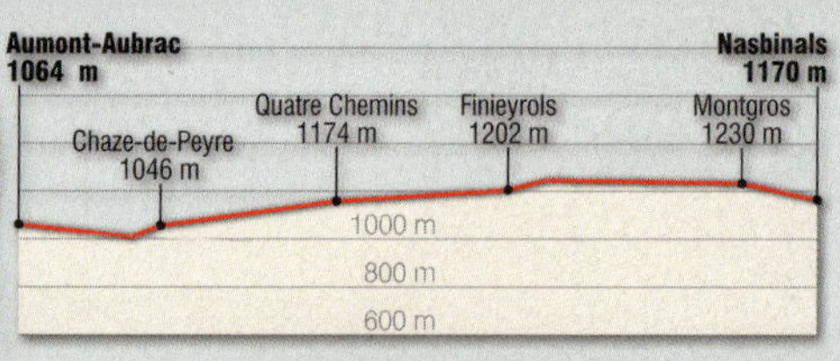

L'Aubrac, fait d'immensité et de solitude, est devenu un véritable mythe au point qu'on le redoute peut-être, mais qu'on l'espère toujours. Suivez les drailles, parfumées au printemps. C'est le temps de la transhumance où les vaches de race Aubrac, au regard andalou, occupent durant la bonne saison les pâturages divisés par les murettes et les clôtures.

RENSEIGNEMENTS PRATIQUES

PRINSUÉJOLS (48100) 3 KM HORS GR

→ Bar-restaurant

→ GE du Relais de Prinsuéjols, 4 dortoirs de 10 à 26 pl. (65 pl.), nuitée 12 €/p., pdj 6 €, ½ pension 33 €/p. ; 3 ch. (8 pl.), ½ pension 40 €/p. ; panier repas 10 €, accueil équestre, épicerie de dépannage, ouvert tte l'année, 04 66 32 52 94, www.relais-de-prinsuejols.com

FINIEYROLS (48100 – hameau de Prinsuejols)

→ 400 m avant Finieyrols : CH et GE Les Gentianes, CH : 5 ch., ½ pension 40 €/p. ; GE : 19 pl., ½ pension 35 €/p., MLP, coin cuisine, panier repas 6 €, camping possible, accueil équestre, ouvert du 01/04 au 30/09 à partir de 15h, fermé samedi soir juil./août,

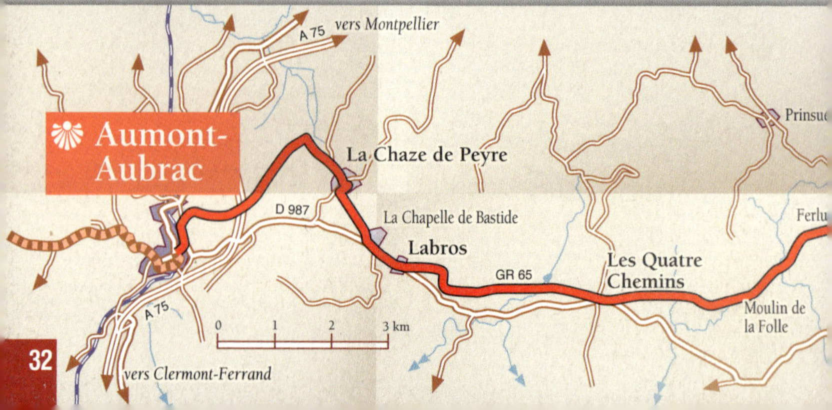

Mme Corriger, 04 66 32 52 77, www.gite-aubrac-gentianes.fr

RIEUTORT-D'AUBRAC (48260)

- GE L'Ange Gardien (2 yourtes), 20 pl, ½ pension de 32 à 39 €/p., poss. snack le midi, accueil d'âne, MLP, résa fortement conseillée d'avril à août par tél., Mme Marie, 04 66 32 79 54 ou 06 73 64 34 36, www.angegardien-compostelle.fr

MARCHASTEL (48260) 2 km hors GR (sur variante GR 65A)

- www.marchastel.com
- CH Château de Marchastel, 2 ch., nuitée de 70 à 80 €/2 p., pdj compris, 04 66 32 59 50 ou 06 74 46 08 18, www.aubrac2000.com/chambres-hotes
- CH Les Puechs de l'Aubrac, 5 ch. (11 pl.), nuitée 53 €/2 p., pdj compris, repas 18,50 €, coin cuisine, ouvert de mai à fin sept., réservation, Mme Boyer, 04 66 32 53 79 ou 06 75 75 72 21, www.location-gites-aubrac.com
- 4 km avant Nasbinals, 400 m du GR : CH La Borie d'Aubrac, 5 ch., nuitée de 75 à 135 €/1 à 2 p., pdj compris, TH sur résa 30 €, panier repas sur résa 10 €, La Grange des Enfants, Nasbinals, 04 66 45 76 97, www.borie-aubrac.com

NASBINALS (48260)

- OT, 04 66 32 55 73, www.nasbinals.fr
- Commerces et services
- H de France et GE Le Sorbier, H : 6 ch., nuitée de 25 à 45 €/1 à 2 p. ; GE : 18 pl., nuitée de 11,20 €/p. ; pdj 6 €, ouvert tte l'année, rte d'Aubrac, 04 66 32 50 19 ou 04 66 32 56 79, chaletderoc.rey@free.fr
- GE communal Maison Richard, 19 pl., 12 à 14 €/p. (selon saison), coin cuisine, ouvert 01/04 au 31/10, rue Principale, 04 66 32 59 47, mairie.nasbinals@laposte.net
- GE La Grappière, 15 pl. en dortoir, nuitée 18 €/p., pdj compris, coin cuisine, ouvert du 15/03 au 15/10 sinon résa, rue de la Pharmacie, 04 66 32 15 60 (matin ou après 19h), www.chemindecompostelle.com/lagrappiere
- Gîte L'O d'Ici, 4 ch. (20 pl.), nuitée 75 €/2 p. (ch. ind.), 28 €/p. (ch. col.), pdj 8,50 €, coin cuisine, Mme Rieutort, Le Couderc, 04 66 32 92 69 ou 06 80 28 51 12, www.lodici-aubrac.com
- G Las Paros, 2 G (6 pl. + 4 pl.), nuitée 18 €/p., coin cuisine, ouvert du 01/04 au 31/10, rte de la Rosée du Matin, M. Mme Bergounhon, 06 07 80 29 23 ou 06 80 78 63 96, www.lasparos.sitew.com
- G Au Bon Repos du Pèlerin, 5 pl., nuitée 15 €/p., ouvert tte l'année, 04 66 32 55 02 ou 06 84 04 21 40, momo.wann@wanadoo.fr
- Centre d'accueil Nada, 13 ch. (38 pl.) : nuitée de 14 à 17 €/p. (selon saison) ; 2 dortoirs (12 pl.) : nuitée de 12 à 15 €/p. (selon saison), ½ pension 23 €/p., coin cuisine, 04 66 32 50 42, www.nada-aubrac.com
- 400 m du GR : ferme équestre des Monts d'Aubrac, ch. de 2-4 pl. (22 pl.), ½ pension 35 à 38 €/p., panier repas 7 €, accueil équestre, à partir de 15h, rte de Saint-Urcize, Mme Moisset, 04 66 32 50 65 ou 06 77 51 03 25, www.equitation-aubrac-lozere.fr
- 700 m du village, hors GR : Camping municipal, 25 empl., tente 5 €/p., ouvert

du 15/05 au 15/09, rte de Saint-Urcize, 04 66 32 51 87

→ 4 km après Nasbinals (ou variante sur GR 65, même distance sans passer par Nasbinals : à Rieutort prendre direction Rieutortet, puis Escudièrette et le Pont de Gournier) : HR Le Relais de l'Aubrac, 27 ch., ½ pension en ch. partagée de 56 à 72 €/p., poss. acheminement depuis Nasbinals, ouvert de mi-mars à mi-nov., Pont de Gournier, Recoules d'Aubrac, 04 66 32 52 06, www.relais-aubrac.com

00,0 Aumont-Aubrac. De la place du Portail, partez en direction de Nasbinals, puis empruntez la D 987 après la bifurcation. Passez sous la voie ferrée et, de suite après, suivez à gauche une petite route sur 370 m.

00,8 Quittez le goudron pour un chemin fermé à la circulation par une chicane en bois. Il monte raide et tout droit arrive sur une sorte de plateau. Vous retrouvez le goudron que vous suivez à droite et vous laissez, 60 m plus loin, une route à gauche.

01,6 Dans une légère courbe à droite, prenez à gauche un chemin qui longe un instant l'autoroute avant de passer dessous. À la sortie du tunnel, continuez à droite sur 50 m avant de prendre, à gauche, un chemin blanc que vous suivez longuement.

03,8 Empruntez à droite une petite route (alt. 1016 m). À la bifurcation, à hauteur du cimetière, prenez à droite.

1h10 04,7 Chaze-de-Peyre. Au premier carrefour, allez à droite et passez devant le monument aux morts. Prenez ensuite à droite la direction d'Aumont-Aubrac. À la bifurcation avec un lavoir, suivez à gauche la direction de Labros. Passez un point haut avec une croix et un réservoir, poursuivez tout droit.

05,8 Carrefour à la Chapelle-de-Bastide : empruntez la D 987 en laissant plusieurs petites routes.

06,7 Labros. Traversez le village ; à sa sortie, prenez une petite route à gauche. En bas, 300 m plus loin, laissez un chemin à gauche. À la fin du goudron, poursuivez sur un chemin empierré sur 100 m et laissez un embranchement à gauche.

07,9 Au carrefour en T tournez à gauche ; 400 m plus loin suivez une petite route en face. 100 m encore et laissez le GR de Pays avec un chemin à gauche. De nouveau, après le goudron, continuez sur un chemin blanc.
À l'angle d'un bosquet, laissez un chemin à gauche vers la croix de Conord. Après un petit pont, le chemin devient gris, mais au point haut il retrouve sa couleur blanche.

2h40 10,6 Carrefour des Quatre Chemins (1174 m), à la hauteur du café Chez Régine : poursuivez en face. 150 m plus loin, empruntez sur la D 987 sur environ 300 m. Quittez alors le goudron pour un chemin à gauche fermé par une chicane en bois. 80 m après, continuez en face entre deux clôtures.

11,9 Vous passez un tronc couché et un petit ruisseau. Quelques zones boueuses parsèment le parcours sur cette traversée du plateau de l'Aubrac. Carrefour de chemins : laissez à gauche la direction du gîte d'étape de Prinsuéjols et poursuivez tout droit. Passez une clôture que vous prenez soin de refermer.

13,3 Traversez une petite route non loin du moulin de la Folle pour continuer en face sur un chemin entre deux murettes. Vous laissez un peu plus loin un embranchement à gauche. Vous passez de nouveau une clôture. Après le pont de pierre, le chemin s'élargit et devient gravillonné.

15,4 Coude d'une petite route près de la ferme de Ferluc : poursuivez en face et, au carrefour 50 m plus loin, faites de même. Traversez la D 73 et prenez en face la direction de Finieyrols (route interdite aux véhicules).

4h00 **16,2** Hameau de **Finieyrols.** Juste à la sortie, tournez à droite (une source se trouve 50 m à gauche) sur un chemin gravillonné qui monte et vire vers la gauche.
À la bifurcation après un ruisseau (1192 m), montez à droite un chemin entre clôtures et murettes. Point haut (1245 m) au Roc des Loups.

18,5 Carrefour en T avec une piste gravillonnée : suivez-la à droite.

19,0 Empruntez la route à gauche et passez le pont sur le ruisseau de la Peyrade. Poursuivez sur le goudron pendant 900 m.

20,0 Rieutort-d'Aubrac. Traversez le hameau. À la bifurcation (cabine téléphonique), continuez tout droit sur la route, dans la vallée de la Dévèze.

22,0 Carrefour avec la D 900 que vous suivez à droite pour traverser le pont sur le Bès (1153 m). Ensuite, à la bifurcation, laissez la branche de gauche et, juste après une borne kilométrique, quittez le goudron pour un chemin caillouteux qui monte à droite. Après 800 m, retrouvez le goudron que vous suivez à droite.

6h00 **23,8** **Montgros.** Au carrefour, laissez la Maison de Rosalie (gîte) à droite et poursuivez tout droit. À la sortie du hameau, au carrefour avec une croix, allez en face deux fois pour prendre un chemin entre deux murettes. Passez un ru et virez vers la gauche. Traversez une petite route en biais et poursuivez sur le chemin en face. Au carrefour suivant (croix), continuez toujours en face.

25,7 Empruntez une petite route sur 50 m avant d'emprunter la D 900 à droite. Allez en face aux deux stops.

6h40 **26,3 Nasbinals.** Église romane.

Nudité de l'Aubrac

Devant l'église de Nasbinals

L'Aubrac est divisé en quelque trois cents « montagnes ». Les ovins y ont cédé la place aux bovins, mais ceux-ci, environ 50 000, ont des lettres de noblesse : la race d'Aubrac descend du bos longifrons. L'estive, sans étable, dure 145 jours à partir de la Saint-Jean. Récemment encore, les bergers moulaient dans les burons ces tomes ou fourmes appelées « cantal ». N'oublions pas non plus le « thé d'Aubrac », le calament, l'une des 12 800 plantes qui fleurissent sur cette montagne. La tisane de fleurs séchées est sédative, tonique et digestive.

L'église romane de Nasbinals

Par le Roc des Loups chemin faisant

La Rimeyre, petit affluent de la Truyère, alimente le moulin de la Folle, devenu centre de rassemblement de bestiaux, et le barrage de Malpertus.

Le Roc des Loups (1 273 m de hauteur) nous rappelle que les bergers eurent à cohabiter avec ces prédateurs.

Rieutort-d'Aubrac, village isolé, est construit tout en pierres. Il possède deux beaux abreuvoirs, un four banal et une porte arquée de jardin.Le moulin de Bouquincan, à droite du chemin, sur le Bès, est devenu un élevage de bovins. Il doit son nom à une défaite subie là par le capitaine anglais de Buckingham. Une carrière de granit, en face à gauche, produit piquets de clôture, marches de perron et pierres tombales.

Nasbinals est un centre de tourisme où se tient un marché aux bestiaux. L'église romane du XIe s. est typiquement auvergnate : murs de basalte brun sous toit de schiste, nef unique, abside ornée d'une galerie d'arcatures et deux absidioles, croisée du transept en coupole sur quatre arcades et quatre forts piliers supportant le clocher octogonal, voûtes en berceau.

→ Nasbinals
→ Saint-Chély-d'Aubrac

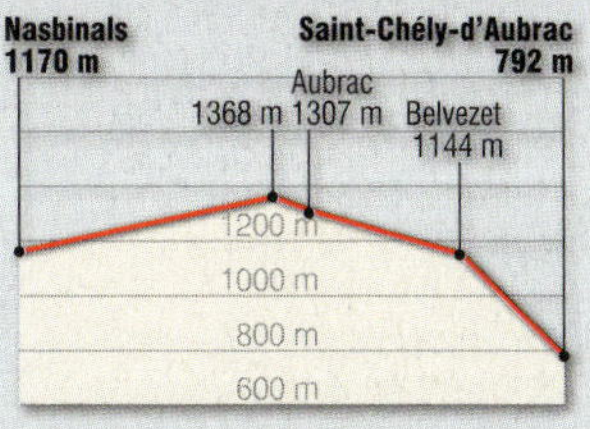

Les derniers pas sur le plateau d'Aubrac ne sont pas les moindres. Les 1368 m d'altitude du col entre Nasbinals et Aubrac en font un des points les plus hauts du parcours. Et la puissance dégagée par les bâtiments de la domerie rassure toujours le pèlerin au cœur de ces grands espaces. La descente jusqu'à Saint-Chély-d'Aubrac est un bon compromis entre le plateau que l'on vient de quitter et la vallée du Lot à venir.

Ancien buron

RENSEIGNEMENTS PRATIQUES

AUBRAC (commune St-Chély-d'Aubrac,12470)

- OT, www.stchelydaubrac.com, 05 65 44 21 15
- Restaurants, cafés
- GE communal La Tour des Anglais, 3 dortoirs (24 pl.), nuitée 8,50 €/p., coin cuisine (gestion libre), restaurants dans le village, ouvert du 15/05 au 30/09/13, 05 65 44 28 42 (hôtel Dômerie) ou 05 65 44 27 08 (Mairie)
- HR de la Dômerie, 23 ch., ½ pension 70 à 84 €/p., ouvert d'avril à mi-oct., 05 65 44 28 42, www.hoteldomerie.com
- G Le Royal Aubrac, 14 ch. (50 pl.), nuitée 28 €/p., pdj compris, coin cuisine, M. Cousty, 05 65 44 28 41, www.lesgitesduroyalaubrac.com
- CH La Colonie, 5 ch., nuitée de 36 à 90 €/1 à 2 p., pdj compris, repas 16 €, épicerie, accueil équestre, ouvert tte l'année, 05 65 51 64 79, www.la-colonie.com

SAINT-CHÉLY-D'AUBRAC (12470)

- OT (accueil, coin documentation), route d'Espalion, 05 65 44 21 15, www.stchelydaubrac.com
- Tous commerces (boulangerie et épicerie fermées le lundi, sauf en saison), services, guichet bancaire, nombreuses CH
- GE communal, 26 pl., nuitée de 11.50 à 14,50 €/p. (selon saison), gestion libre (coin cuisine), restaurants et épicerie dans le village, résa conseillée en hiver, 05 65 44 21 15 (OT) ou 05 65 44 27 08 (Mairie)
- GE Saint-André, 6 ch. (20 pl.), nuitée 15,70 €/p. + 3 € draps, pdj 5,50 €, ½ pension 34,70 €/p., panier repas 6,50 €, accès Internet, MLP, résa conseillée, ouvert de mars à la Toussaint,

lieu-dit Sibe-Long, M. Nicoli, 05 65 44 26 87, randogitestandre.free.fr

→ Camping municipal, 17 empl., tente 4,50 €/p., ouvert du 20/05 au 30/09, route d'Aubrac, 05 65 44 21 15 (OT) ou 05 65 44 27 08 (Mairie)

→ HR des Coudercous, 13 ch., nuitée de 50 à 75 €/1 à 4 p., pdj 8,50 €, repas à partir de 17 €, ½ pension à partir de 42 €/p., panier repas 8,50 €, fermé du 15/11 au 15/02, MLP, accueil équestre, accès wifi, réservation, M. et Mme Couderc, 05 65 44 27 40, www.lescoudercous.fr

→ HR des Voyageurs, 7 ch., nuitée 50 €/1 ou 2 p., pdj 8 €, repas à partir de 14,50 €, ½ pension à partir de 50 €/p., ouvert de mi-avril à mi-oct. (fermé le mercredi sauf juil./août), av. d'Aubrac, 05 65 44 27 05, www.hotel-conserverie-aubrac.com

A - De Nasbinals à Aubrac

00,0 Nasbinals. Montez la petite rue devant le porche de l'église. Au stop, suivez à gauche la D 987 ; sortez de Nasbinals. Après 500 m, quittez la D 987 au lieudit le Cousta et montez à droite deux fois. Rapidement le goudron se termine et vous poursuivez sur un chemin ombragé au départ.

01,1 Vous rencontrez un autre chemin que vous suivez à droite. Un bon kilomètre plus loin, à une première bifurcation, prenez la branche de gauche.

03,0 Bifurcation : descendez à droite pour traverser un pont sur le ruisseau de Chamboulièѕ, une centaine de mètres plus bas. Poursuivez sur la piste sur environ 300 m : ne tenez pas compte des anciennes balises dans la prairie à droite.

03,4 Avant la ferme le Pascalet, prenez à droite un sentier qui longe une murette. Après la montée, le GR 65 se dirige vers le sud-ouest et passe plusieurs clôtures (passages pour randonneurs).

04,4 Portillon métallique : continuez toujours sur une trace bien marquée dans la prairie. Après un autre passage de clôture, vous longez de nouveau une murette.

Deuxième portillon en fer : restez en lisière de bois sans descendre. Après le bosquet de hêtres, remontez à droite pour contourner une murette qui effectue une courbe et descend ensuite vers le sud. Passez alors un grand portail métallique.

06,4 Au point bas, passez le ruisseau sur des buses et montez en face sur une draille.

07,4 Petit abri sur le point haut, à 1368 m. Poursuivez en descente vers le sud-ouest. Vue sur la domerie d'Aubrac. Après une clôture, retrouvez la D 987 que vous suivez à droite en laissant l'accès au centre de vacances et la direction de Laguiole à droite.

La domerie d'Aubrac

2h10 08,6 Aubrac. Église et tour des Anglais, gîte d'étape, hôtel et restaurants. Altitude 1307 m (remettre les compteurs à 0).

Remarque
Entre Nasbinals et Aubrac, le VTT est possible mais rendu pénible par le passage des clôtures, surtout si vous êtes chargés. Préférez alors suivre la D 987 pour atteindre Aubrac.

Entre Aubrac et Belvezet

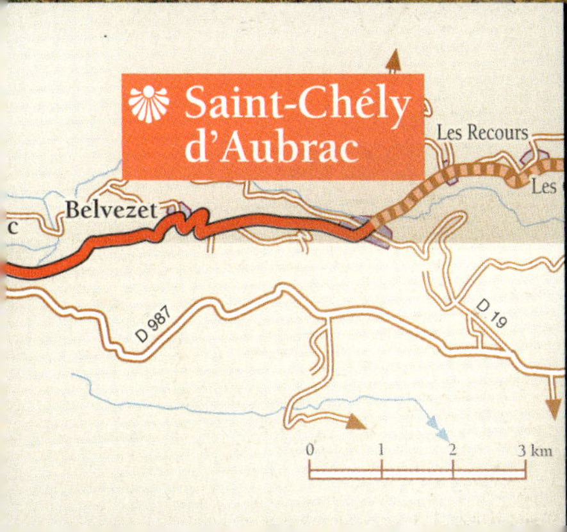

Piton volcanique vers Saint-Chély-d'Aubrac

00,0 Aubrac. Empruntez la D 987 en direction d'Espalion.

00,7 Quittez la D 987 pour un sentier à gauche, en contrebas de la route. Descendez ensuite sous le couvert arboré en suivant un ancien chemin.
Passez un ru à gué et remontez un peu. Après le bois, le chemin vire vers la droite, monte et devient empierré.

03,0 Collet avec une croix et rencontre avec un autre chemin : continuez en face. 150 m plus loin, quittez ce chemin pour un autre, en terre, à gauche. Nouvelle bifurcation : allez à gauche par un sentier qui se trouve pavé un peu plus bas. Bifurcation face à un piton rocheux volcanique que vous contournez par la droite.

1h00 04,2 Belvezet. À la hauteur d'une maison, empruntez une petite route vers la gauche. Au carrefour, dans le hameau, descendez à droite. Après le goudron, virez sur la gauche, puis à droite derrière une maison. Le chemin devient rapidement sentier rocailleux entre deux murettes. Au carrefour suivant, prenez à droite toujours sur un sentier entre deux murettes ; il présente parfois des portions humides et boueuses.
Après un petit pont, le sentier file à gauche en légère descente. Vous y rencontrerez un portillon, puis un autre 50 m plus loin. Ensuite la pente se fait plus forte.

06,0 Vous retrouvez le goudron à la hauteur d'une ancienne ferme (Del Sail). 50 m après, quittez-le pour descendre le sentier à gauche (interdit aux chevaux et au VTT). Il passe devant une ruine et une table de pique-nique. Il vous mène à la route que vous descendez à gauche. Allez tout droit jusqu'à l'entrée de Saint-Chély. Empruntez la D 19 à droite pour accéder au centre du village. 140 m plus loin, avant la Poste, tournez à gauche.

1h50 07,3 Saint-Chély-d'Aubrac.
Place Joseph-Bonnal : mairie, monument aux morts et commerces. Altitude 792 m.

Remarque VTT
Ce parcours est trop difficile pour les VTT : préférez la D 553 au départ d'Aubrac.

Les drailles sont les pistes de transhumance suivies par les troupeaux venant estiver sur les montagnes. En Lozère, elles sont souvent larges et parfois bordées de murettes de pierres sèches. Notre chemin et le Tour des monts d'Aubrac se rencontrent près de la ferme de Ginestouse, pour faire draille commune jusqu'à Aubrac.

Aubrac, malgré les ruines des siècles de guerre, reste un village monacal puissant et groupé dans l'immensité déserte.

À travers le bourg
Le monastère d'Aubrac ou hospice Notre-Dame-des-Pauvres fut construit en 1120 par Adalard, vicomte des Flandres et « jacquet » de marque, qui échappa à une attaque de brigands et à une tempête de neige dans cette profonde forêt. À sa mort, en 1135, le monastère abritait douze religieux contemplatifs, des moines-chevaliers qui guidaient les pèlerins, des frères au service des pauvres, des dames de qualité sous l'habit, des donats laïcs qui exploitaient les fermes. Au XVIIIe s., il comptait encore quatre-vingts membres avec ses commanderies. De la domerie d'Aubrac, il reste surtout l'église, achevée en 1120, et la tour fortifiée abritant « Maria », l'unique rescapée des cinq cloches. Maria était la cloche des perdus, qui sonnait pour ramener les pèlerins égarés dans le brouillard.
La Tour des Anglais se dresse au centre du village. Haute de 30 m, elle abrite un gîte d'étape. Ce donjon fut construit en 1353 par Durant Olivier. Entre la tour et l'église se niche un jardin d'herbes médicinales.
Vers Saint-Chély-d'Aubrac chemin faisant
Le hameau de Belvezet (1 144 m) est dominé par les vestiges du château de ses seigneurs, connus dès le XIIIe s.
À Saint-Chély-d'Aubrac se trouve un calvaire du XVIe s. sur le pont enjambant la Boralde.

23,7 km | 6h00 | 7ème étape

→ Saint-Chély-d'Aubrac → Espalion

L'église de Perse

Aujourd'hui, vous quittez définitivement l'Aubrac pour plonger dans la vallée radieuse du Lot. À la rencontre d'abord de Saint-Côme-d'Olt, petite cité moyenâgeuse où l'église dresse un étonnant clocher vrillé. En fin de parcours ne ratez surtout pas l'étonnante église romane de Perse, aux portes d'Espalion.

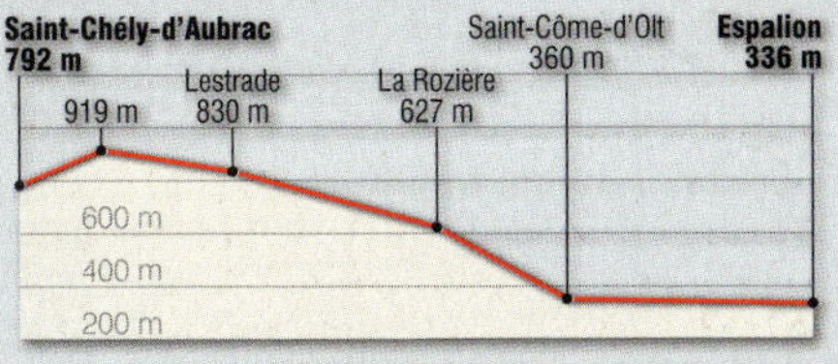

RENSEIGNEMENTS PRATIQUES

SAINT-COME-D'OLT (12500)

→ Point info mairie, place du Château-de-Castelnau, 05 65 44 07 09, www.saint-come-dolt.com

→ Commerces, services (sauf hôtel), guichet bancaire automatique

→ 500 m avant Saint-Côme : accueil à l'Espace rencontre Angel-Mérici, couvent de Malet, 27 ch. (60 pl.), nuitée 12,50 €/p., ½ pension 31,20 €/p., résa conseillée, rte d'Aubrac, 05 65 51 03 20, www.hotel-gite-aveyron.com

→ GE communal Del Romiou, 18 pl., nuitée 10 €/p., coin cuisine, accueil équestre, ouvert du 01/04 au 15/10, réservation, 05 65 48 28 06

→ CH et GE Le Jardin d'Éliane, CH : 5 ch. (30 pl.), nuitée de 50 à 75 €/2 à 3 p., pdj 6 €, GE : 3 dortoirs (15 pl.), nuitée 14 €/p., pdj 6 €, repas 15 €, MLP, accueil équestre, ouvert du 01/04 au 15/10, 3 av. d'Aubrac, Mme Bes, 05 65 48 28 06, www.aveyron.com/tourisme/seloger/Elianejardin.html

→ Camping Belle Rive, 71 empl., tente 6,10 à 12,80 €/1 à 2 p. (selon saison), caravane 32,90 €/1 à 2 p., coin cuisine, MLP, ouvert du 01/04 au 30/09, rue du Terral, Christian, 05 65 44 05 85 ou 06 98 22 91 59, www.camping-bellerive-aveyron.com

→ 2,5 km après Saint-Côme : GE de Combes, 7 ch. (23 pl.), nuitée 14,50 €/p., pdj 4,50 €, coin cuisine, accueil équestre, MLP, ouvert de Pâques à fin oct. pour indiv. et tte l'année pour groupe sur résa, Combes, Mme Hibert, 05 65 48 21 58, www.gitedecombes.com

→ 2 km avant Espalion, 2 km du GR : CH, 2 ch. (7 pl.), nuitée 40 €/2 p., pdj compris, acheminement, ouvert du 01/04 au 30/10, Boraldette - La Fresquette (rte Saint-Côme / Espalion), M. Burguière, 05 65 44 10 61 ou 06 71 74 07 35

ESPALION (12500)

→ OT, 23 pl. du Plô (BP 52), 05 65 44 10 63, www.ot-espalion.fr

→ Tous commerces, services, navettes bus (vers Rodez)

→ 1,5 km avant : HR Le Relais de Boralde, 15 ch., nuitée de 29 à 49 €/2 p., pdj 6 €, ½ pension pèlerin de 74 à 78 €/2 p., repas à la demande 14 €, panier repas et accueil équestre sur résa, acheminement depuis Espalion ou Saint-Côme, 76 av. de Saint-Côme, 05 65 44 06 41, www.relaisdeboralde.com

→ GE communaux, 20 pl. + 8 pl., nuitée de 13,30 à 17 €/p. (selon saison), pdj 4 €, coin cuisine, MLP, 5 rue Saint-Joseph et 21 rue Arthur-Canel, mairie 05 65 51 10 30 ou 06 77 58 53 08, mairie-espalion@wanadoo.fr

→ GE La Halte Saint-Jacques, 4 ch. (16 pl.), nuitée 15 €/p. + 3 € draps, pdj 5 €, repas 13 €, ½ pension 33 €/p., panier repas sur résa 5 €, coin cuisine, MLP, 8 rue Docteur-Trémolières, 05 65 66 35 61 ou 06 28 30 38 30, www.halte-saintjacques.com

→ VVF Le Rouergue (accueil hors juil./août), 42 logements (216 pl.), nuitée 17 €/p., pdj 5,50 €, plateau-repas sur résa 12 €, coin cuisine, accueil équestre, MLP, ouvert du 01/04 au 31/10, 66 av. de Saint-Pierre, Mme Négrier, 05 65 44 02 15, www.vvf-villages.fr

→ Camping Roc de l'Arche, 95 empl., tente de 16,40 à 23,60 €/2 p. (selon saison), ouvert du 14/05 au 08/09, le Foirail, 05 65 44 06 79, www.rocdelarche.com

→ 1,5 km après Espalion : centre d'hébergement Les Sagnes, accueil groupes uniquement (10 p. min.), 26 ch. (85 pl.), nuitée 15 €/p., pdj 4 €, repas 13 €, ½ pension de 23 à 39 €/p., coin cuisine, panier repas 7 €, rte de Saint-Pierre, réservation, M. Gracieux, 05 65 48 04 08 ou 06 07 27 68 67, www.hebergement-aveyron.com

BÉSSUÉJOULS (12500) 3,5 KM après Espalion

→ GE Domaine d'Armagnac, 6 pl. en dortoir, nuitée 25 €/p. pdj compris, ½ pension 35 €/p., coin cuisine, MLP, accueil équestre, fermé du 20/06 au 05/07, sur réservation d'oct. à mars, Saint-Pierre, 05 65 48 20 71, 06 31 38 70 67, www.domaine-armagnac.com

A – Saint-Chély-d'Aubrac – Saint-Côme-d'Olt

00,0 Saint-Chély-d'Aubrac. De la place Joseph-Bonnal, descendez la rue des Ponts-des-Pélerins en laissant l'église bien à droite. 200 m plus bas, passez devant la fontaine de Boralde, puis traversez le vieux pont en pierre. Continuez par les lacets de la route et prenez ensuite un chemin herbeux à droite qui passe au-dessus du cimetière. Vous retrouvez la route (D 19) que vous remontez à droite.

01,1 Quittez la D 19 pour aller à droite en direction de Recours. Après ce hameau, poursuivez sur la petite route quelques instants avant de prendre un

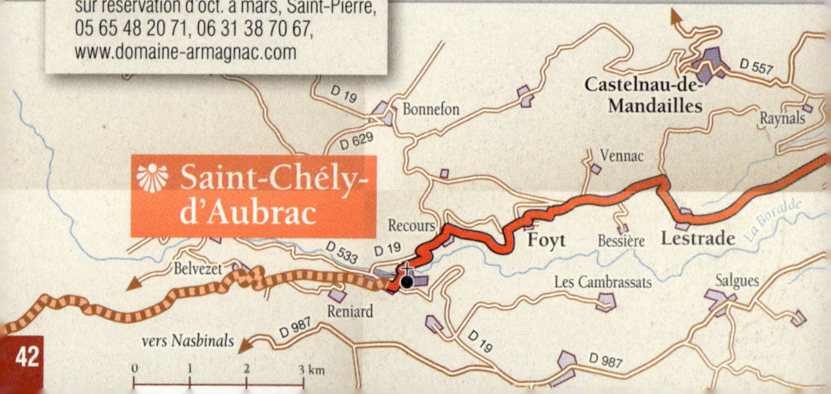

Le Lot à Espalion

sentier à droite. Il descend d'abord, puis traverse le ruisseau et vire vers la droite. Devenu chemin, il traverse à l'horizontale la forêt de hêtres. Après un passage boueux, il remonte et se rétrécit. À la sortie, il exécute une courbe vers la gauche où vous laissez un chemin à droite.

02,6 Empruntez une petite route à droite sur 280 m avant de prendre la direction de Cambrassats. Dans ce hameau (919 m), prenez un sentier à gauche.

03,5 Dans l'ancien hameau de Foyt, prenez le chemin qui monte à gauche. 100 m plus loin, tournez à droite sur un sentier à l'horizontale. Empruntez à droite la route en crête sur 1200 m en laissant plus loin la route de Vennac à gauche, puis celle de la Bessière à droite.

05,1 Quittez la route pour un chemin à droite en direction de Lestrade (panneau). Un peu moins d'un kilomètre plus loin, laissez un chemin à droite, puis virez à gauche à la hauteur d'une étable.

1h40 **06,4** **Lestrade.** Prenez la route à droite. Après 100 m, à la fin du goudron et à la bifurcation, continuez tout droit sur un chemin. Quand celui-ci vire, il descend plus fort et entre dans la forêt. Il s'ensuit une longue descente (peu de balises) sur plus de 3 km.

09,8 Bifurcation : allez à gauche et traversez une petite route pour descendre en face (légèrement à gauche) sur un

Saint-Côme-d'Olt, l'église

chemin fermé à la circulation. 220 m plus loin, poursuivez à gauche sur un sentier raviné et parfois assez raide.

10,9 Traversez une passerelle en béton sur un ruisseau et, une centaine de mètres au-dessus, descendez une petite route vers la droite. 150 m plus bas, au coude d'une route, empruntez un chemin en face. À une bifurcation, le GR 65 part à droite et passe sur un vieux pont recouvert de végétation. Il se poursuit ensuite sur la route à gauche, passe un pont et remonte.

12,1 Après la grande courbe (alt. environ 400 m), abandonnez le bitume pour un chemin à droite, assez raide (nord-ouest). Plus haut ce chemin passe à droite d'une ferme.

Le vieux pont de Saint-Chély

3h10 12,6 La Rozière. Au carrefour de ruelles flanqué d'une petite statue de la Vierge, continuez sur le goudron (point d'eau). À la bifurcation, 80 m plus loin, l'itinéraire vire à gauche où le goudron se termine pour un chemin empierré. À la bifurcation suivante, c'est à droite que vous descendez sur 100 m avant de prendre un sentier à droite. Après avoir passé un ru, le sentier vire vers la gauche.

13,7 Vous trouvez le goudron à la hauteur d'une maison : suivez en face. 100 m après, continuez sur un chemin empierré dans le virage. À la bifurcation, 70 m plus loin, allez à gauche où le chemin devient plus herbeux, plus bas. En suivant, laissez deux chemins à gauche.

14,6 Cinqpeyres : suivez de nouveau le goudron et au Y prenez à gauche. Quand vous arrivez à la route, continuez en face et, 40 m plus loin, laissez un embranchement à gauche. 50 m après, et 30 m avant la D 987, utilisez un sentier à gauche. Il rejoint une petite route à suivre à droite avant de prendre la rue de la Draille à droite sur plus de 500 m.
Au carrefour en T, en allant à droite sur 40 m, vous rejoignez la D 987 (385 m) que vous suivez à gauche. Après 250 m, quittez-la pour une rue en contrebas à droite. Vous passez ainsi sous la départementale et remontez la rue Mathat. À son terme, continuez en face et passez sous le porche. La ruelle vire à gauche (gîte d'étape à droite) et atteint la place.

4h10 16,3 Saint-Côme-d'Olt. Place du château de Castelnau.

B – Saint-Côme-d'Olt – Espalion

00,0 Saint-Côme. Dos au porche de l'église, partez en face dans la rue de l'Église puis, avant la porte fortifiée, prenez à gauche la rue du Four. Place Barrieyre, prenez la rue de Terral en face, puis descendez à droite et traversez l'avenue pour franchir le pont sur le Lot.

Saint-Côme-d'Olt a grandi autour de la chapelle de Bouysse (Xe s.), longtemps siège des Pénitents blancs, aujourd'hui désaffectée. Mais, dès le XIIIe s., existait une autre église, devenue paroissiale puis reconstruite en 1552 : l'actuelle église Saint-Côme-et-Saint-Damien, remarquable par son clocher flaminé, en vrille, et son portail aux vantaux sculptés Renaissance.

À travers le bourg

Près de l'église se trouve un ancien hôtel du XIIIe s. des seigneurs de Calmont et Castelnau. Dans l'enceinte de la cité, on peut admirer des maisons des XVe et XVIe s.

L'église de Perse fut édifiée au lieu où saint Hilarian aurait été, en 730, décapité par les Sarrasins : l'iconographie le représente portant sa tête coupée pour la laver à la source de Fontanges. En grès rose, l'église est de style roman très pur : le chœur et l'absidiole de droite sont du XIe s., le reste du XIIe s., sauf la chapelle nord datant de 1471.

À la hauteur de Perse, la villa le Temple garde le souvenir des Templiers qui accueillaient aussi les pèlerins. Dans leur chapelle fut signée, en 1266, la charte communale d'Espalion.

Espalion (environ 4 000 habitants), produisant meubles, matelas et gants, perdit son rôle de sous-préfecture en 1926. Du Xe s. à la Révolution, elle était dominée par le château de basalte des seigneurs de Calmont, qui descendaient sans doute d'un lieutenant mis en place par Charlemagne.

À travers la ville

Au musée d'histoire et d'ethnographie Joseph-Vaylet, dans un palais Renaissance de 1572 : une Vierge allaitant de bois sculpté et une tête de saint Jacques en basalte noir. Une croix de mission (pour convertir les protestants) fut élevée au XVIIIe s. sur le pont. D'anciennes maisons de tanneurs bordent le Lot.

Au bout du pont, prenez la direction de Combes sur une petite route qui côtoie le Lot un peu plus loin.
Après 1,4 km et un petit pont, vous quittez cette route (les VTT et tous ceux qui sont fatigués continuent sur cette route pour atteindre Espalion) pour un sentier à gauche. Dans un vallon, un petit pont et un passage aménagé permettent de passer un ru. Le GR progresse dans une forêt à forte présence de châtaignier. Au bord d'une clairière, montez à gauche en récupérant un chemin de terre.

03,4 Carrefour de chemins sous la ligne électrique : allez à droite. 600 m plus loin, bifurcation au-dessus de la ferme de Combrés : utilisez la branche de droite pour continuer, 80 m plus loin, sur la route à droite.

04,7 Fin du goudron sous un pylône : poursuivez d'abord sur le chemin blanc et, au carrefour (face à un panneau d'interdiction de circulation), descendez à droite puis, au carrefour suivant un peu plus bas, montez à gauche. Au-dessus, le GR traverse l'ancienne carrière, puis rejoint la crête qui vous conduit à la vierge de Vermus. Avant cette dernière, descendez le sentier à gauche. Plus loin, il longe une murette avant de descendre plus fortement.

06,1 Descendez le chemin blanc à la hauteur de la première maison et, en bas, franchissez le pont sur le ruisseau de Perse (l'église du même nom se trouve perchée au-dessus, à gauche) pour tourner de suite à droite dans le chemin fermé à la circulation. Allez tout droit pour passer à gauche du gymnase, pour traverser ensuite le parking et enfin emprunter l'allée en face. Celle-ci longe un petit ruisseau puis le bord du Lot. Elle passe derrière le camping et la piscine municipale. Traversez le boulodrome pour vous engager dans la rue en face.
Prolongez par la place du Plô et la rue en sens interdit Athur-Canel. Tournez à droite, vous laissez le vieux pont à droite pour suivre le quai Henri-Affre à gauche.

1h50 07,4 Espalion. Carrefour avec le boulevard Joseph-Poulenc au deuxième pont.

→ Espalion → Golinhac

L'église de Bessuéjouls

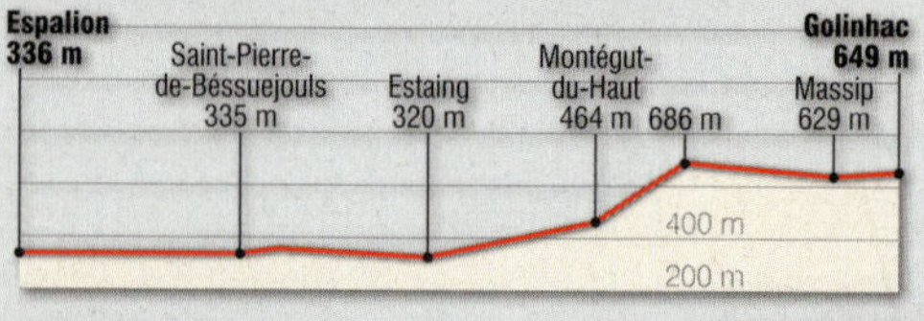

Le vieux pont et l'enfilade des maisons aux balcons de bois se reflétant dans le Lot : telle est l'image que vous emporterez d'Espalion. Mais vous succomberez aussi au charme d'Estaing ; on y fait étape ou seulement une pause avant de gagner de nouveau les hauteurs. Golinhac, votre étape du jour, attachée à son calme, est parfaite pour vous reposer après une journée assez longue.

RENSEIGNEMENTS PRATIQUES

ESTAING (12190)

- OT, 24 rue François-d'Estaing, 05 65 44 03 22, www.estaing12.fr
- Commerces, services, guichet bancaire
- GE communal, 20 pl., nuitée 12 €/p., coin cuisine, ouvert du 01/03 au 30/09, pl. du Foirail, 05 65 44 70 38 (la Malle aux Trésors) ou 05 65 44 70 32 (mairie)
- HR Auberge Saint-Fleuret, 14 ch., ½ pension randonneur 62 à 100 €/1 à 2 p. (selon saison), panier repas 8 €, ouvert d'avril à mi-oct., 19 rue F.-d'Estaing, 05 65 44 01 44, www.auberge-st-fleuret.com
- CH, 5 ch. (12 pl.), nuitée de 36 à 47 €/1 à 3 p., pdj compris, accueil équestre, ouvert du 01/04 au 30/11 sinon contacter propriétaire, les Chenevières, M. Dijols, 05 65 44 71 51 ou 06 70 38 42 81, www.chemindecompostelle.com/dijols

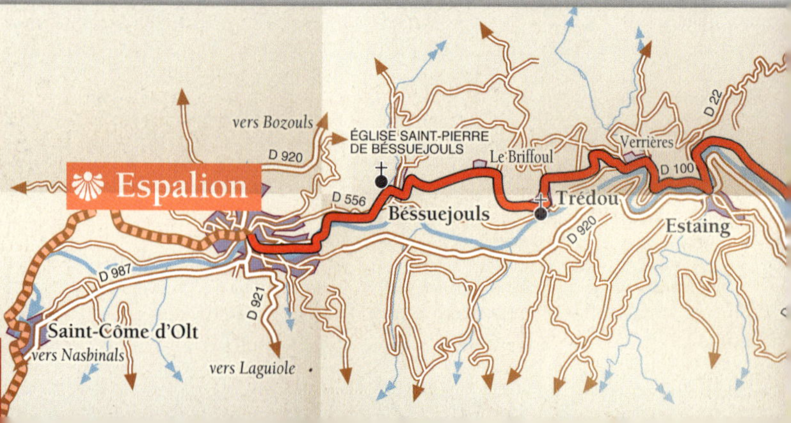

- CH La Marëlle, 1 ch., nuitée de 58 €/2 p., pdj compris, TH 19 €, MLP, ouvert du 15/04 au 15/10 sinon contacter propriétaire, 11 rue Basse, 06 70 88 16 61 ou 05 65 44 66 78, chambredhote-estaing.pagesperso-orange.fr
- Accueil spirituel à l'Hospitalité Saint-Jacques, 16 pl. en dortoir, pdj, repas, participation libre, accueil équestre, réservation la veille, 8 rue du Collège, 05 65 44 19 00
- HR Aux Armes d'Estaing, 30 ch., ½ pension pèlerin ou randonneurs 49,50 €/p. (si 2 p./ch. ou + 15 € si p. seule), sur réservation, ouvert de mars à fin-oct., 1 quai du Lot (face au pont), M. Catusse, 05 65 44 70 02, www.estaing.net
- 1,5 km après Estaing : Camping municipal de la Chantellerie, 60 empl., tente 10 €/2 p., ouvert de mi-mai à mi-sept., 05 65 44 72 77 (en saison) ou 05 65 44 70 32 (mairie), www.estaingdouze.fr/heberge/camping
- 3 km hors GR : Camping à la ferme La Cavalerie, 20 empl., tente 6,80 à 10 €/1 à 2 p., caravane + chalets nuitée de 25 à 30 €/1 à 4 p., ouvert du 15/05 au 15/09, rte d'Entraygues, L'Ouradou, M. Alaux, 05 65 44 71 94 ou 06 28 09 50 51

FONTEILLES (12140 GOLINHAC)

- CH + C, CH : 4 ch. (22 pl.), nuitée de 39 à 58 €/1 à 2 p., pdj compris, repas 16 € ; C : tente 10 €/p., nuitée en caravane 15 €/p., mobil home (7 ch.) nuitée de 36 à 64 €/2 à 4 p., pdj 6 €, MLP, acheminement en cas de besoin, accueil équestre 5 €, Les Cammas n° 2, Sainte-Radegonde, sur GR 65, M. Vioulac, 05 65 78 48 77 (après 19h) ou 06 07 04 32 59, www.chemindecompostelle.com/vioulac

CAMPUAC (12580) VARIANTE GR 6

- 1,5 km après Campuac, 600 m du GR : GE du Barthas, 6 ch. (14 pl.), nuitée 13,50 €/p., pdj 4,50 €, repas 13 €, ½ pension 30 €/p., Mme Albespy, 05 65 51 59 38 ou 06 06 42 31 70, www.gite-du-barthas.com

GOLINHAC (12140)

- Épicerie, bar-restaurant, poste
- 2 km av. Golinhac, sur GR : GE L'Orée du Chemin, 6 ch. (20 pl.), nuitée 14 €, pdj 5 €, repas 12 €, coin cuisine, panier repas 7 € sur réservation, MLP, accueil équestre 5 €, Massip, M. Dissac, 05 65 48 61 10 ou 06 71 38 07 57, www.loreeduchemin.fr
- Pôle Touristique Bellevue, C + GE + CH en chalets, C : 30 empl., nuitée de 11,50 à 13,50 €/2 p. ; CH : 15 chalets de 4 à 6p., nuitée de 60 à 80 €/1 à 4 p. ; GE : 2 G (soit 18 pl. + 13 pl)., nuitée de 14,50 à 17 €/p. (selon ch. ou dortoir), pdj 5 €, poss. dîner, coin cuisine, sandwich 3,50 €, épicerie dépannage dans le village, MLP, accueil équestre en box 5 €, ouvert du 04/04 au 15/10, 05 65 44 50 73, www.golinhac-hebergements.com
- Auberge La Bastide d'Olt, 5 ch. (18 pl.), nuitée de 52 à 115 €/1 à 4 p. (selon saison), pdj compris, ½ pension de 64 à 186 €/1 à 4 p., repas 12,50 €

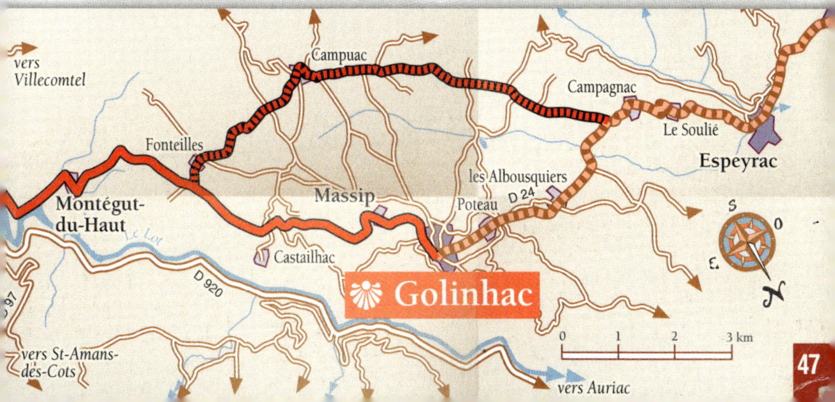

ou menu à partir de 18 € sur réservation, 05 65 51 63 68 ou 06 89 54 96 85, www.golinhac-hebergements.com

→ CH La Landette, Gîte le Petit Saint-Jacques, 4 ch. (16 pl.), nuitée 50 €/2 p., pdj compris, repas 12 à 15 €, ouvert tte l'année, sur GR 65, juste après le bourg, 05 65 44 78 53, www.petitsaintjacques.fr ou www.landette.fr

A – Espalion - Estaing

00,0 Espalion. Depuis le pont, que vous n'empruntez pas, descendez tout droit pour aller le long du Lot. Quittez ensuite le chemin pour un sentier herbeux toujours sur la rive. À son terme, empruntez le goudron de la rue Jean-Capoulade à gauche sur une centaine de mètres avant d'utiliser la rue Eugène-Salettes à droite. 300 m plus loin, à la fin du goudron, poursuivez en face sur un chemin gravillonné qui devient herbeux quand il vire à gauche pour contourner une prairie. Un sentier raide et raviné prend la relève sur une centaine de mètres. Avec le retour du goudron, suivez la rue en face.

01,6 Stop avec la D 556 : suivez-la à droite. Plus loin, laissez la direction des Roumes à gauche.

02,8 Quittez la D 556 pour la direction de l'église romane, à gauche (sud-ouest). Laissez le cimetière à gauche et descendez pour passer à gauche de l'église. Continuez à descendre, laissez un chemin en face pour traverser le pont à droite.

0h50 03,5 Saint-Pierre-de-Bés-suejouls. Allez à droite sur la D 556E en laissant la mairie à droite (335 m). Puis montez une petite route à gauche, interdite à la circulation. Au-dessus, empruntez un sentier après un portillon. Assez raide, il monte au-dessus du hameau. À un croisement, 570 m plus haut, il poursuit la montée en face. Vous suivez plus loin une petite route à gauche.

05,4 Hameau de Briffoul : au croisement, continuez sur la route à gauche ; 170 m plus loin empruntez un chemin à droite, d'abord empierré, puis herbeux ensuite. Le chemin devient sentier et passe entre les buis quand il vire à droite. Il s'élargit puis de nouveau se rétrécit. Plus bas, à la bifurcation, poursuivez à gauche sur un passage en creux et boueux. Au manoir abandonné de Beauregard, utilisez une petite route à droite en descente. 100 m plus bas, allez à gauche.

07,3 Carrefour de l'église de Trédou : continuez à gauche. 300 m après, laissez un chemin à droite, puis 200 m plus loin (les Camps, 362 m), tournez à droite.
Au carrefour suivant, continuez en face sur un chemin blanc pendant 250 m avant de virer à gauche au T (sud-ouest).

09,0 Prenez la route à droite ; aux maisons (les Lilas) laissez une petite route à gauche. Dans un virage, prenez en face une autre petite route en laissant à gauche la direction de la Rive. Au hameau de Verrières, au T, virez à gauche. Passez le pont et suivez la route à droite (nord-nord-est).

10,3 Stop : suivez la D 100 à gauche en laissant d'abord le chemin des Costes. 100 m après la Roque, montez par un sentier à gauche, assez raide au départ. Il coupe une grande courbe de la D 100 que vous reprenez à gauche 800 m plus tard.

3h00 12,3 Estaing. Carrefour et pont sur le Lot (320 m).

B – Estaing – Golinhac

00,0 Carrefour du pont d'Estaing. Allez d'abord à gauche sur la D 22 (sud), puis 30 m après prenez à droite (320 m) la direction de la Rouquette. Cette petite route longe le Lot sur près de 4 km.

03,0 Bifurcation avant la Rouquette : empruntez à gauche un chemin par-

tiellement blanc. 500 m plus loin vous laissez une piste à gauche.

03,8 Franchissez le nouveau pont. 100 m après, quittez la petite route pour un sentier à gauche. Plus haut vous retrouvez le bitume que vous remontez à gauche. 360 m après, laissez un embranchement à gauche en direction de Montégut-Bas. 50 m après, reprenez un sentier à gauche sur 180 m avant d'utiliser une petite route à droite. Au bout de 80 m, montez encore un sentier à gauche.

1h15 05,0 Montégut-du-Haut. Poursuivez sur la route à gauche. En montant, laissez l'embranchement de Riou du Prat à droite et, 150 m au-dessus, ignorez la direction de Campredon à gauche.
Après une courbe, la route se calme et passe devant une ferme abandonnée (la Bernarderie, 608 m). 400 m plus loin, ignorez une voie sans issue à gauche.

07,0 Fontaine, eau potable. Passez ensuite le hameau de la Sensaguerie. Au carrefour, continuez en face vers la Devèze (nord-ouest). 200 m plus loin, laissez cette dernière direction à droite pour suivre une petite route en face.
Sur le bas, laissez les Costes à droite pour aller en face vers le Mas. Après ce hameau, laissez une allée goudronnée à gauche. Carrefour : continuez en face en laissant à droite la direction du Brol. 200 m plus loin, laissez aussi la direction de Castaillac et suivez le CD 135 qui va virer au nord.

09,8 Quittez la route pour monter un chemin à gauche (ouest). Plus de 600 m plus loin, vous croisez une petite route pour suivre en face un chemin prolongé par un sentier. Ce dernier se faufile en sous-bois. Il traverse un ruisseau et s'élargit en petit chemin toujours à l'ombre des arbres.

11,7 Croisement : montez à gauche, puis en descendant laissez un chemin à droite. Poursuivez sur le goudron pendant 300 m.

3h10 12,4 Massip. Après la ferme, descendez un peu à droite afin de prendre le sentier qui démarre à gauche juste après le poteau téléphonique. Au terme du sentier après un hangar, le GR traverse la route pour un sentier raide sous les arbres. En bas, prenez une petite route à gauche sur une centaine de mètres avant d'emprunter un chemin à droite. À la bifurcation sur ce chemin, continuez à droite. Près d'une grange (petite croix en pierre) montez à gauche.

13,8 Le Cagnaté : empruntez la petite route à droite afin de traverser le hameau.
Au carrefour en haut avec une croix en fer, laissez une route à droite et poursuivez en face pour prendre ensuite la D519. Laissez une rue et le Proxi à gauche, descendez la rue en face sur une centaine de mètres.

3h45 14,3 Golinhac. Église, 649 m.

Estaing dressé

Saint Fleuret est le patron d'**Estaing.** La relique de cet évêque d'Auvergne, mort à Estaing, y fut ramenée en 1361 par le cardinal Pierre d'Estaing. Depuis, saint Fleuret est célébré le premier dimanche de juillet depuis six siècles par une procession costumée de deux cents personnes, où figurent des pèlerins de Compostelle sous le nom de Jacques-la-Coquille. Le village peut s'enorgueillir de la lignée des d'Estaing : un d'Estaing fut compagnon de croisade de Richard Cœur de Lion, un autre sauva la vie de Philippe-Auguste qui octroya trois fleurs de lys à son écu. La famille compte cinq prélats. Mais la branche aînée s'éteignit avec l'amiral Charles-Hector, guillotiné à cause de son amitié avec Marie-Antoinette.

L'église d'Estaing

À travers le bourg

L'église de Saint-Fleuret, édifiée au XVe s., abrite un Christ du XVe s., une pietà du XVIIe s. et un saint Jacques dans un retable doré.
Au dehors, sur le fût d'une croix, un pèlerin agenouillé, au chapeau à large bord, implore le Christ.
Le pont gothique et la statue du cardinal comte François d'Estaing, constructeur du clocher de Rodez.
Le château d'Estaing, datant du XVe s., possède une terrasse, une haute tour polygonale et une échauguette.

Golinhac : à l'entrée sud du village, une croix de pierre présente, sur son fût, un petit pèlerin tenant le bourdon. C'est, avec le lieu-dit Estrade, l'indice d'un passage très ancien.
L'église Saint-Martin conserve les assises romanes d'un prieuré du XIe s. qui dépendait de l'abbaye de Conques.
En contrebas, dans la vallée du Lot, l'usine EDF porte le nom de barrage de Golinhac.

→ Golinhac → Conques

Vue générale de Conques

La verdure du haut Rouergue vous accompagne toute la journée, rythmée par la succession d'un bel échantillon de villages et de hameaux qui déposent chacun leur témoignage. C'est aujourd'hui que vous mettrez les pieds à Conques : un site hautement prestigieux sur le chemin de Saint-Jacques où cette belle étape se termine face au tympan historié de l'abbatiale Sainte-Foy, un chef d'œuvre de l'art roman.

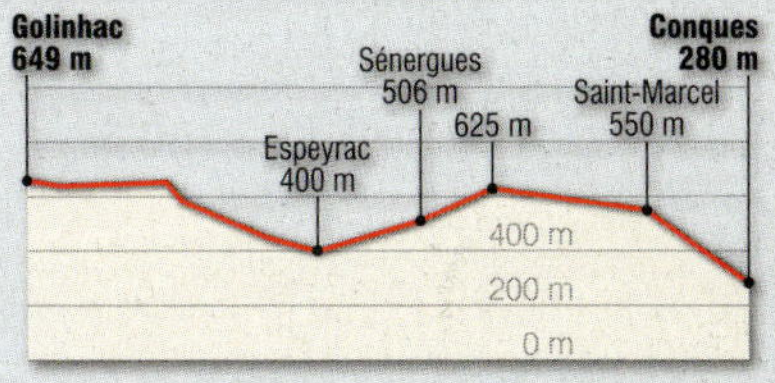

RENSEIGNEMENTS PRATIQUES

ESPEYRAC (12140)

- www.espeyrac-aveyron.com
- Épicerie, dépôt de pain (ouvert le matin)
- GE communal, 2 dortoirs (12 pl.), nuitée 12,50 €/p., coin cuisine, ouvert du 01/04 au 30/09, mairie 05 65 69 88 69

SENERGUES (12320)

- Mairie, 05 65 69 85 72, www.senergues.fr
- Petits commerces, services (sauf hôtel et médecin)
- GE Domaine de Sénos, 12 ch. (33 pl.), nuitée 17 €/p., pdj 5 €, repas 17 €, ½ pension 37 €/p., coin cuisine, panier repas 8 €, MLP, accès Internet, ouvert du 01/04 au 01/11 (hors saison se renseigner), fermé en janv. et fév., ch. de Compostelle, Isabelle et Benoit, 05 65 72 91 56, www.gite-aveyron.com
- 2 km hors GR, après Sénergues : Camping ferme-auberge Le Fraysse, 6 empl., tente 7 €/p., mobil home (basse saison) nuitée 40 €/4 p., repas 16 à 25 €, accueil équestre 5 €, ouvert de Pâques à Toussaint, Le Fraysse, Mme Cabrolier, 05 65 72 87 79

CONQUES (12320)

- OT, rue Gonzagues-Florens, 05 65 72 85 00 ou 0820 820 803, www.tourisme-conques.fr ou www.conques.fr
- Commerces, services
- Accueil spirituel de l'abbaye Sainte-Foy, 96 pl., 4 dortoirs (45 pl.) : nuitée 10 €, 20 ch. : ch. de deux, nuitée 31 à 38 €, ch. de trois, nuitée 39 à 45 €, ch. de quatre, nuitée 58 € ; pdj 5 €, repas 12 €, panier repas 5 €, fermé 15 jours en janvier, 05 65 69 89 43, www.abbaye-conques.org
- GE communal, 30 pl., nuitée 12 €/p., coin cuisine (gestion libre), réservation souhaitée, ouvert du 01/04 au 31/10, rue Émile-Roudié, 05 65 72 82 98 ou 0820 820 803

- Ch. chez l'habitant, 2 ch., nuitée de 25 à 35 €/1 à 2 p., coin cuisine, rue du Château, réservation, Mme Bony, 05 65 72 88 41
- CH Le Chrismo, 6 pl., nuitée de 45 à 118 €/2 à 4 p., pdj 7 €, coin cuisine, ouvert de mars à mi-nov., 10 pl. de la Basilique, 05 65 72 80 39
- CH Chez Alice et Charles, 4 ch. (9 pl.), nuitée de 63 à 96 €/2 à 3 p., pdj compris, ouvert du 01/04 au 15/11, réservation, rue du Chanoine-A.-Benazech, 05 65 72 82 10
- Camping Beau Rivage, 60 pl., tente de 10,50 à 11,50 €/p., pdj 6 €, ½ pension 30 €/p., mobil home (12 pl.) : nuitée (hors saison) de 45 à 58 €/2 à 5 p., coin cuisine, MLP, ouvert du 01/04 au 30/09, M. Broncan, 05 65 69 82 23 ou 06 61 17 47 73, www.campingconques.com
- 5 km après Conques : CH Les Grangettes de Calvignac, 3 ch. (12 pl.), nuitée 60 à 70 €/1 à 2 p., pdj compris, repas 19 €, accueil équestre, panier repas de 8 à 12 €, acheminement, Calvignac, M. Mme Arnal-Morata, 05 65 67 86 70 ou 06 11 12 31 41, www.lesgrangettes.fr

À 6 KM DE CONQUES

- Bar, restaurant, épicerie
- 1,5 km avant centre-bourg : Village Vacances Grand Vabre Aventures et Nature, 20 gîtes, nuitée (hors juil./août) 60 €/4 p. (uniquement groupes), pdj 6 € sur résa., coin cuisine, MLP, ouvert du 01/04 au 31/10, les Passes, Mme Alaux, 05 65 72 85 67, www.grand-vabre.com

00,0 Golinhac. Face à la porte de l'église, montez la D 519 à gauche pour prendre rapidement la première rue à gauche. Après 30 m, virez à droite dans une ruelle qui se poursuit par un petit chemin à la hauteur d'un portail de maison. Au-dessus, retrouvez le goudron que vous suivez tout droit sur 70 m jusqu'au carrefour en T où vous allez à droite.
Carrefour avec une croix : allez en face sur un chemin entre deux clôtures, il aboutit près d'un hangar où vous descendez le goudron à gauche.

01,2 Le Poteau (643 m) : carrefour de la D 904 et la D 42. Poursuivez en face en direction d'Espeyrac. 450 m plus loin, quittez le goudron pour un chemin qui part en biais à droite et traverse un bosquet. Rejoignez le goudron qu'il faut suivre à droite.

02,2 Les Albusquiès. Au centre du hameau, descendez à gauche une ruelle qui se divise en deux : allez à gauche. Après le goudron, l'itinéraire suit un bout de chemin sur 40 m avant de descendre à droite sur un petit chemin en creux bordé d'arbres. Après le ruisseau, il vire à droite et passe en sous-bois avant de longer une clôture et de récupérer un chemin à suivre.

03,3 Sur la route, continuez à gauche (sud). Après 800 m, au carrefour au

point haut (647 m), virez à droite vers Espeyrac. Dans le virage suivant, laissez un chemin en face pour suivre les lacets et traverser ainsi le hameau de Campagnac. À la sortie, laissez le GR 6 partir à gauche et poursuivez en descente sur la route. Plus loin, laissez la direction de la Saline à droite, puis la Condamine à gauche, dans un virage.

06,0 Le Soulié. Traversez ce hameau pour atteindre 1 km plus loin celui de Carboniès (440 m). 100 m après ce dernier, quittez la route pour utiliser un chemin à droite sur une vingtaine de mètres avant de partir sur un sentier à gauche. Celui-ci file sous le couvert des arbres avant de rejoindre un chemin.

07,6 Descendez la route sur 100 m avant de descendre à gauche un sentier assez raide (panneau : Cami d'Olt). À la bifurcation, le GR 65 utilise le sentier de droite qui monte un peu avant de descendre près du ruisseau que vous longez à droite avant de traverser le petit pont vers la gauche. Le sentier plus loin poursuit en balcon.

2h10 **08,5** **Espeyrac.** Aux premières maisons, descendez à gauche pour suivre plus bas la D 42 sur 50 m avant de traverser la place de la Mairie, à gauche. Passez devant l'église pour descendre la ruelle qui suit. À la bifurcation, tournez à droite pour doubler un hôtel.
Stop : traversez la D 42 pour un chemin goudronné en face. Il passe devant le cimetière et se termine avant le ruisseau. Franchissez la passerelle et poursuivez sur un sentier qui file sur la gauche. À la hauteur d'une maison, continuez sur son chemin d'accès pour retrouver plus loin le goudron. Au coude d'une route (408 m), suivez-la à droite sur 160 m pour la quitter et prendre à gauche un chemin prolongé par un sentier. Enjambez le ruisseau du Tayrac sur une passerelle en bois.

Conques, la porte du Barry

09,9 D 42 : suivez-la à droite sur environ 600 m en laissant une route à gauche vers la Pradine. Après un pont, tournez à gauche à la hauteur d'une ferme (Célis) et montez à droite de l'étable un chemin qui se réduit après le hangar et passe sous le couvert.

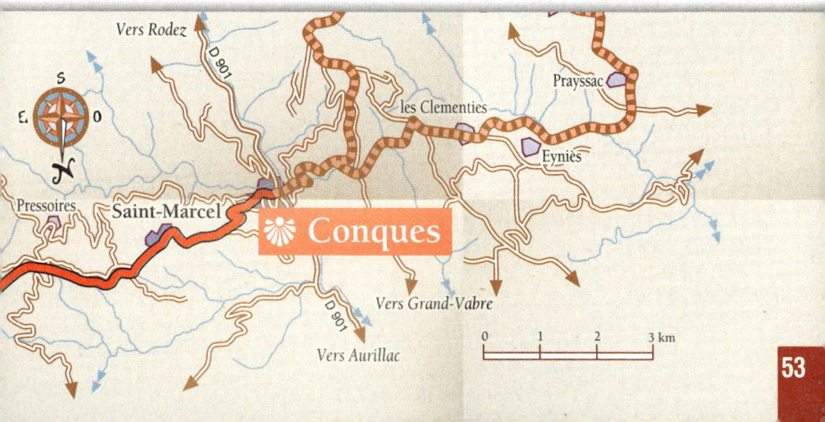

Le trésor du musée de Conques

Vous suivez le goudron que vous retrouvez à la hauteur du cimetière ; après le gîte d'étape tournez à droite.

2h50 **11,4** **Sénergues.** Longez l'église (eau potable ; 506 m) pour descendre un passage pavé et atteindre la rue principale (D 42) à suivre sur la gauche. À la bifurcation, prenez à gauche la direction de Lunel par la D 242. Dans la courbe suivante, quittez-la pour un raccourci, avec des marches, à droite. Au-dessus, traversez la route pour un chemin qui monte, en face, à droite de la maison.
Plus haut, dans le lotissement, remontez tout droit une rue qui se poursuit par un chemin (un abri de pèlerin vous attend avec toilettes, lavabos et coin pique nique) et entre dans la forêt départementale de Sénergues. En haut, laissez un chemin forestier à gauche et progressez en bordure de la forêt (plantation).

12,9 Après une étable à gauche, et à 20 m de la D 42, allez tout droit sur un chemin blanc qui se rétrécit plus loin. Au bout, suivez la D 42 à gauche sur 60 m.

13,5 Carrefour multiple (625 m, croix) : empruntez la route à droite vers Garuech sur 450 m et virez ensuite à gauche sur un chemin bordé de clôtures.
Vous tombez sur un autre chemin à suivre à gauche sur 50 m (boueux en temps de pluie) pour en prendre un autre à gauche. Celui-ci longe un champ, puis continue entre deux clôtures.

15,1 D 42 : suivez-la à droite longuement en laissant à 300 m la route de Pressoires à gauche, puis celle de la Souquayrie à droite.

17,1* Quittez la D 42 pour prendre en face (ouest) la direction de Saint-Marcel, en laissant le chemin de la Borie à droite.

4h30 **17,9** Église de **Saint-Marcel.** Traversez tout droit le hameau. À la sortie, bifurcation où vous continuez en face, toujours sur la route.

19,0 Un peu avant un réservoir d'eau, quittez le goudron pour un chemin gravillonné à gauche (panneau : Conques 30 minutes) qui, après 260 m, à la hauteur d'une maison, devient sentier creux assez raide et rocailleux.
Plus bas, le sentier croise un chemin que vous ignorez pour descendre quelques marches en face. Vous retrouvez le goudron à descendre tout droit pour traverser ensuite la route et suivre en face une voie sans issue.
À la fin du goudron, poursuivez sur le pavé de la rue Emile-Roudié. Dans cette rue, allez à droite à la bifurcation et laissez le gîte d'étape à droite un peu plus bas. Ensuite, descendez à gauche en direction de l'office de tourisme. Plus bas, allez à droite et à gauche dans la rue de l'Église.

5h15 **20,8** **Conques.** Portail de l'église Sainte-Foy (280 m).

** Les VTT suivront la D 42 pour atteindre Conques.*

La tour carrée de Sénergues

Espeyrac est bâti en amphithéâtre sur un promontoire rocheux.
L'église Saint-Pierre rappelle le souvenir d'un prieuré disparu.

Sénergues possède un château ayant une tour carrée et isolée du XIVe s., ainsi qu'un corps de logis borné de deux tours rondes.

Conques est dominée par les trois tours de la basilique Sainte-Foy édifiée entre 1031 et 1140, et dont il faut surtout admirer le tympan du portail sur le thème du Jugement dernier. Conques fut sécularisée en 1424 puis incendiée par les huguenots au XVIe s. et en partie démolie en 1838. Prosper Mérimée sauva ce qu'il restait du monastère mais pas le cloître qui avait déjà servi de carrière. Parmi les plus célèbres trésors de Conques figure la Majesté d'or de sainte Foy, située dans l'abbaye. Sa restauration en 1955 a permis d'établir que la relique est bien la calotte crânienne d'une toute jeune fille. En effet, sainte Foy, chrétienne de douze ans, avait été brûlée puis décapitée en 303 à Agen, où ses reliques étaient conservées. Un moine de Conques devenu moine agenais s'en empara en 866 et l'emporta à Conques.

À travers la ville

Des façades aux colombages en X remplis de schistes ; des maisons en encorbellement ; la chapelle Saint-Roch du XVIe s sur sa butte rocheuse ; le château d'Humières avec sa haute tour et ses fenêtres à meneaux ; la porte romane de la Vinzelles ; une tour de l'ancienne enceinte.

Par le Barry chemin faisant

La porte du Barry : un grand arc de grès rouge du XIIe ou XIIIe s.
La fontaine du Barry et son réservoir voûté en berceau.
Le pont sur le Dourdou, dit romain, construit en 1410.
La chapelle Sainte-Foy, un site paisible et reposant.
La nouvelle chapelle Saint-Roch, perchée sur une crête, comporte un abri.

10ème étape 25,8 km 6h30

→ Conques → Livinhac-le-Haut

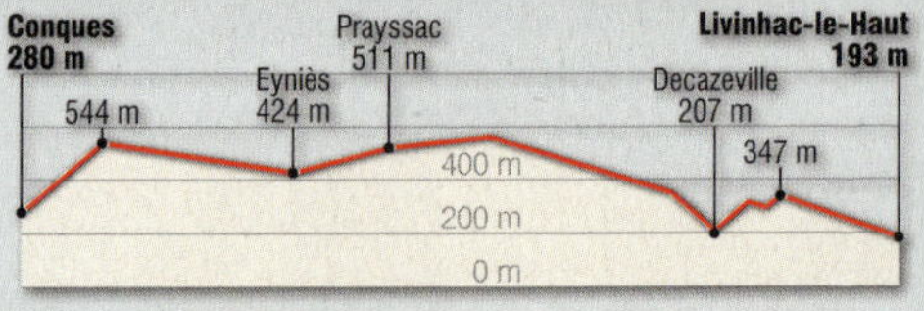

Vous ne quitterez pas facilement les murs de Conques ; un nombre certain de pèlerins y consacrent une journée de repos. Mais une fois franchi le pont « romain » sur le Dourdou, le sentier raide vous oblige à vous concentrer de nouveau sur vos pas. En fin de parcours, vous choisirez Decazeville, la grande ville, ou bien la tranquillité de Livinhac-le-Haut, entouré par un méandre du Lot.

RENSEIGNEMENTS PRATIQUES

NOAILHAC (12320) VARIANTE DU GR

- www.noailhac.a3w.fr
- Bar-restaurant-épicerie (dépôt de pain)
- GE communal, 18 pl., nuitée 11 €/p., ½ pension 30 €/p., coin cuisine, 05 65 72 91 25 ou 06 12 75 30 09, gaillacaurelien@aol.com
- 800 après Noailhac, 200 m hors GR : CH de Montbigoux, 3 ch. (8 pl.), nuitée de 38 à 61 €/1 à 3 p., pdj compris, réservation, Montbigoux, Mme Falip, 05 65 69 85 01 ou 06 81 93 34 50, www.gitesdemontbigoux.fr
- 2,5 km après Noailhac, sur variante : CH et G Domaine de l'Englès, 5 maisons soit 24 pl. max., nuitée 20 €/p., pdj 4 €, repas 14 €, coin cuisine, accueil équestre, ML, L'Englès, M. Schmitt, 05 65 72 83 82, www.domainedelengles.com

DECAZEVILLE (12300)

- OT, av. Cabrol/square Jean-Ségalat, BP 48, 05 65 43 18 36, www.decazeville-tourisme.com
- Tous commerces, services, cars SNCF
- GE Les Volets Bleus, 2 dortoirs de 6 pl., nuitée de 13 à 15 €/p., pdj 5 €, repas 13 €, ½ pension (sauf le lundi), coin cuisine, MLP, 1 ch. 35 €/2 p., ouvert

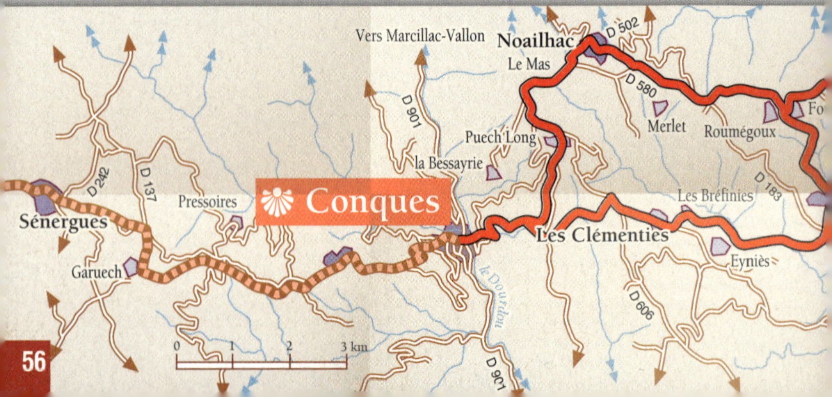

du 01/04 au 30/09, 3 rue Camille-Douls, M. Brin, 05 65 64 49 05 ou 06 49 89 97 16, gitevoletsbleus.monsite-orange.fr

➔ 2 km après, sur GR : GE Sentinelle, accueil pèlerins/chrétien/randonneurs, 2 dortoirs (7 pl.), PO, démarche d'écocitoyenneté participative, pl. Saint-Roch (face église), Saint-Roch, 05 65 43 49 52

➔ 2 km après, 600 du GR : GE La Place, 3 ch. + 1 caravane, ½ pension 45 €/p., panier repas sur réservation 7,50 €, ML, accueil équestre, poss. acheminement, ouvert du 01/04 au 01/10, 06 80 76 19 02, www.chemindecompostelle.com/voogd

VIVIEZ (12110)

➔ CH Les Cèdres Bleus de Joany, 3 ch. (10 pl.), nuitée de 45 à 67 €/1 à 3 p., pdj compris, TH de14 à 17 €, Corinne Ferrier et Guy Piana, 05 65 43 42 90 ou 06 75 10 65 93, BBX83@hotmail.fr

LIVINHAC-LE-HAUT (12300)

➔ Mairie, place du 14-Juin, 05 65 63 33 84 (HB en après-midi), www.livinhac-le-haut.fr

➔ Tous commerces, services (fermés le lundi), pas de banque

➔ Avant Livinhac, 500 m du GR : camping Le Roquelongue, 66 empl., tente 10 à 13,50 €/1 à 2 p. (tarif pèlerin), mobil home, chalets (40 pl.) nuitée de 30 à 36 €/2 p. (tarif pèlerin et selon hébergement), pdj 6 €, repas 14 €, MLP, snack-bar, Boisse Penchot, M. Delporte, 05 65 63 39 67, www.camping-roquelongue.com

➔ 500 m avant Livinhac : GE et CH La Magnanerie, G : 15 pl., nuitée 17 €/p., pdj compris, coin cuisine ; CH : 2 ch., nuitée 21 €/p., pdj compris, MLP, ouvert d'avril à fin sept. à partir de 15h, accueil équestre possible, 170 rue du Faubourg, Mme Wiart-Robertson, 05 65 43 25 56 ou 06 16 70 61 38, www.chemindecompostelle.com/lamagnanerie

➔ GE communal, 8 ch. (29 pl.), nuitée 14,70 €/p., pdj 5 €, ½ pension 32 €/p., coin cuisine, MLP, ouvert du 01/04 au 30/10, pl. du 14-Juin, Mme Ridoux, 05 65 64 45 96 ou 06 76 86 94 77

➔ CH Sur le Chemin, 5 ch., nuitée de 25 à 90 €/1 à 4 p., accès wifi, MLP, panier repas sur demande, accueil ânes et chevaux sur réservation, ouvert tte l'année, sur GR, 05 89 55 55 32 ou 06 16 98 54 77, surlechemin@orange.fr

➔ CH Le Potager du Peyssi, 1 ch. partagée (4 pl.), nuitée 25 €/p., pdj compris, ½ pension 40 €/p., poss. panier repas, MLP, coin cuisine, ouvert tte l'année, 530 rte du Peyssi, 05 65 63 35 92 ou 06 37 98 01 35, www.lepotagerdupeyssi.fr

➔ CH La Coquille Bleue, accueil pèlerin, 1 ch. + 1 dortoir (11 pl.), nuitée en dortoir 18,50 €/p., pdj compris, nuitée en ch. de 50 à 61,50 €/1 à 3 p., pdj compris, repas lundi et jeudi soir 11 €, MLP, pas de groupe sup. à 6 p., wifi, ouvert tte l'année, sur réservation du 01/10 au 15/03, 25 rue Camille-Couderc (sur GR), 05 65 43 39 52, www.chemindecompostelle.com/com/coquillebleue

➔ CH Les Esplagnes, 2 ch., nuitée 50 €/2 p., pdj compris, repas 15 et 18 €, 470 rue des Esplagnes, 09 51 57 54 66 ou 06 62 83 27 04, alain810@hotmail.fr

→ 4 km après Livinhac, à 300 m du GR 65 : GE des Monts de Chaunac, 9 pl., nuitée 14 €/p., tente 8 €/p., pdj 5 €, coin cuisine, MLP, accueil équestre 5 €, dépannage épicerie, ouvert de Pâques à Toussaint, Chaunac, Mme Bourdache, 05 65 43 58 34 ou 06 37 88 52 19, www.chemindecompostelle.com/bourdache

00,0 Conques. Dos à la porte de l'abbatiale, allez en face par la rue de l'Église, puis prenez l'escalier à gauche pour descendre le pavé de la rue Charlemagne. Dépassez la porte du Barry et laissez un chemin montant à droite. En suivant, ignorez un sentier à droite et la ruelle à gauche qui mène à la chapelle Saint-Roch. À la hauteur du goudron que vous laissez à droite, descendez quelques marches et le pavé de la ruelle en face.
Traversez la route au carrefour pour passer en face entre deux maisons et franchir le pont de pierre sur le Dourdou. Poursuivez sur la petite route. Dans la première épingle, empruntez un sentier raide et rocheux. Celui-ci traverse la route au-dessus et se poursuit en sous-bois.

01,2 La chapelle Sainte-Foy, perchée, fait face à Conques. Continuez à droite ; au-dessus, laissez la piste pour un sentier à droite, encore raide. Sous les châtaigniers, croisez un sentier ; à la sortie de la forêt le sentier finit par se calmer et se poursuit par un chemin bordé par deux clôtures.

0h40 02,5 Carrefour de chemins (544 m) et séparation de deux itinéraires : laissez en face la **variante par Noailhac** et allez à droite vers Prayssac (nord-ouest). Après 300 m environ, traversez la route pour descendre en face une piste empierrée.

04,0 Au point bas, remontez vers la droite. 200 m après, laissez un embranchement à gauche et descendez en face. 600 m plus loin, à la bifurcation, montez à gauche.

05,4 D 606 : suivez-la à droite et à la bifurcation, 250 m plus loin, allez à gauche vers les Clémenties où vous laisserez un chemin à droite.

06,7 Les Clémenties. Traversez le hameau ; 100 m après le panneau de sortie, utilisez un chemin à gauche. Vous y laisserez un embranchement à droite. À la ferme les Bréfinies vous retrouvez le goudron à suivre tout droit.

2h00 08,1 À l'entrée d'**Eyniès,** descendez un court chemin avant de remonter une trentaine de mètres le goudron pour prendre à gauche un chemin de terre qui descend fortement. Plus bas, laissez un chemin à droite. Au point bas, traversez un ruisselet à gué.

08,8 Empruntez la passerelle faite de deux poteaux électriques et continuez par un sentier raide sur le premier tronçon. Après une petite crête, le GR s'assagit en montée légère.
Après un passage humide, passez un portillon pour descendre un sentier. Il rejoint un chemin que vous suivez à gauche. Après le point bas, ce chemin devient très raide ; à la sortie du bois il s'adoucit et devient herbeux.

10,5 Traversez la D 183 pour prendre en face un petit chemin herbeux (croix à droite). Rapidement, vous trouvez le goudron (chambres d'hôtes à droite) que vous suivez à gauche.

2h45 10,9 Prayssac. Bifurcation (511 m) : continuez sur la gauche, laissez de suite un chemin à gauche et descendez sur le chemin qui fait suite au goudron. Au point bas, passez le ruisseau et montez vers la gauche sur un chemin qui devient plus herbeux et raviné. Sur le haut, laissez un embranchement à droite pour dépasser les premières maisons.

13,0 Roumégoux : continuez à gauche sur le goudron. Prenez plus loin à gauche la D 580 (581 m) sur 200 m.

3h45 **13,9** Prenez un chemin herbeux à droite, marqué par une borne de la méridienne verte (vous retrouvez la variante qui passe par Noailhac). Plus loin, poursuivez en face sur un chemin peu gravillonné ; à la bifurcation allez à gauche.

3h50 **15,4** Carrefour avec une petite route : la **variante par Villefranche-de-Rouergue** descend à gauche. Continuez en face par le GR 65 sur un chemin herbeux que vous quittez 200 m après pour emprunter un sentier à droite, entre deux clôtures. Passez un portillon et plus loin suivez le chemin sur 40 m avant de reprendre un sentier sur la gauche. Vous retrouvez plus tard un chemin près de deux bâtiments agricoles.

Statue de saint Roch, en son église

16,3 Empruntez la route à gauche (sous Laubarède). À 500 m, bifurcation où vous allez à droite. Vous laissez ensuite l'accès au Fromental à droite.

18,1 Traversez la Combe et, dans le deuxième virage, allez tout droit vers le Madieu en laissant après un chemin à droite (circuit des Familles). À la bifurcation, prenez la direction de Decazeville ; à 300 m, laissez un chemin à droite.
Au carrefour, allez à droite route de Vivioles (352 m), qui descend fortement. À la bifurcation suivante, prenez à gauche la route de Montarnal. Allez à gauche en descente.

5h10 **20,6** **Decazeville.** Au stop, allez à gauche ; après le magasin de la presse, prenez à droite un sens interdit pour suivre la rue Camille-Douls en laissant à droite l'avenue Edmond-Sautet (alt. 207 m).
260 m après, aux feux tricolores, empruntez l'avenue Laromiguière (D 963) à droite sur 50 m, pour monter ensuite à gauche la route de Nantuech. Après un coude à droite, la rue se redresse sérieusement.

22,1 Après Nantuech, au carrefour la Baldinie (croix), allez en face et, 100 m plus loin, prenez à gauche le chemin de Boutigou. À la fin du goudron, poursuivez sur un chemin gravillonné ; quand vous retrouvez le bitume, poursuivez tout droit. Prenez la route à gauche, puis de suite à droite (347 m).

22,9 Église Saint-Roch : prenez à gauche et traversez le bourg. Au carrefour avec deux pistes, continuez en face.

23,9 Après une maison (Bégot), prenez un chemin herbeux à droite. En sous-bois, il devient plus raide avec des passages humides et boueux*.

24,9 Quand vous parvenez sur la D 21, allez tout d'abord à gauche, puis à droite, pour traverser le pont sur le Lot (188 m). Ensuite, prenez la première route à gauche et, 200 m après, au stop, traversez la D 21 pour aller en face et rapidement à gauche dans la rue de la République. Vous arrivez sur la place du 14-Juin, après l'église.

6h30 **25,8 Livinhac-le-Haut. Mairie.**

** Les VTT éviteront ce passage en continuant tout droit après le carrefour de la Baldinie pour prendre un peu plus loin la D 963 à gauche, puis la D 21, pour retrouver le GR 65 au km 24,9.*

La chapelle Sainte-Foy, à la sortie de Conques

Variante de Noailhac

Cet itinéraire est plus court que le précédent d'environ 2 km, mais se déroule presque exclusivement sur le goudron.

02,5 Carrefour de chemins (544 m) : continuez en face sur 300 m. Suivez la route à gauche et laissez à gauche celle qui descend aux Caugnes. Plus loin, laissez un embranchement à droite.

04,2 Au carrefour, prenez à gauche la D 606 et laissez rapidement à gauche l'accès à Puech Long.

04,9 Laissez la direction Conques et la D 232 à gauche et continuez sur la D 606. 200 m plus loin, laissez une petite route à gauche vers la Bessayrie. Dépassez un chemin à droite marqué par une croix en bois.

06,2 Au croisement avec la D 580, descendez à gauche vers Noailhac. Dans le virage suivant, laissez partir une route en face vers le Mas. Plus bas, ignorez à droite le Cambarel.

1h40 **06,8** **Noailhac.** Au carrefour, prenez la D 502 à droite et, 100 m après, quittez-la pour monter à droite une petite route vers la Merlaterie. Sur cette route, laissez un embranchement à droite et, dans le virage au-dessus, allez en face sur un chemin de terre, herbeux. Plus haut, laissez un embranchement à gauche.

07,8 D 580 et chapelle Saint-Roch (vous pouvez rejoindre cette chapelle directement par la D 580 sans passer par Noailhac – au croisement D 606 et D 580, prenez à droite sur 1250 m. Poursuivez longuement à gauche sur la D 580. Laissez Merlet à droite, et plus loin passez à gauche d'une grande antenne.

09,3 Carrefour multiple : continuez en face, toujours sur la D 580. Laissez Fagegaltier à droite et, plus tard, de même pour Fonteilles.

3h00 **11,7** Vous retrouvez le GR 65 à la borne de la méridienne verte. Quittez le goudron pour le chemin herbeux à gauche.

Livinhac est à 12 km, soit 3h00 de marche.

Pour les anciens de **Decazeville,** le lieu s'appelait autrefois « La Salle », nom qui indiquait au Moyen Âge une maison forte de petite noblesse. Mais l'exploitation du charbon en décida autrement. En effet, depuis le XVIe s., La Salle produisait du charbon en petites quantités jusqu'au jour où Louis XIV et ses successeurs dotèrent leurs maîtresses de mines. Ainsi, le duc Decaze, qui en hérita, fonda-t-il en 1826 les Houilleries et Fonderies de l'Aveyron. Celles-ci firent de ce village-rue un grand centre sidérurgique. Et, sous Napoléon III, la cité reconnaissante prit le nom de « Decazeville ». L'apogée fut atteint au début du XXe s. puis vint le déclin, le Marché commun et la reconversion des bassins non productifs.

À travers la ville

Au sud de la ville, on peut visiter la dernière mine à ciel ouvert. L'activité a cessé en 2001. Dans l'église moderne, on peut admirer un chemin de croix du XIXe s. du peintre Gustave Moreau.

À Livinhac, le pont et le gîte constituent les deux principaux intérêts du bourg. Mais on peut voir également : Une chapelle Saint-Roch (à mi-chemin de Livinhac) ; un dernier oratoire Saint-Roch (dernière ferme avant le pont) ; quelques maisons anciennes ; le couvent ; l'église, dont la nef et le portail semblent avoir gardé quelque chose de roman ; la rue Laromiguière.

Flagnac et son église véritablement romane se tiennent à une heure de marche, sur l'autre rive du Lot.

→ Livinhac-le-Haut → Figeac

Volets clos dans Figeac

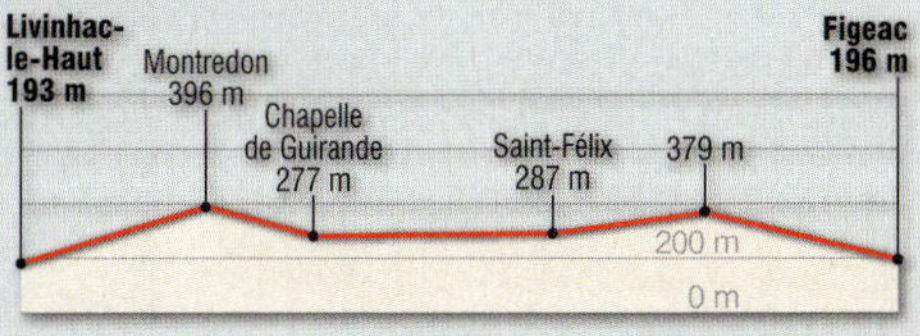

La longue traversée du GR 65 dans l'Aveyron s'achève aujourd'hui pour s'insinuer dans le joli département du Lot, aux limites sud du Cantal. Ce n'est qu'aux abords de Figeac que l'on commence à ressentir l'influence des causses qui vont vous accompagner pendant plusieurs jours.

RENSEIGNEMENTS PRATIQUES

MONTREDON (46270)

→ CH La Mariotte, 3 ch. (11 pl.), pèlerins uniquement, CO, ½ pension 35 €/p., ouvert d'avril à mi-nov., résa hors saison, La Mariotte, Mme Philip, 05 65 34 38 20, www.chemindecompostelle.com/lamariotte

FELZINS (46270)

→ 4 km avant Felzins, 400 m du GR (chapelle) : GE de Guirande, 2 dortoirs (6 + 9 soit 15 pl.), nuitée 11 €/p., coin cuisine, poss. repas pour groupes, lieu-dit Le Communal, Guirande, 06 60 83 04 43 ou 06 99 26 39 89

→ 3 km avant Felzins, sur le GR : CH La Grange de Bord, 2 ch. (5 pl.), nuitée de 60 à 90 €/2 à 3 p., pdj compris, repas 19 €, repas midi de 3 à 8 € (accueil sous abri le midi), ouvert du 01/04 au 01/10, hameau de Bord, M. Bontemps, 05 65 10 66 71 ou 06 18 62 25 24, www.lagrangedebord.net

→ GE et CH Le Pentadou, GE : 10 pl., nuitée 22 €/p., pdj compris, coin cuisine, MLP ; CH : 15 pl., nuitée de 66 €/2 p., pdj compris, repas 18 €, accès Internet, accueil équestre, ouvert du 01/04 au 15/10, le bourg, M. Fillot, 05 65 40 48 12, www.lepentadou.com

FIGEAC (46100)

→ OT du Pays de Figeac-Cajarc, hôtel de la Monnaie, place Vival (BP 60), 05 65 34 06 25, www.tourisme-figeac.com

→ Tous commerces, services, gares SNCF et routière, de nombreux hôtels et restaurants

→ 2 km avant : Camping Domaine du Surgié, 103 empl., tente de 11 à 21,50 €/1 à 2 p. (selon saison), MLP, épicerie de dépannage, snack, ouvert 01/04 au 30/09, domaine de Surgié, M. Tillet et Mme Melia, 05 61 64 88 54, www.domainedusurgie.com

→ GE Accueil Saint-Joseph et Saint-Louis, 2 dortoirs de 2 à 8 pl. (14 pl.), nuitée 22 €/p., pdj compris, ½ pension 35 €/p., coin cuisine, MLP, wifi et internet, ouvert du 01/04 au 31/10, poss. nuitée simple hors saison sur résa, 28 rue Émile-Zola, 05 65 34 68 44 ou 06 85 52 53 73, stjostlu@orange.fr

→ GE de la Voie Romaine et HR Le Toulouse, GE : 4 ch. (16 pl.), nuitée 14,50 €/p., pdj 6,50 €, repas 16 €, ½ pension 36 €/p. sur résa, ouvert de mars à oct. ; H (tarifs 2012) : 11 ch., ½ pension de 52 à 78 €/1 à 2 p., nuitée 38 à 42 €/1 à 2 p., fermé à Toussaint et Noël, 4/6 av. de Toulouse, Mme Noël, 05 65 34 22 95 (H) ou 05 65 34 21 94 (GE), www.hotel-gites.hotelletoulouse.

com, www.chemindecompostelle.com/hotelletoulouse

➜ GE et CH Le Soleilho, GE : 6 pl., nuitée 20 €/p., coin cuisine ; CH : 4 ch., nuitée de 70 à 85 €/2 p., pdj compris, 8 rue Prat, hors saison résa, M. Adam de Villiers, 05 65 34 64 41 ou 06 79 13 00 70, www.location-gites-lot.com

➜ CH, 1 ch., nuitée 60 à 100 €/2 à 4 p., pdj compris, ML, Maison Lilas-Rose, 6 escalier du Calvaire, Mme Debord, 06 81 39 46 09, lilas-rose46@orange.fr

PAR LA VARIANTE DE L'AIGUILLE du Cingle 6 A

➜ Cassagnole, à 4 km de Figeac

➜ GE et CH Le relais Saint-Jacques, 40 pl., dortoirs : nuitée 12 à 14 €/p., pdj 6 €, repas 12 €, coin cuisine ; 2 CH : nuitée de 52 à 94 €/2 à 4 p., pdj compris, tente (si complet) 6 €, panier repas 6 €, dépannage épicerie, accueil équestre 5 €, MLP, acheminement payant, résa obligatoire pour groupe, La Cassagnole, M. Gomez, 05 65 34 03 08, www.cassagnole.com

Sur le Chemin, avant Figeac

00,0 Livinhac. Face à la mairie, descendez à droite la rue Camille-Landes qui vire sur la droite. Après 200 m, au carrefour, traversez la D 21 pour prendre en face la direction de Capdenac par la D 627 ; laissez un peu plus loin la route de Pontet, à gauche.
À la bifurcation avec un calvaire, allez à droite sur un bout de goudron. Après l'étable, grimpez en face un sentier à l'ombre et en creux (sauf VTT). Plus haut, à découvert, il monte à travers champs.

01,1 Au carrefour de routes, poursuivez en face en montée assez raide vers le Thabor ; après 300 m, laissez la direction d'Aumont à gauche. Sur le haut, dans le virage en épingle, prenez un chemin à droite après une plantation d'épicéas. Quittez ce chemin qui vire pour en prendre un autre, herbeux, en face entre deux clôtures.

03,1 D 21 : suivez-la à gauche sur 300 m avant de tourner à gauche en direction de Feydel. 80 m plus loin, quittez le goudron pour une piste à droite. 200 m après, vous retrouvez le goudron dans une ferme (Feydel-Haut) où vous continuez en face.
Ignorez un chemin balisé en jaune, à gauche. Après une ferme, laissez un chemin herbeux qui descend à droite ; plus loin laissez-en un autre à gauche. Parvenu sur la D 2, allez

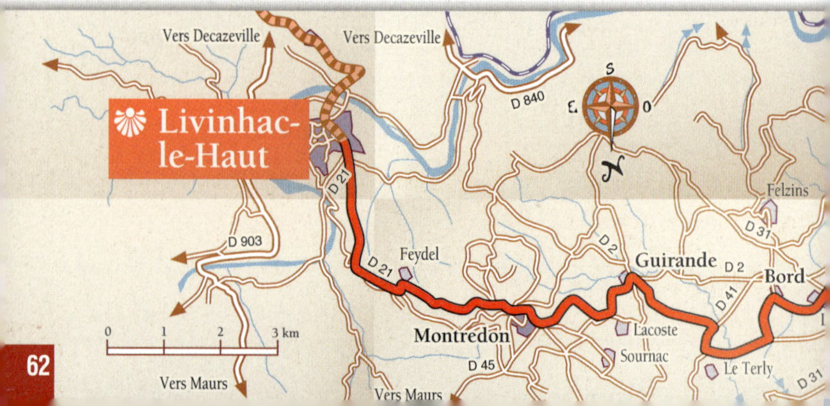

à gauche et, une centaine de mètres après, au carrefour avec une chapelle, montez à droite en laissant la direction de Bagnac.

1h20 05,4 Montredon. Église et carrefour : allez à gauche (396 m). Au carrefour en T, 250 m plus loin, poursuivez à droite et passez devant le gîte La Mariotte. En bas, au carrefour de Lalaubie, allez en face, puis prenez la direction de Sournac, en face.
À la bifurcation, poursuivez à gauche en direction de Tournié ; dans un virage, laissez un chemin à gauche. Traversez le hameau de Tournié, continuez sur la petite route et passez ainsi une ferme. Au carrefour qui suit, allez en face sur 600 m.

08,0 Hameau de Lacoste* : tournez à gauche. Après les maisons et la fin du goudron, suivez un chemin de terre sur 300 m environ. Tournez à droite et descendez un sentier en creux qui plus bas devient plus raviné, rocailleux et glissant. Il rejoint un bout de chemin, puis le coude d'une allée goudronnée où vous allez à gauche. 50 m après, suivez une petite route à gauche.

2h10 08,6 Chapelle de Guirande. Passez à sa droite (herbeux) avant de prendre la D 2 (277 m) à droite. Après la première maison, prenez une petite route à droite. Après le hameau de Guirande, empruntez un chemin herbeux ombragé à droite. Il vire vers la gauche ensuite (cette partie peut être très boueuse en cas de pluie).

09,4 Prenez un chemin à gauche (vieux panneau de l'aérodrome). Sur le haut, laissez un embranchement à droite. À la bifurcation, au niveau d'un petit hangar, continuez sur la droite sur un chemin herbeux. Au coude d'un chemin goudronné, allez en face.

10,3 Carrefour avec la D 41 : continuez à droite. Ferme et croisement sur le point haut : allez à gauche (ouest) vers le Terly. En bas, traversez l'étang et laissez ensuite un chemin à droite.

11,6 Ferme le Gévaudan : allez en face sur un chemin herbeux en descente (ornières et zone très boueuse en cas de pluie). À la bifurcation continuez à gauche (sud).

12,8 Au hameau de Bord, allez à droite sur une petite route qui se termine après 300 m. Prenez alors un chemin herbeux à droite ; 90 m après, tournez à gauche. 120 m plus bas, au niveau d'une mare, continuez à droite. En montant laissez un chemin à droite.

14,0 La Cipière : vous retrouvez le goudron que vous suivez en face. Arrivé sur la D 2, traversez pour vous engager dans le sentier en face en direction de Saint-Félix. Plus loin le GR fait un coude vers la gauche. Il descend ensuite le long d'une clôture et en bas passe à gauche du terrain de sport pour atteindre la route. À droite, il entre dans le village.

3h50 15,4 Saint-Félix, centre. Juste après le restaurant, prenez le

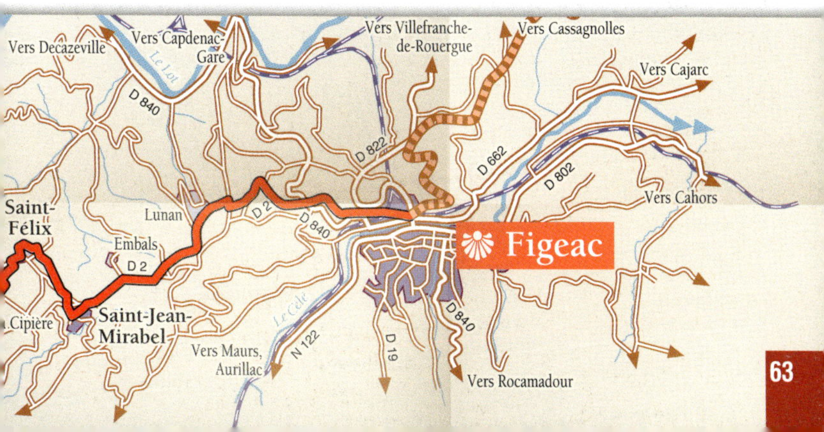

Notre-Dame-du-Puy à Figeac

passage à gauche (les VTT continueront sur la route) et empruntez ensuite un sentier en face, entre deux murettes d'abord, puis entre deux clôtures. En haut, 180 m après, tournez à droite sur un petit chemin sous les arbres.
Empruntez la route à droite sur 140 m : au croisement de la Croix Jordy allez à gauche. 90 m plus loin, quittez le goudron pour un sentier à droite, le long d'une clôture. À la route, virez à droite et au carrefour suivant montez en face sur 400 m.

16,7 D 206 : suivez-la à gauche avant de la quitter plus loin pour un sentier à droite, sur 150 m. Retrouvez la D 2 que vous traversez pour suivre en face la D31 afin de prendre la première rue à gauche et passer devant la mairie de Saint-Jean-Mirabel. Plus bas, poursuivez tout droit sur la D 2. À la sortie de Saint-Jean-Mirabel, laissez la direction de la Serre et plus tard celle d'Embals, à gauche.

18,6 Dans une courbe de la route, prenez un chemin à gauche sur 180 m. Empruntez ensuite sur 70 m une petite route à gauche avant de prendre la direction de l'Hôpital, à droite. 200 m après, dans la descente, tournez à droite dans un chemin de terre. Plus loin, il se rétrécit entre deux murettes et devient sentier. Remontez un chemin d'accès à droite sur 60 m.

5h00 **19,8** Stop avec la **D 2** (379 m) : allez à gauche**, puis en face prenez la D 210 vers Lunan. 240 m plus loin, quittez la D 210 pour une route sans issue à droite. Ignorez un accès à droite. Poursuivez tout droit après la fin du goudron sur un chemin qui descend fortement et devient caillouteux (non praticable à VTT).
Au croisement de chemins, allez à droite et à la bifurcation suivante, continuez en face. Au niveau d'une maison, suivez un chemin en face et, 60 m plus loin, prenez une petite route à droite (nord).

21,0 Vous retrouvez la D 2 : prenez-la à gauche sur une centaine de mètres avant de tourner encore à gauche sur la route marquée d'un panneau 12 T. 200 m après, laissez une route à droite.

22,0 Séparation des GR 6A et 65. Quittez la route pour un petit chemin à droite. Vous passez près d'une belle cazelle (cabane en pierre sèche). Plus loin, ce chemin en croise un autre : continuez à descendre en face.

22,9 Vous retrouvez la D 2 que vous descendez sur la gauche sur 300 m en laissant une route à droite dans un virage.

23,2 Croisement avec la N 140 : suivez-la en face sur 200 m et quittez-la à gauche pour une petite route en sens interdit.
Ensuite, au carrefour, prenez à droite le chemin d'Embiane. La descente vous offre une belle vue sur la ville de Figeac. En bas, passez la voie ferrée rue de Londieu ; 200 m après, tournez à gauche sur l'allée Victor-Hugo. Au feu, tournez à droite avenue Emile-Bouyssou ; laissez le GR 65 partir à

gauche (vous le retrouverez à l'étape suivante).

6h20 25,3 Figeac. Pont sur le Célé, 196 m.

** Les VTT ne tourneront pas à Lacoste (chemin interdit aux deux roues), mais suivront la route. Au carrefour suivant, ils iront à gauche et au prochain tourneront à droite sur un chemin gravillonné pour retrouver le GR 65 un peu plus loin, avant l'aérodrome.*
*** À VTT : continuez sur la D 2.*

VARIANTE PAR ROCAMADOUR

En onze étapes, les cheminants peuvent rejoindre La Romieu en passant par Gourdon et Agen. Cet itinéraire est entretenu, balisé et fait l'objet d'un descriptif. Se référer à notre ouvrage : *Le Chemin du Puy vers Saint-Jacques-de-Compostelle.*

Architecture traditionnelle dans Figeac

Montredon s'étale sur un mamelon dominé par l'église Saint-Michel. Sur le linteau du presbytère, une croix de Malte sculptée garde le souvenir des Hospitaliers de Saint-Jean.
La chapelle Notre-Dame, rebâtie en 1958, remplace un sanctuaire ancien (statue de la fin du XVe s.).

Par les tympans romans chemin faisant

Au hameau d'Escordiers, des maisons à lucarne de pierre et une ferme de 1689.
La ferme de la Cipière et sa tour carrée.
À Saint-Félix-de-Mirabel, l'église romane Sainte-Radegonde possède un tympan du XIe s., une croix de fer forgé de 1783 et un saint Jacques en vitrail.
À cinq minutes au nord (hors chemin), le tympan du XIIIe s. de l'église de Saint-Jean-Mirabel.

Figeac, sous-préfecture de plus de 10 000 habitants, affiche une certaine modernité avec l'usine aéronautique Ratier. En 753, Pépin le Bref décida d'y construire une abbaye. D'abord rattachée à Conques, elle obtint son indépendance au XIe s. Les abbés, seigneurs directs, en nommaient les consuls mais, au XIVe s., ceux-ci obtinrent qu'elle relevât du roi de France. Protestante en 1576, Figeac fut conquise par Louis XIII en 1622.

À travers la ville

La construction de Saint-Sauveur, alors église du monastère, dura de 1130 au XIIIe s. Ses dimensions lui donnent fière allure (haute nef à sept travées).
L'église Notre-Dame-du-Puy fut la première église paroissiale (portail du XIVe s, voûtes en berceau, abside romane aux beaux chapiteaux et retable marial).
La chapelle de Notre-Dame-du-Puy était le siège de la confrérie Saint-Jacques.
L'hôpital Saint-Jacques, fondé en 1260, existe toujours.
L'hôtel de la Monnaie du XIVe s. : la plus belle des maisons anciennes (arcades, fenêtres gothiques, *soleilho,* cheminée conique).
La maison des frères Champollion, devenue un musée d'égyptologie.

Figeac, place Carnot

12ème étape | 31,6 km | 8h00

→ Figeac → Cajarc

On s'élève rapidement au-dessus de Figeac pour mieux observer cette ville ancienne depuis le tertre du Cingle, flanqué d'une grande croix. Ensuite, le parcours reste sur les hauteurs comme autrefois où les pèlerins préféraient éviter les vallons peu sûrs. En fin de journée, les falaises de Roc Rouge permettent de découvrir la cuvette de Cajarc, où il fait bon vivre au bord du Lot.

RENSEIGNEMENTS PRATIQUES

FAYCELLES (46100)

- www.faycelles.info
- Bar, restaurant
- 5 km après Figeac : CH La Valade, 2 ch. (7 pl.), nuitée de 55 à 80 €/1 à 3 p., pdj compris, repas 22 €, panier repas, ouvert du 01/03 au 01/11, La Valade, réservation, M. Dumoulin, 05 65 34 61 31, ferdinand.dumoulin@orange.fr
- 600 m avant le village, sur GR : CH La Caselle d'Hôtes, 2 ch., nuitée de 47 à 72 €/1 à 3 p., pdj compris, repas pèlerin en dépannage 11 €, panier repas 8 €, wifi, ouverte tte l'année, poss. acheminement, La Croix Blanche, 05 65 34 05 68 ou 06 31 83 20 98, www.lacaselledhotes.com
- CH du centre équestre du Pont de la Madeleine, 12 pl., nuitée 60 €/1 à 2 p., pdj compris, repas 20 €, panier repas 5 à 7 €, accueil équestre 7/10 €, acheminement, réservation, La Madeleine, M. Marcouly, 05 65 14 02 61, 06 70 12 20 64, 06 60 05 72 71, www.achevalnaturellement.ffe.com

BEDUER (46100)

- www.beduer.fr
- Boulangerie, restaurant

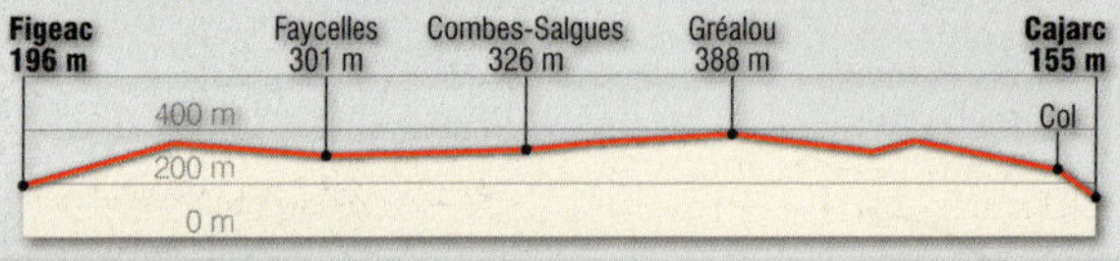

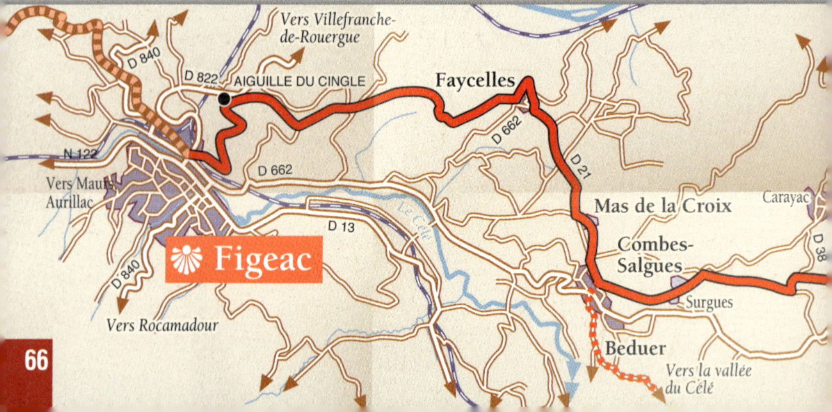

➜ GE Le Bégidas, 2 ch. (13 pl.), nuitée 15 €/p., pdj 5,50 €, TH 14 €, panier repas 6 €, ouvert du 15/04 au 15/11, Le Bégidas Haut, 05 65 33 49 85 ou 06 74 46 17 17, gite.begidas@gmail.com

➜ 1 km après Béduer, 400 m hors GR : Camping Pech Ibert, 37 empl., 4 ch., nuitée de 10 à 20 €/p. (selon hébergement : tente collective, chalet, mobil home, roulotte), pdj 5,50 €, panier repas 6 €, coin cuisine, poss. repas snack si résa la veille, MLP, accès Internet, dépannage épicerie, accueil équestre payant, acheminement, ouvert du 15/03 au 03/11, M. Chassain, 05 65 40 05 85 ou 06 83 23 78 36, www.camping-pech-ibert.com

GRÉALOU (46160)

➜ GE Écoasis, 8 ch. (26 pl.), nuitée de 15 à 20 €/p. (selon ch.), pdj 6 € ; repas 15 €, panier repas 8 €, coin cuisine, MLP, épicerie de dépannage, accueil équestre, 06 71 00 48 30 ou 09 50 07 74 66, www.ecoasis.fr

➜ G Atelier des Volets Bleus, 8 pl. en mini-dortoir + 2 ch. communiquantes, nuitée 26 €/p., pdj compris, poss. de repas (participative) simple le soir 10 à 12 €, ouvert de mars à oct, basse saison sur résa, pas de résa sur répondeur, pl. de l'Église, Mme Marcoux, 05 65 40 69 86 ou 06 84 37 64 73, www.atelierdesvoletsbleus.sup.fr

USSAC (46160) (600 M DE RALLONGE)

➜ GE et CH La Source d'Ussac, GE : 4 ch. (14 pl.), PO ; CH : 4 ch., nuitée 60 €/2 p., pdj compris ; pdj 5 €, repas 13 €, coin cuisine, MLP, accueil équestre payant, Saint-Chels, 05 65 40 79 89, www.chemindecompostelle.com/pourcel

PECH GRANAT À 300 M DU GR (46160 Saint-Chels)

➜ CH Le Moulin à Vent, 4 ch., nuitée de 60 à 100 €/2 à 4 p. (selon ch.), pdj compris, ½ pension 55 €/p., coin cuisine, ouvert tte l'année, Martine Agrech, 05 65 40 73 49 ou 06 37 48 97 16, www.chemindecompostelle.com/agrech

CAJARC (46160)

➜ Bureau d'information, la Chapelle, 05 65 40 72 89, www.cajarc.fr

➜ Tous commerces, services

➜ 4 km avant : CH La Galinette, CH : 2 ch., ½ pension de 88 à 120 €/2 à 3 p. ; tente mongole : 7-8 pl., ½ pension 32 €/p. ; poss. camping, ½ pension 24 €/p. ; MLP, accueil équestre, acheminement sur résa, ouvert de mars à oct. sinon contacter propriétaire, Semberot, 05 65 11 03 44, www.chemindecompostelle.com/galinette

➜ GE communal, 20 pl., nuitée 12,30 €/p., coin cuisine, fermé de déc. à fin mars, pl. du Foirail, 06 14 66 54 89 ou 05 65 40 65 20, www.cajarc.fr

➜ GE Le Pèlerin, 4 ch. + 1 dortoir (20 pl.), nuitée de 11,50 à 15 €/p. (ch. ou dortoir), pdj 4,50 €, coin cuisine, accueil équestre, ouvert du 01/04 au 31/10, 11 rue Lacauhne, Mme Cajarc de Lagarrigue, 05 65 40 65 31 ou 06 74 32 44 40, www.chemindecompostelle.com/cajarcdelagarrigue

➜ HR La Peyrade, 14 ch., nuitée de 56 à 100 €/1 à 5 p., pdj 6 €, menu à partir de 16 €, rte de Cahors, 05 65 10 42 03, hotel-lapeyrade.com

➜ HR Auberge du Pont, 7 ch., nuitée 38 €/ch., pdj 8 €, repas de 18 à 38 €, panier

repas 10 €, réservation, 16 av. Coluche, M. Lavaur, 05 65 40 67 84

→ Camping municipal du Terriol, 45 empl., tente 7,70 €/p., MLP, ouvert du 01/05 au 30/09, rue du Cuzoul, 05 65 40 72 74, www.cajarc.fr

LARNAGOL (46160)

→ Variante vallée du Lot, 2 km de Cajarc (poss. de rejoindre Saint-Cirq-Lapopie)

→ 3 km hors GR à Seuzac : GE et ferme équestre, 4 ch. (15 pl.), nuitée 17 €, pdj compris, ½ pension 32 €/p. (prévenir au moins 48 h av.), coin cuisine, accueil équestre 3/7 €, panier repas 6 €, accès Internet, acheminement, ouvert de mars à nov., M. Robinet, 05 65 40 73 16 ou 06 89 56 05 41, www.seuzac.fr

00,0 Figeac. Depuis le pont sur le Célé, allez vers le sud, dos à la vieille ville, pour prendre 20 m après la rue Jean-Jaurès, à droite. Suivez ainsi la direction Cingle Bas.
Laissez une route à droite et passez à gauche sous le pont de la voie ferrée ; virez alors sur la droite. Quittez la route pour aller à gauche (restaurant), dépassez les maisons et empruntez un chemin ombragé qui monte assez raide. Il exécute deux grands lacets.

01,3 Vous rejoignez un chemin gravillonné non loin d'une antenne que vous laissez sur votre gauche. Ce chemin aboutit à une grande croix (panorama sur Figeac). Prenez la petite route d'accès en suivant.

02,3 Voie sans issue à droite : continuez sur la route à gauche ; à la bifurcation, 200 m plus loin, allez à droite.

0h45 **03,0** Carrefour au monument de l'**Aiguille du Cingle.** Prenez à droite la voie sans issue et, après le goudron, empruntez l'allée qui surplombe la D 922. Au rond-point, prenez la direction de Montauban que vous quittez pour la route à droite qui traverse une zone d'activité. Au troisième carrefour, poursuivez à droite.

04,6 Croisement : laissez la direction de Balajou à droite pour aller à gauche vers Buffant. Au point haut, laissez un chemin et un bâtiment à gauche, descendez tout droit.

05,5 Carrefour : continuez en face vers Mas du Noyer. À la bifurcation, 200 m plus loin, allez à droite vers la Forge. Au point haut, avec une cazelle à droite, laissez un embranchement à gauche vers le Causse et continuez tout droit. Brutalement, la route descend et contourne une résidence.

07,6 Laissez une voie sans issue à droite. Bifurcation : allez à gauche et, 100 m plus loin, allez à droite (pigeonnier à droite).

08,4 Suivez la D 21 à droite, puis 200 m plus loin, au carrefour avec la D 662, allez en face vers Faycelles. Dans un virage en épingle dans le village, allez à droite et montez vers l'église.

2h15 **09,0 Faycelles.** Poursuivez en face par une ruelle qui descend et remonte. Dans le virage, allez tout droit sur un petit chemin herbeux sur plus de 100 m. Ensuite, suivez la route à gauche et, à la bifurcation, 300 m plus loin, continuez à droite (D 21).

10,3 Laissez une route à droite vers le mas de Vaur et, 50 m plus loin, l'accès au stade à gauche.

11,4 Dans un virage, laissez un embranchement à droite vers le mas de Barrie et, 50 m plus loin, quittez le goudron pour aller à gauche sur un accès à une maison ; prenez de suite un chemin à droite sous les arbres.
Coude d'une petite route à emprunter seulement 40 m pour prendre un sentier à droite (poteau GR 65). À la route (mare à droite), allez à droite sur 60 m. Au carrefour du Mas de la Croix (312 m), allez à gauche sur 50 m.

3h10 **12,3** Mas de la Croix. Carrefour et séparation du GR 65 et du GR 651 : **variante par la vallée du**

Célé. Poursuivez à gauche sur une petite route flanquée d'un panneau de sens interdit. Dans un virage, laissez un chemin à droite (croix) et prenez à gauche (sud-ouest) un sentier en montée.

13,2 À la hauteur d'un réservoir, prenez le bitume en face sur environ 250 m. Puis empruntez un chemin sur la gauche qui devient sentier plus tard.
À découvert, continuez sur un chemin herbeux.

14,1 À la route, allez à gauche sur 30 m et, au carrefour, suivez la direction de Surgues à droite. 340 m plus loin, laissez le goudron partir vers Surgues et empruntez à gauche une piste blanche en laissant assez vite un embranchement à droite. À la bifurcation, continuez à droite et, peu après, laissez plusieurs embranchements à droite pour aller tout droit.

3h45 **14,8** À l'entrée du mas de **Combes-Salgues,** prenez à droite un sentier. Au carrefour de chemins, 350 m plus loin, prenez le sentier, en face, encadré de broussailles.

16,7 D 38 (350 m) : allez à gauche (sud-est) sur 290 m pour prendre un chemin blanc à droite. Vous poursuivez tout droit au carrefour de chemins. Au bout de 350 m, quittez cette piste pour un sentier à droite. Au-dessus, croisez un chemin peu marqué. Le sentier se termine sur un chemin herbeux d'une centaine de mètres.

19,3 Le Puy Clavel. Suivez la route à droite sur 80 m pour prendre un chemin herbeux à gauche.

20,2 Suivez un chemin blanc en face, puis prenez la route à droite. Carrefour avec la D 19 : traversez pour suivre la route en face. À la bifurcation, continuez à droite ; après le réservoir, descendez une petite route à gauche. Au carrefour T, allez à droite et naviguez entre les maisons.

5h15 **20,9** **Gréalou.** Au carrefour entre les maisons, allez en face. 30 m plus bas, laissez l'église (388 m) et la place aux platanes à gauche pour utiliser une petite route à droite sur 200 m avant de la quitter pour un chemin qui longe le cimetière par la gauche. Après 500 m, vous aboutissez sur le coude d'une allée goudronnée que vous empruntez sur 20 m vers la gauche avant de suivre le chemin gravillonné qui la prolonge. 100 m plus loin, laissez descendre un chemin à gauche. Au bout de 900 m, après une légère descente, se présente une bifurcation : continuez à droite.

22,9 Carrefour près du Pech Laglaire avec un dolmen à gauche et une croix de pierre à droite : allez à gauche en descente, sous les arbres, sur un chemin rocailleux. 460 m plus bas, traversez la route en oblique sur la gauche pour une autre piste.

23,7 Carrefour avec une fin d'allée goudronnée : l'itinéraire suit alors un chemin empierré à droite qui passe à droite d'une ferme (Martigne) et d'un hangar tunnel. Continuez tout droit au carrefour juste après. Le GR retrouve une petite route à suivre à droite sur 200 m.

25,0 Carrefour : laissez en face la variante du GR 65 et continuez à droite (ouest) pour dépasser quelques maisons. Dans le virage, laissez un embranchement à gauche et un chemin à droite dans le suivant.
Carrefour avec une croix en fer : allez tout droit sur le chemin des vignes. La route monte plus loin entre une vigne à droite et une plantation de conifères à gauche.

6h40 **26,3** **D 82.** Empruntez-la à gauche sur une centaine de mètres pour utiliser un chemin à gauche qui entre en diagonale dans le sous-bois. Plus étroit, le chemin se faufile plus loin entre deux champs. Au carrefour, en lisière, continuez en face dans la forêt. Après le carrefour en T, allez à droite sur 50 m seulement.

Traversez la route (D 17) pour un chemin en face qui part en oblique vers la gauche. Ce chemin suit une murette en sous-bois et descend.

28,0 Carrefour, 100 m après une maison : poursuivez à gauche sur un chemin blanc. 460 m après, vous laissez un chemin d'accès à une ferme à droite. Croisez une route pour descendre un chemin en face entre deux haies. Ignorez des embranchements peu marqués. Plus bas, poursuivez sur la route en face sur 60 m.

29,5 Dans le virage, laissez un chemin à gauche pour emprunter le deuxième entre deux murettes. Ce chemin aboutit 600 m plus loin à une allée goudronnée à suivre en face sur 200 m. Au coude de la route, allez à gauche sur une centaine de mètres.

30,4 Col (Roc de Conte, 253 m). Quittez la route pour un chemin à droite, interdit à tous véhicules. En balcon, ce

Falaises près de Cajarc

chemin permet un point de vue très intéressant sur Cajarc et passe près d'une grotte. Après celle-ci, un sentier prend la relève, caillouteux, il descend assez raide.

31,0 Au départ d'un chemin, le GR emprunte un sentier à droite à plat. Vous trouvez le goudron que vous suivez tout droit à travers une petite zone artisanale. Stop sur la D 662 : suivez à gauche en laissant le GR 65 qui part à droite dans la rue du Cuzoul, en direction de Varaire (étape du lendemain).

8h00 **31,6 Cajarc.** Carrefour de la D 662 et du boulevard du Tour-de-Ville (155 m).

Par l'aiguille du Cingle chemin faisant

Le monument commémoratif, érigé à la mémoire des victimes de la Seconde Guerre mondiale, rappelle le lourd tribut payé par Figeac pour fait de résistance : le 12 mai 1944, 540 Figeacois furent déportés en Allemagne, 145 n'en revinrent jamais.
L'aiguille de Cingle, haut obélisque en pierres maçonnées, date du XIIIe s.
La Cassagnolle, sur la gauche, aurait été le hameau natal de Louis le Pieux, fils de Charlemagne et deuxième empereur d'Occident.
Faycelles, belvédère sur la vallée du Lot, fut une bastide dont il reste une tour, une porte et de vieilles maisons. Dans le cimetière se trouvent les ruines d'une chapelle romane. L'église actuelle a remplacé le château disparu. Au sud du village, on a retrouvé une nécropole mérovingienne.

Gréalou possède de nombreux dolmens, dont un gros à côté d'une croix de pierre qui serait la plus ancienne de la région. L'église romane Notre-Dame-de-l'Assomption abrite une pietà polychrome (XVe s. ?) et un bénitier historié en pierre de 1684.

Cajarc apparaît enchâssée dans un cirque de falaises calcaires et rougeâtres au pied desquelles serpente le Lot. À gauche, le Roc du Conte domine à mi-pente le château des Anglais. Dans la grotte de la Caougne, à 700 m au nord de la ville, jaillit une cascade haute de 25 m. Cajarc opta pour la Réforme et fut démantelée par Louis XIII.
À travers la ville
L'hôpital qui existe depuis 1269 ; le pont sur le Lot construit en 1320 pour les pèlerins ; l'église, souvent remaniée, remonte au XIIIe s ; la maison de l'Hébrardie, du XIIIe s., est un vestige du château de la famille des Hébrard de Saint-Sulpice. Ses seigneurs protégèrent la population pendant la guerre de Cent Ans.

Cajarc subit **deux épidémies de peste** au XIVe s. qui entraînèrent une dépopulation catastrophique. Entre 1316 et 1382, le nombre de feux (foyers familiaux) tomba de 880 à 270, soit une hécatombe des deux tiers de la population. Cette contrée se replia sur elle-même, alors que cinquante ans plus tôt, elle commerçait avec Montpellier ou La Rochelle.

→ Cajarc
→ Varaire

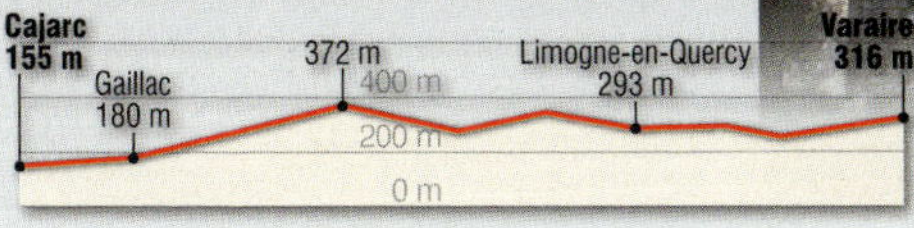

En retrait du Chemin : Saint-Jean-de-Laur

À peine retrouvée la richesse des rives du Lot, vous repartez à l'assaut de l'austère beauté des causses après le village perché de Gaillac. Le rythme de vos pas vous emportera dans une douce rêverie sur le causse de Limogne, jusqu'à Varaire. Cette solitude sera peut-être seulement troublée par la rencontre d'un troupeau de brebis caussenardes, aux yeux cerclés de noir.

RENSEIGNEMENTS PRATIQUES

SAINT-JEAN-DE-LAUR (46260)

→ 1,5 km hors GR (à gauche de Gaillac) : résidence de tourisme Domaine du Gayfié, 20 pl. (pour pèlerins), nuitée 25 €/p., pdj 6 €, panier repas 11 €, coin cuisine, accès Internet, MLP, accueil équestre 6 €, acheminement, M. Schwarzer, 05 65 40 62 73 ou 06 78 36 41 00, www.gayfie.net

→ GE Mas de Jantille, 1 dortoir de 10 pl., nuitée 16 €/p., pdj 5 €, accès Internet et wifi, MLP, épicerie dépannage, ouvert du 01/04 au 30/09, Mme Sohn, 06 88 85 07 18, www.masdejantille.com

LIMOGNE-EN-QUERCY (46260)

→ OT du Pays de Limogne, 55 pl. Occitanie, 05 65 31 31 31, www.tourisme-limogne.com

→ Tous commerces, services (épicerie, boulangerie, boucherie et banque fermés le lundi)

→ 2,5 km avant le village, 180 pas du GR : CH La Hulotte, 4 ch., nuitée de 55 à 80 €/1 à 3 p., pdj compris, repas sur résa 19 €, MLP, wifi, accueil ânes, Mas de Games, 05 65 31 58 51 ou 06 17 38 84 47, www.chambreslahulotte.com.fr

→ GE communal, 14 pl. en dortoirs de 4 pl., nuitée 10 €/p., coin cuisine, ML, accueil ânes et chevaux, rte de Villefranche, 06 12 84 86 47

→ GE Les Gloriettes, 15 pl., nuitée 22 €/p., pdj compris, coin cuisine, MLP, ouvert 01/04 au 30/09, 60 route de Cahors (face à la banque), Mme Devos-Jooris, 06 26 86 37 94, www.lesgloriettes.org

→ CH La Bastide de Vinel, 5 ch., nuitée de 45 à 55 €/1 à 2 p., pdj compris, à partir de 16h, réservation conseillée, ouvert d'avril à oct., 190 rte de Cenevières (face mairie, sur D 24), Mme Gavens, 05 65 24 37 32, bastidevinel@sfr.fr

→ Camping Bel Air, 50 empl., tente 9,50 €/p., MLP, ouvert du 01/05 au 15/09, 311 rue de la Piscine, M. Bellia, 05 65 24 32 75, 06 12 83 49 65, www.tourisme-limogne.com

→ 5 km après, sur GR : CH Le Mas d'Ambayrac, 3 ch. (8 pl.) + 8 pl. en 3 G, ½ pension 57,50 €/p., poss. panier repas, MLP, wifi, accueil équestre, acheminement, ouvert tte l'année, Promilhanes, 05 65 24 33 47 ou 06 35 91 91 79, www.chambres-hote-ambayrac.com

✣ VARAIRE (46260) 500 M HORS GR

- → www.lalbenque.net/varaire
- → Épicerie, café-restaurant
- → GE de Varaire, 5 ch. (de 2 à 4 p.) + 1 dortoir (7 pl.), nuitée en dortoir 14 €/p., ½ pension 30 €/p. ; en ch., ½ pension 78 €/2 p., coin cuisine, panier repas 5,50 €, ouvert du 01/04 au 01/11, Mme Conte-Bousquet, 05 65 31 53 85, www.les-marronniers-varaire.fr

✣ BACH (46230)

- → 800 hors GR : GE Relais Arc en Ciel, 4 ch., nuitée 15 €/p., pdj 5 €, ½ pension 33 €/p., panier repas sur résa 6 €, coin cuisine, Internet et wifi, ML, Les Moulins, 05 65 22 72 64 ou 06 45 25 92 97, www.relais-arcenciel.com

00,0 Cajarc. Du carrefour de la D 662 et du boulevard du Tour-de-Ville, prenez la D 662 en -direction de Cahors & Limogne. En haut, avant le virage, prenez à gauche la rue du Cuzoul et passez ainsi devant le camping municipal.

00,7 Ne passez pas sous le pont de chemin de fer, mais allez tout droit. Juste avant la maison, tournez à droite pour grimper derrière un sentier en lacets. Vous retrouvez la D 662 que vous suivez à gauche.

01,4 La Capellette : au carrefour avec la chapelle, allez tout droit sur la route Vieille. À la bifurcation suivante, allez en face. Cette route traverse une zone de résidences et descend. Au carrefour en bas, allez à droite pour longer un long bâtiment dans la zone artisanale d'Andressac.

02,4 D 19 : suivez à gauche la route de Limogne pour traverser le Lot.

0h50 03,4 Gaillac. Quittez le goudron pour grimper un court sentier à gauche (panneau : Mas de Borie 8 km - Limogne 14 km). Remontez la ruelle en face, puis laissez une rue descendre à droite. Au virage suivant, quittez le goudron pour aller tout droit sur un chemin herbeux.

03,9 Bifurcation de chemins : virez à gauche pour monter sous le couvert en laissant rapidement un chemin à gauche. À la bifurcation, après plus de 500 m, continuez à droite et, 30 m après, suivez le GR 65 sur la branche du milieu. Un peu après, virez à gauche sur un petit chemin.

04,7 Bifurcation après un poteau électrique : empruntez la branche de gauche. Au carrefour multiple, 300 m plus loin, poursuivez à droite. Cette piste principale navigue maintenant sur une croupe et vous ignorez tous les départs de droite comme de gauche. Le chemin est encadré ensuite par des murettes.

06,3 Rejoignez le goudron que vous suivez longuement à droite. À 700 m, laissez une piste venir de la droite ; vous doublez ensuite l'entrée du mas de Couderc.

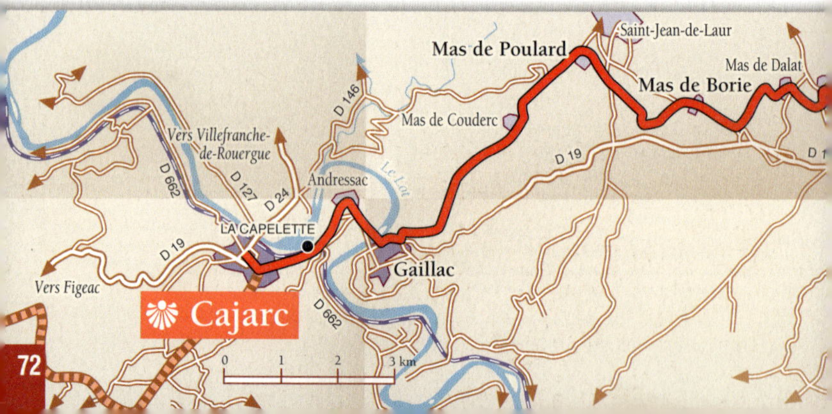

Sur l'autre rive du Lot : Salvagnac-de-Cajarc

07,8 Carrefour de petite route que vous suivez à droite en laissant à gauche la direction de Cajarc.

08,3 Quittez le goudron au niveau d'une croix en pierre de 1740, descendez le chemin (herbeux) le plus à droite. Rapidement, passez devant une ruine et laissez plus loin un embranchement à main droite.

09,1 Vous passez à droite d'un abri (eau potable) et d'un bassin : poursuivez à droite (ouest) sur une petite route.

2h20 **09,5 Carrefour du Mas de Poulard,** à l'ouest du village de Saint-Jean-de-Laur. Traversez de biais la route pour emprunter le chemin goudronné. Mas de Mathieu : à la fin du goudron, continuez sur un chemin herbeux qui devient un peu plus loin sentier le long d'une murette.

10,5 Croisement avec un chemin : partez à droite, puis ensuite, à deux reprises, allez à gauche. Plus loin, le chemin fait un coude à 90° à gauche vers le sud.
Bâtiments agricoles : suivez un chemin empierré. Vous empruntez la route à droite en laissant un chemin à droite, à la hauteur d'un bassin.

11,9 Mas de Borie. Au carrefour, ne tenez pas compte de la piste à gauche

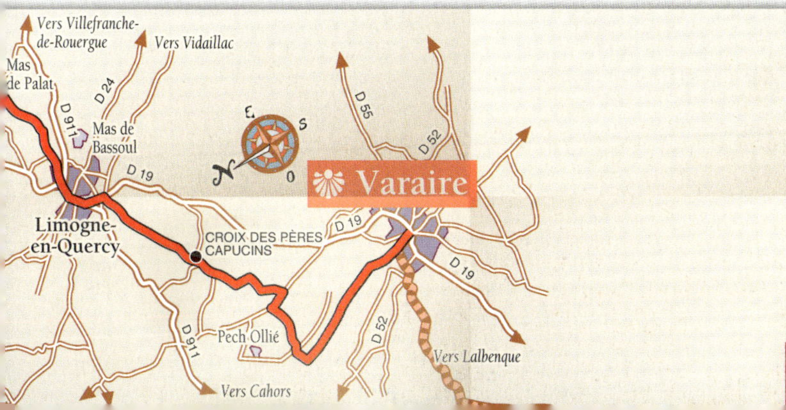

Pèlerin près de Limogne-en-Quercy

près d'une grande croix en pierre (panneau : Limogne 6 km - Varaire 12,7 km). Continuez sur la route vers le sud-ouest.

12,8 Rencontre avec un bras de l'ancienne D 19 où vous prenez de suite à gauche un chemin ombragé. À la bifurcation flanquée d'une plaque métallique ronde, continuez à droite. Plus loin, vous contournez une prairie.
Quand vous retrouvez le goudron, près d'une propriété, vous le suivez à droite. Ensuite prenez la petite route à droite (ancienne pompe à eau).

14,3 Mas de Dalat : continuez légèrement sur la gauche. Au bout de la ligne droite, quittez le goudron pour un chemin terreux. Au carrefour suivant, allez à gauche puis montez la route à gauche.

15,3 Mas de Palat : au centre du hameau, descendez à droite et, dessous, prenez une autre petite route à droite. Dans le virage, prenez en face un chemin et, rapidement, allez à gauche par un sentier herbeux (croix). Au croisement en T, allez à gauche.

15,9 Suivez un autre chemin à droite vers Limogne (panneau). Tout droit, croisez une autre piste.

17,2 Au bout de la piste, appelée chemin de Malecargue, prenez la route à gauche. Vous y laissez un embranchement à gauche. À la bifurcation après la place du Foirail, descendez à gauche pour atteindre la D 911 que vous suivez à droite en laissant quelques pas plus loin la direction de Cajarc, à droite.

4h20 17,9 Limogne-en-Quercy. Place de l'Occitanie. Poursuivez tout droit avenue de Cahors. À la sortie du village, prenez à gauche la direction de Lalbenque sur la D 19 (station de carburant).

18,3 Quittez la D 19 moins de 300 m après pour virer à droite sur le chemin de Joncas. Au carrefour en Y, avec un chêne au milieu, allez à gauche sur un chemin (panneau : Varaire 6,8 km - Dolmen de Joncas). Le chemin bordé de murettes traverse une forêt de chênes rabougris et double l'accès au dolmen de Joncas. Suivez à droite une route goudronnée et doublez tout droit une ferme (Ferrières d'en Bas).

20,5 Carrefour à la croix des Pères Capucins (292 m) : allez à gauche en direction de Ferrières dolmen. Dans un virage, 240 m plus loin, quittez le goudron pour aller tout droit dans un chemin de terre. Au carrefour (point bas), bifurquez à droite en doublant une mare. Le GR 65 se faufile entre deux murettes et passe devant une première grange. Après une seconde ruine le chemin vire sur la gauche et dépasse la ferme de Pech Carnot.

21,9 Empruntez une petite route à droite sur environ 400 m pour reprendre un chemin à gauche. À la sortie, le GR 65 suit tout droit le goudron dans un virage d'une petite route. (panneau : Varaire 2,7 km). Dans le virage qui suit, il la quitte pour utiliser tout droit un autre chemin. À la fourche, il monte à gauche et, plus haut, fait un coude à 90° vers la gauche, puis s'étire longuement tout droit.

24,7 Empruntez la petite route à droite. 100 m après, laissez le GR 65 bifurquer sur un chemin à droite (à prendre si vous ne faites pas étape à Varaire...) pour continuer sur la route en laissant un peu plus loin deux chemins partir à droite. 400 m après, laissez l'embranchement à droite avec le balisage qui va vers Bach – que vous suivrez demain. Finissez tout droit.

6h30 **25,7 Varaire.** Place près du lavoir, en contrebas à gauche. Le gîte est à droite.

Variante pour éviter Varaire
si vous n'y faites pas étape

100 m après le km 24,7 : suivez le GR 65 à droite (panneau : Bach 5 km). Après 400 m, reprenez le goudron à gauche et traversez le hameau de la Plane. À la sortie, traversez la D 52 (vous retrouvez l'itinéraire qui vient de Varaire) pour prendre en face un chemin flanqué d'un panneau : Bach 4 km.

En passant près de Saint-Jean-de-Laur

La Capelette se trouve sur la dorsale d'un isthme, le Lot dessinant autour un méandre presque circulaire. Un canal souterrain de 360 m le recoupe au plus court. Il alimente une usine électrique. Il avait été creusé par les mariniers qui remontaient la Garonne et le Lot en gabare. Dans ces barques plates, ils transportaient le stockfisch, morue scandinave séchée sans sel. Le pays est resté friand de ce stockfisch, occitanisé en *estofi.*

Le causse de Limogne est un plateau calcaire fissuré, très sec, parsemé de gouffres et de dolmens. Au Mas de Borie, un plan d'eau lavoir est caractéristique du causse avec sa pompe à godets. À voir également une autre pompe au Mas de Dalat et, assez souvent, ces surprenants puits, avens nommés ici les igues.

Le gouffre de l'Antouy se situe à 3,5 km au sud de Cajarc. Ses eaux d'émeraude sont profondes de 10 m. À 80 m du gouffre, on peut voir les ruines d'une église du XIe s. en fruste appareillage. Le monastère de l'Antouy fut cité du Xe au XIVe s.

Le gouffre de l'Oule, à 2 km au nord-est de Saint-Jean-de-Laur, est ainsi nommé pour sa forme de marmite (*olla* en espagnol).

Limogne-en-Quercy était un carrefour incontournable entre Cajarc, Cahors, Saint-Cirq, Villefranche, Caylus et Caussade. Ce bourg est resté actif grâce à une conserverie de produits du terroir et à son marché aux truffes, le vendredi en saison.

En passant par Gaillac

→ Varaire → Cahors

En passant par le pont Valentre

Vous partez pour l'une des étapes les plus longues de ce guide si vous voulez dormir à Cahors ce soir. Heureusement, le parcours est pratiquement horizontal et majoritairement forestier sur le cami ferrat, ancienne voie romaine utilisée ensuite par les muletiers, toujours au cœur du Parc naturel régional des Causses.

Dans le cloître de Cahors

RENSEIGNEMENTS PRATIQUES

VAYLATS (46230) 1 KM HORS GR

→ www.lalbenque.net/vaylats

→ Boulangerie (avec petite épicerie)

→ Couvent de Vaylats, ch. de 2 à 4 p., 20 pl., ½ pension 26 €/p., réservation, sœur Monique (de 16h à 17h), 05 65 31 63 51, filles.de.jesus@wanadoo.fr

LALBENQUE (46230)

→ www.lalbenque.net/lalbenqu

→ Hors du village, 300 m du GR : GE de Poudally, 8 ch. et 1 dortoir de 6 pl. (27 pl.), nuitée de 11 à 38 €/p. (dortoir ou ch.), pdj 5 €, repas 14 €, panier repas 5 €, tente 5 €, MLP, accueil équestre 5 €, accès Internet, Mas de Vers, 05 65 22 08 69, www.poudally.com

LABURGADE (46230)

→ www.lalbenque.net/alaburg

→ Sur le GR, à 600 m : GE Le Pech, 16 pl. (en ch. ou dortoir), nuitée de 13 à 17 €/p.

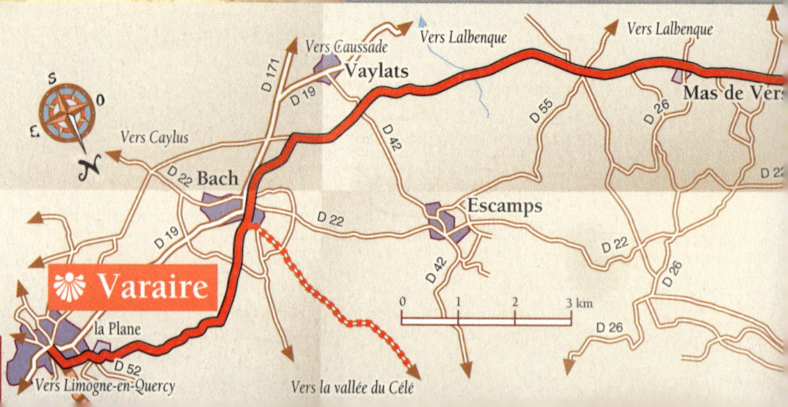

(selon ch.), pdj 4 €, repas 12 €, ½ pension de 29 à 33 €/p., coin cuisine, accueil équestre 6 €, ouvert du 15/04 au 15/10, Mme Latour, 05 65 24 72 84, www.gitelepechlatour.fr

- CH Le Mas d'Alice, 3 ch. (7 pl.), nuitée de 56 à 80 €/1 à 3 p., pdj compris, TH 20 €, panier repas, accueil équestre, ouvert du 01/04 au 30/10, réservation, M. Irrmann, 05 65 31 77 17 ou 06 31 07 13 09, www.lemasdalice.fr

CAHORS (46000)

- OT, pl. François-Mitterrand, 05 65 53 20 65, www.tourisme-cahors.com
- Tous commerces, services, gares SNCF et routière, nombreux hôtels, restaurants et CH
- FJT Résidence Les Cordeliers, 52 pl., nuitée 15 €/p., pdj 4 €, repas 10 €, accès Internet, panier repas 8 €, MLP, résa conseillée, 222 rue Joachim-Murat, 05 65 35 64 71, www.fjtcordeliers.jimdo.com
- Foyer des Jeunes en Quercy, 20 pl., nuitée 15 €/p., pdj 3,50 €, repas 8,50 €, 1/2 pension 27 €/p., coin cuisine, accès Internet 3 €, MLP, réservation, 129 rue Fondue-Haute, Mlle Tikoutoff, 05 65 35 29 32, www.logement-cahors.fr
- G du Papillon Vert, 10 pl. (en ch. de 2 à 4 p.), nuitée de 16 à 18 €/p., pdj 5 €, coin cuisine, MLP, ouvert du 15/03 au 15/12, 51 rue du Tapis-Vert, 05 81 70 14 09 ou 06 75 80 58 42, jaqui.cha@gmail.com

00,0 Varaire. Depuis la place, longez le lavoir à gauche et empruntez la petite route vers le nord, en bordure du cimetière. Vous laissez une rue à gauche avant d'atteindre une bifurcation (à 450 m du départ) où vous virez à gauche. Allez ensuite tout droit au carrefour. D 52 : suivez-la à droite jusqu'au point bas, 260 m plus loin.

01,0 Empruntez à gauche un chemin flanqué d'un panneau : Bach 4 km. Après 130 m, l'itinéraire suit le goudron en face et passe à droite d'une ferme. Après celle-ci, prenez le chemin de gauche qui s'enfonce longuement dans la forêt de chênes. Au carrefour à 3 branches, prenez le chemin du milieu.

03,6 Près d'un portail de propriété privée, bifurquez à gauche sur la piste. Passez plus loin dans une montée devant une construction récente, puis laissez un chemin de randonnée à gauche vers les Phosphatières. Suivez tout droit la petite route près d'une maison.

04,7 Croisement de route et du GR. Poursuivez en face sur Bach (panneau : 1 km). Au carrefour en Y, allez à droite et, 140 m plus loin, prenez en face la route qui entre dans…

1h20 05,6 Bach. Carrefour avec la D 19 que vous suivez à droite sur près de 600 m en laissant à la sortie un chemin à droite.

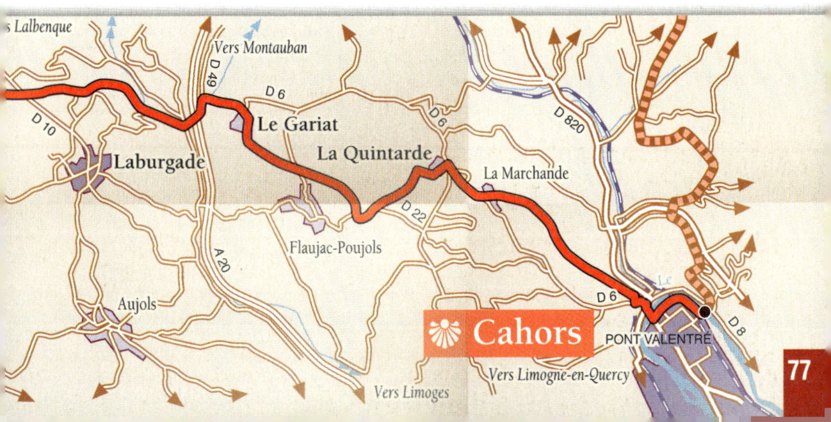

06,2 À la hauteur d'un poteau électrique, prenez à droite un chemin pierreux et herbeux qui file au milieu des prairies. Au carrefour en T, prenez à droite en direction de Mas de Vers sur le Cami ferrat (alt. 307 m). À la bifurcation, un peu moins de 100 m plus loin, laissez à gauche : Vaylats 1,4 km (avec possibilité d'étape), pour continuer tout droit sur un chemin de terre qui passe en alternance en forêt et dans les prairies.

08,5 Traversez la D 42. 140 m plus loin, traversez une autre route. Laissez un chemin à gauche qui va aussi à Vaylats.
Croisement dans la forêt du Grézal : continuez tout droit. Vous passez un ru à sec et à la fourche, continuez à gauche. Vous suivez une piste plus large en face.

12,7 Traversez la D 55 (274 m). Plus loin, à la bifurcation, continuez en face. Poursuivez sur le goudron.

3h40 **14,4** **Mas de Vers.** Croisement avec la D 26. Poursuivez en face sur une petite route. Plus de 600 m après, laissez un chemin à gauche et un à droite. Continuez toujours sur le goudron.
Carrefour avec une autre route : poursuivez en face sur un chemin empierré. Laissez un peu plus loin à droite un itinéraire balisé vers Pech Petit et continuez vers Cahors. Plus loin, laissez aussi un chemin à droite.

17,1 Traversez la D 10 pour continuer en face toujours sur le Cami ferrat (voie romaine). Après une cabane en pierre (cazelle), le chemin se rétrécit et descend. Vous rencontrez une petite route que vous suivez à gauche en passant devant le lavoir et la fontaine d'Outriols. Plus loin, dans le virage, laissez à gauche la direction du moulin à vent de Cieurac pour continuer sur la route.

19,3 Au croisement en Y près d'une ancienne carrière, montez à droite en direction de Combe Nègre. Dans le deuxième virage, quittez le goudron pour

un chemin de terre à gauche. Il passe devant deux anciens moulins. À la bifurcation prenez à gauche. Vous rejoignez le goudron (D 49) que vous remontez à gauche.

20,7 Carrefour avec la D 6 : descendez à droite pour passer sous l'autoroute et remontez ensuite.

22,0 Quittez la D 6 au lieudit le Gariat (panneau) pour un chemin à droite. En haut, à la hauteur d'un poteau électrique, tournez à droite sur un chemin goudronné. Après la maison, continuez en face sur le chemin de terre. Dans la descente, vous parvenez en 300 m à une bifurcation de chemins : empruntez la branche de gauche qui poursuit en descente. Dans le vallon, prenez à

Cahors : le pont Valentré

gauche à la bifurcation et montez dans la forêt.
Après le point haut et un ancien moulin (ruine), dépassez le stade ; au goudron vous allez tout droit. Après le panneau d'entrée de Flaujac-Poujols, prenez à gauche le chemin de Compostelle.

23,6 Fin du goudron à l'entrée d'une maison : poursuivez sur un chemin caillouteux. Plus tard, il descend fortement. En bas, allez à droite sur un chemin qui suit le fond du vallon.

24,9 Près de la route (D 22), prenez de suite un autre chemin à gauche qui repart vers l'ouest. À la prochaine bifurcation, allez à gauche. Quand le vallon se divise en deux, montez en face un petit chemin qui vire à droite ensuite afin d'atteindre une cabane blanche. Le GR poursuit sur un sentier à sa gauche. À la sortie du bois, le chemin fait un virage à gauche tout en longeant la clôture.

6h45 **26,8** **La Quintarde** (belle demeure à gauche) : allez à droite sur le goudron. Plus loin, suivez la D 6 à droite et aussitôt la route de la Marchande à droite. Juste après la première maison, prenez à gauche une allée empierrée, le chemin de la Marchande qui se poursuit par du bitume.

27,6 Traversez la D 6 en biais pour prendre en face une voie sans issue (chemin de Cabridelle). Après le goudron, continuez sur un chemin blanc. À la bifurcation sur une esplanade, conti-

Le cloître et la cathédrale Saint-Étienne

nuez à gauche. Le chemin navigue sur une large croupe.

30,2 Vous retrouvez le goudron que vous suivez en face en laissant l'accès à une maison à gauche. Plus loin, vous doublez une antenne ; la route descend fortement (très belle vue sur Cahors). Après deux virages, la petite route vient buter contre la voie ferrée et vire à droite. Croisement en T avec la D 6 que vous suivez à gauche : passez sous la voie ferrée.

31,9 Avant les ronds-points sur l'ancienne N 20, traversez à droite la petite place de la Résistance. En suivant, rue Saint-Georges, montez les marches (laissez le GR 36 à droite) afin de traverser le pont Louis-Philippe. Après le pont suivez à gauche le quai Eugène-Cavaignac et les allées du soupir pour atteindre...

8h30 **33,1** L'entrée du pont Valentré à **Cahors.**

Cahors, chef-lieu du Lot de 22 000 habitants, compte, parmi ses plus illustres fils, le républicain Léon Gambetta et le pape d'Avignon Jean XXII, né dans la cité en 1245. Celui-ci y fonda une université qui perdura pendant cinq siècles.
Cahors fut l'ancienne capitale des Cadurques, des Gaulois tributaires des Arvernes. Romanisée, elle devint Cadurca puis Cahors.
La Cadurca romaine périt en 571, incendiée par Théodebert, roi franc d'Austrasie.
Mais elle s'en releva. Puis la ville fut livrée aux Anglais en 1360. Catholique, elle résista au protestant Henri IV.

À travers la ville

Boulevard Gambetta, les trois immeubles que fit bâtir le pape Jean XXII : l'église Saint-Barthélemy, le palais de Pierre Duèze (son frère) et la tour Jean XXII.
Les remparts dont il reste des murs, deux portes, la barbacane et la tour des pendus.
La cathédrale Saint-Étienne, édifiée en 1119, avec ses deux coupoles romanes larges de 18 m, à 32 m de hauteur au-dessus de la nef, et son portail roman réalisé entre 1140 et 1150.

Le pont Valentré dont la construction fut lancée au XIVe s. : un exemple remarquable de l'architecture militaire avec ses six grandes arches gothiques, ses trois tours dominant l'eau du Lot.

Pigeonnier près de Lalbenque

→ Cahors
→ Lascabanes

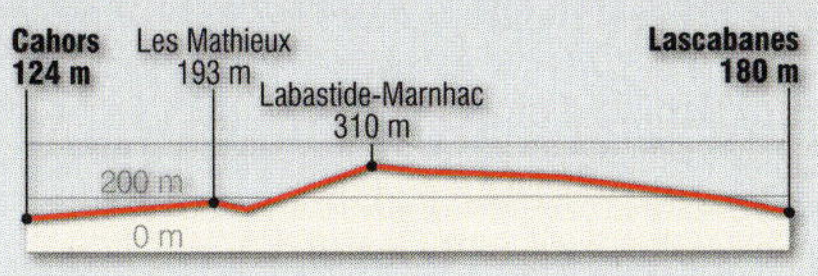

Par le pont Valentré enjambez le Lot et quittez l'ancienne capitale du Quercy avant de partir de nouveau sur les causses qui se meurent dans les vallées plus riches, à l'ouest du département du Lot. Les maisons fleuries et la tranquillité de Lascabanes, dans la vallée du Verdanson, sauront vous convaincre de vous poser ici pour la nuit.

À l'adresse des pèlerins

RENSEIGNEMENTS PRATIQUES

LABASTIDE-MARNHAC (46090)

→ www.labastide-marnhac.fr

→ 4 km av. Labastide : GE et CH Domaine des Mathieux, GE : 28 pl., nuitée 19 €/p., pdj compris, repas 15 € ; CH : 5 ch., nuitée de 65 à 115 €/2 à 4 p., pdj compris, CO : ½ pension 50, 50 €/p., panier repas 8 €, MLP, accueil équestre, acheminement gratuit (Cahors) sur résa, M. Dubois, 05 65 31 75 13 ou 06 67 55 68 17, www.domainedesmathieux.com

→ 7 km après, sur GR : CH à la ferme Trigodina, 4 ch. (10 pl.), nuitée 14 €/p., pdj 4 €, ½ pension 27 €, panier repas 5 €, coin cuisine, accueil équestre, Pern, 05 65 21 70 97 ou 06 71 06 98 72, www.trigodina.vpweb.fr

L'HOSPITALET / LE MONTAT (46090) 2,5 km hors GR (sur variante)

→ 2,5 km hors GR : CH Domaine Les Tuileries, 3 ch. (11 pl.), nuitée de 60 à 90 €/2 à 4 p. (tarif pèlerin), pdj compris, repas 20 € sur résa, panier repas, accès Internet, accueil équestre 6 €, acheminement, 1602 Les Tuileries, M. Carrier, 05 65 21 04 72, www.domainelestuileries.com

LASCABANES (46800)

→ GE communal Le Nid des Anges, 5 ch. de 2 à 5 pl. (17 pl.), nuitée 12,50 €/p. (+ 4 € draps), pdj 6 €, repas 13,50 €, panier repas 6 €, MLP, épicerie dépannage, accueil équestre, réservation, accueil à partir de 13h, Saint-Daunès, Mme Maupoux, 05 65 31 86 38, www.chemindecompostelle.com/leniddesanges

→ GE et CH Le Bouy, nuitée 12,50 €, pdj 5 €, repas 12,50 €, CH : nuitée 20 €/p., pdj compris, MLP, accueil équestre, accès Internet, La Bouy (100 m du village), Mme Bessières, 05 65 53 61 49 ou 06 59 72 99 24

→ 800 m hors GR : GE et CH L'Étape Bleue, 4 ch. (10 pl.), nuitée 12 €/p., pdj 5 €, repas 13 €, panier repas 5 €, tente 5 €, coin cuisine, MLP, épicerie dépannage, accueil équestre ; CH : 2 ch., nuitée 50 €/2 p. pdj compris, M. Cayon, 05 65 35 34 77, www.gite-etape-bleue.com

→ 4 km après, 1 km hors GR : CH à la Ferme de La Bouysse, 3 ch., nuitée 12 €/p., pdj 4 €, repas 12 €, ½ pension 28 €/p., MLP, coin cuisine, acheminement poss., accueil équestre, réservation, ouvert tte l'année, Les Vignals, Saint-Daunès, M. Mme Couture, 05 65 31 84 39 www.chemindecompostelle.com/labouysse

00,0 Cahors. Après la traversée du pont Valentré, empruntez à gauche et de l'autre côté de la route l'escalier raide qui permet de gravir la paroi de calcaire. En haut des marches, remontez plus calmement une croupe à gauche, vers le sud. Plus loin, dépassez un réservoir pour remonter son chemin d'accès sur le Pech d'Angély.

01,0 En dessous d'une antenne, empruntez à droite le goudron d'une petite route (chemin de la Croix de Magne). Au premier carrefour de routes, allez à gauche et de même au suivant. Un peu plus loin, après un virage, continuez en face et 20 m après allez toujours tout droit. Cette petite route descend parallèlement à la N 20.

02,7 Passez sous le pont de la N 20. À la sortie du pont, suivez la route qui fait une boucle vers la gauche pour emprunter ensuite une autre route à gauche au-dessus du pont. Au carrefour, 300 m plus loin, poursuivez tout droit dans un vallon qui s'affirme de plus en plus en laissant à droite d'abord la côte d'Arbouis, puis la côte de Nouret.

04,0 Après avoir laissé la côte de Bessières à droite, suivez la direction des Mathieux en laissant de droite comme de gauche tous les chemins secondaires.

04,8 Au carrefour des Mathieux, poursuivez à droite sur le chemin de la Courounelle et des Mathieux. Mais rapidement après les dernières maisons, quittez la route pour un sentier à droite qui se faufile entre les buis. Après les deux maisons, progressez de nouveau sur le goudron à travers une zone résidentielle. Plus haut, au carrefour, continuez tout droit.

1h25 05,7 Route et **domaine des Mathieux.** Allez d'abord à gauche afin de prendre ensuite un chemin à droite qui démarre juste après le domaine. En lacet, ce dernier très caillouteux descend assez raide. En bas, le GR part à gauche dans le vallon.

06,4 Pont et D 653 : traversez la route pour un sentier en face. Après le pont en bois, le GR va à droite dans la vallée (manque de balisage). Plus loin à la fourche, il continue à droite à plat, et de même 40m plus loin.

07,2 Empruntez un autre chemin plus large qui monte à gauche. À la bifurcation au-dessus d'une grange, continuez à monter à gauche, longuement. Dans la progression, laissez un embranchement à gauche.
Bien après avoir changé de versant, et à une fourche marquée par un panneau de propriété privée, prenez la branche

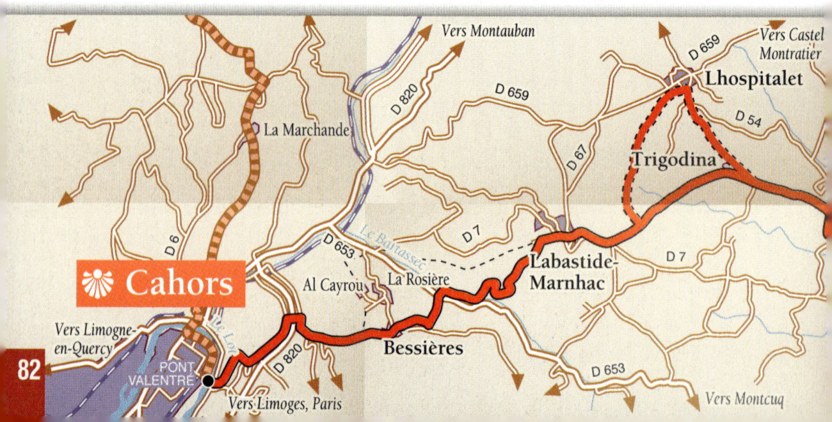

de droite. Au carrefour dans un virage, montez à gauche dans une plantation de résineux.

08,7 Carrefour en T bien au-dessus d'une maison : remontez la piste à droite (lignes EDF et téléphonique). En haut, dans la zone résidentielle, poursuivez tout droit sur le goudron. À la rencontre d'une autre route, le GR continue toujours tout droit.

10,0 Traversez la D 7 et poursuivez en face sur une allée goudronnée.

2h30 **10,2** **Labastide-Marnhac.** Laissez l'église sur votre gauche (point d'eau et w-c) et traversez le village tout droit. Laissez la direction de Lhospitalet à gauche. Au stop avec la D 67, tournez à droite avant de prendre la D 7 à gauche. Après une centaine de mètres, le GR 65 emprunte le chemin blanc à gauche, au sud (cazelle à gauche).

Carrefour de chemin (alt. 287 m) : laissez à gauche la variante qui passe par Lhospitalet (gîte), distant de 3,4 km, et continuez en face. Plus loin, suivez le goudron en face qui disparaît après 450 m pour un chemin empierré. Bifurcation en Y à la hauteur d'un poteau : allez à droite et passez devant une maison. Passez un bosquet et, au croisement en T (panneau), allez à gauche.

13,5 Trigodina : empruntez la route à droite en laissant à gauche les balises de la variante qui arrive de Lhospitalet, à 1,5 km. Au croisement de Fabre, continuez tout droit, puis laissez une ferme à gauche et une maison à droite pour partir sur un chemin blanc. Plus loin, laissez une piste secondaire à gauche, puis à droite, en restant sur le haut de

la croupe. Vous suivez une ligne téléphonique qui vient de la droite.
Au carrefour de plusieurs pistes arrivant de gauche, continuez sur la droite. À la bifurcation à la fois du chemin et de la ligne téléphonique, tournez à gauche franchement. Plus loin ce chemin devient plus étroit.

16,8 Petite route : suivez-la à gauche sur seulement une trentaine de mètres avant de prendre un chemin blanc en face, dans le virage. Au croisement de sentiers avec panneau directionnel, poursuivez tout droit sur le chemin principal.

19,3 À la route, traversez en oblique pour prendre un autre chemin en face (aire de pique-nique sur la droite). À la bifurcation, à l'angle d'une plantation de pins, tournez à droite et descendez plus tard dans un vallon. À l'autre bifurcation, allez cette fois-ci à gauche : le chemin passe plus loin entre deux haies de buis.

21,0 Baffalie. Suivez le goudron et un peu plus loin, au carrefour, allez à droite. 230 m plus bas, empruntez un chemin de terre à gauche (croix en bois). Après le lavoir, laissez le pont sur le Verdanson à droite et empruntez la petite route à gauche. Après une grande demeure, prenez à droite, traversez le ruisseau et montez dans le village.

5h40 22,2 Lascabanes. Mairie et carrefour avec la D 7 : le balisage tourne à gauche dans la rue principale, mais vous pouvez aller en face pour rejoindre l'église et le gîte d'étape (vous y retrouvez le GR 65 qui vient de la gauche).

Rue à Lascabanes

Plaisirs des sens : le pays de Cahors a déjà un avant-goût de foie gras, de jambon et de pruneaux d'Agen. Mais ici, on savourera surtout les truffes du causse, l'eau de noix, la liqueur de genièvre, l'eau-de-vie de prune et, bien entendu, le vin de Cahors.

Vers Lhospitalet chemin faisant
De la croix de Magne, on bénéficie d'une belle vue sur Cahors, le pont Valentré et leurs environs.
À un quart d'heure de Labastide-Marnhac, Saint-Rémy conserve l'hôpital fondé en 1286 pour les pèlerins de Compostelle.
Après Lascabanes, village joli et paisible, la chapelle Saint-Jean constitue un lieu de pèlerinage près de la fontaine « miraculeuse » Saint-Jean-Baptiste : il s'agit de la citerne fermée par une grille en contrebas de la route.
Le moulin d'Escayrac est un château d'eau aménagé dans un ancien moulin à vent.

Le Quercy blanc englobe toute la partie méridionale du Lot, située au-dessous d'une ligne Fumel-Lalbenque. La craie y domine, d'où son nom, dans un paysage qui annonce déjà le Midi. La présence de moulins à vent à calotte tournante s'explique par la culture du blé qui était très importante avant l'exode rural. Ce grand plateau blanc est également propice aux moutons. Mais le Quercy blanc n'est qu'une désignation géographique. Du point de vue historique, il faut considérer le Quercy dans son ensemble. Cette vaste province des antiques Cadourques s'étendait des portes de Sarlat et de Villefranche-de-Rouergue au nord jusqu'au-delà de Montauban au sud. Elle fut par trois fois cédée aux Anglais : en 1259 par saint Louis, en 1286 par Philippe le Bel et en 1360 par le traité de Brétigny. Puis elle fut reprise, d'où les malheurs de la guerre de Cent Ans.

→ Lascabanes → Lauzerte

Aujourd'hui, le parcours hésite encore entre les vallons modelés et les croupes crayeuses qui ont donné son nom au Quercy blanc. Vous choisirez de passer ou non à Montcuq dominé par son donjon carré, mais vous atteindrez Lauzerte. Cette charmante bastide perchée vaut bien une étape, une attention particulière y étant accordée aux pèlerins : la ville leur a dédié un jardin, en balcon, ouvrant largement la vue sur la campagne environnante.

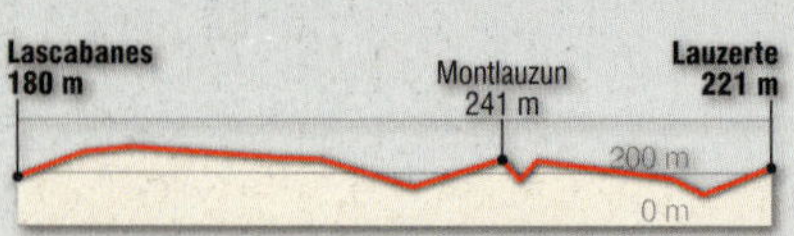

RENSEIGNEMENTS PRATIQUES

ESCAYRAC (46800, hameau de Lascabanes) 1,5 km hors GR

→ Ch. chez l'habitant Chez Lucette, 3 pl., ½ pension 30 €, ML, accès Internet, résa souhaitée, en face de l'église, Mme Caumont, 05 65 31 87 26, emilie.cau@wanadoo.fr

→ 1,1 km hors GR : GE et CH le Clos de Gamel, GE : 2 G soit 12 pl., nuitée 15 €/p., pdj 6 €, ½ pension 36 €, coin cuisine ; CH : 2 ch., nuitée de 60 à 75 €/2 à 3 p., pdj compris, repas 14 €, MLP, accueil équestre, acheminement depuis Lascabanes, ouvert de Pâques à Toussaint, M. Bernadou, 05 81 22 51 61 ou 06 26 95 09 74, www.closdegamel.com

SAINT-CYPRIEN (46800) 2 km hors GR depuis Rouillac

→ CH La Grange de Marcillac, 6 ch. (14 pl.), nuitée de 50 à 110 €/1 à 4 p., pdj compris, repas 20 €, tarif pèlerin ½ pension 46 €/p., panier repas, accueil équestre 5 €, réservation, Mme Pinatel, 05 65 22 90 73, grangedemarcillac.free.fr

MONTCUQ (46800)

→ OT en Quercy Blanc, 8 rue de la Promenade, 05 65 22 94 04, www.tourisme-montcuq.com

→ Tous commerces (fermeture le lundi sauf été), services

→ 500 m avant Montcuq : GE Le Souleillou, ch. de 2 à 6 pl. (29 pl.), nuitée

de 13 à 18 €/p. (selon ch.), pdj 6-7 €, repas 14 €, ½ pension de 34 à 39 €, tente 6 €, coin cuisine, MLP, réservation, 22 rue du Souleillou, 05 65 22 48 95, www.gite-etape-souleillou.com

- HR La Barguelonne, 10 ch., ½ pension 50 €/p. (pèlerin) ou 60 €/p., 5 av. Saint-Jean, 05 65 31 84 45, labarguelonne.free.fr
- CH, 5 ch. (10 pl.), nuitée 25 €/p., pdj compris, coin cuisine, réservation, 12 rue Faubourg-Saint-Privat, ouvert de Pâques à sept., Mme Simon, 05 65 36 97 46 ou 06 70 37 65 59, www.cadoline.com/simon
- G, 3 pl., CO, nuitée de 30 à 50 €/1 à 2 p., tarif pèlerin 20 à 40 €/1 à 2 p., pdj et draps compris, coin cuisine, MLP, réservation, 8 allée des Marronniers (côté jardin), Mme Tranchant, 05 65 53 03 38, michel.tranchant2@wanadoo.fr
- Camping municipal Saint-Jean, 42 empl., tente 4,60 €/p., ouvert du 15/06 au 15/09, 05 65 31 80 05 (mairie), www.montcuq.fr
- 800 m du GR : GE de Lestos, 6 logettes indiv. et 4 doubles + 2 CH (14 pl.), nuitée 14 €/p., pdj 4 €, repas 12 €, MLP, accueil équestre, ouvert du 01/03 au 31/10, Moulin de Pierrasse, 05 65 23 87 84 ou 06 14 66 14 73, www.gitedelestos.com

LEBREIL (46800)
3 km hors GR après Montcuq

- CH Mas Labrugade, 4 ch. (10 pl.), nuitée de 39 à 78 €/1 à 3 p., pdj compris, repas 22 €, tarif pèlerin CO, ½ pension 42 €/p., panier repas 8 €, MLP, accueil équestre 7 €, acheminement (payant) depuis Montcuq, Mme Bibard, 05 65 31 84 66 ou 06 26 25 06 82, www.mas-labrugade.com

MONTLAUZUN (46800)
200 m hors GR

- GE et CH Ancien Presbytère, GE : 6 pl., nuitée de 14 à 16 €/p. (selon ch.), pdj 5 €, repas 14 €, ½ pension de 33 à 35 €/p. ; CH : 3 ch., nuitée de 37 à 59 €/1 à 2 p., pdj compris, ½ pension de 51 à 87 €/1 à 2 p., repas 14 €, MLP, ouvert de Pâques à Toussaint (hors saison sur résa), le bourg, M. Gillon, 05 65 36 04 02 ou 06 73 44 26 39, www.chemindecompostelle.com/gillon
- Après indication Montlauzun, 900 m du GR : CH Auberge du Canabal, 3 ch. (10 pl.), ½ pension (randonneurs et pèlerins) 45 €/p., MLP, réservation, Lagarde Haute, Tréjouls, M. Tressens, 05 63 95 70 83 ou 06 03 97 41 89, www.canabal.fr

LAUZERTE (82110)

- OT, pl. des Cornières, 05 63 94 61 94, www.quercy-blanc.net
- Tous commerces, services, nombreuses CH
- 1,5 km avant Lauzerte, 1,5 km hors GR : CH Le Moulin de Tauran, 3 ch. (9 pl.), nuitée de 50 à 135 €/1 à 4 p. (selon saison), pdj compris, repas 28 €, panier repas 8 €, MLP, acheminement, réservation, ouvert du 01/04 au 30/10, lieu-dit Graulat, Mme Chambon, 05 63 94 60 68 ou 06 87 91 83 42, www.moulintauran.free.fr
- 700 m du GR : HR Le Luzerta, 15 ch., ½ pension 50 à 78 €/1 à 2 p., wifi,

panier repas, ML, fermé 3 semaines à l'automne, lieu-dit La Plane, 05 63 94 64 43 ou 06 65 20 94 31, www.luzerta.com

→ GE communal, 15 pl., nuitée 10 €/p., coin cuisine, ouvert du 01/04 au 31/10, réservation OT 05 63 94 61 94, accueil@lauzerte-tourisme.fr

→ CH et GE Les Figuiers, 5 ch. (30 pl.), nuitée de 11 à 15,50 €/p. (selon ch.), pdj 5 €, repas 14 €, coin cuisine (sauf groupes), MLP, accès Internet, ch. du Coudounier, M. Reversat, 05 63 29 11 85 ou 06 85 31 71 31, www.lesfiguiers-lauzerte.com

→ 1 km du village : Camping de Lauzerte, Le Grenier des Cœurs, 25 empl., tente 7 €/p., CO, yourtes 15 €/p., pdj 5 €, ½ pension 32 €/p., épicerie de dépannage, accès Internet, acheminement, Les Vignals, M. Macary, 06 67 31 20 19, www.camping-lauzerte.com

→ 2,5 km hors GR : GE Domaine du Pigeonnier, ch. de 2 à 4 p. (40 pl.), nuitée 17 €, pdj 5,50 €, repas 15,50 €, tarif pèlerin ½ pension 36 €/p., panier repas 6 €, coin cuisine, MLP, accueil équestre 9 €, de mars à nov. (hors vacances scolaires), acheminement, sur résa uniquement, Mme Favrot, 05 63 94 63 46, www.equi-sejour-lauzerte.com

00,0 Lascabanes. Derrière le gîte et l'église, prenez la petite route vers le nord. Dans un virage à 90°, quittez le goudron pour aller tout droit sur un chemin blanc en direction de Sabatier (à droite le très joli domaine de Saint-Géry). Après cette maison, le chemin se rétrécit, monte raide et passe en forêt. Après une belle cazelle, retrouvez le goudron que vous suivez à droite. Allez ensuite à gauche vers la…

02,1 Chapelle Saint-Jean : dépassez-la, toujours sur le goudron. À droite de la maison clôturée, poursuivez sur un large chemin blanc. Au premier croisement de pistes, continuez en face vers Montcuq.

03,1 Au carrefour suivant, sur un petit col, poursuivez tout droit d'abord en descente. Au bout du chemin, montez un court instant la route à gauche afin de virer dans le chemin de terre à droite qui navigue plus ou moins sur une crête entre les champs.
Au croisement, continuez en face et, à la bifurcation en Y, allez à gauche avant un petit dôme en laissant la direction de Labouysse à droite. Le chemin exécute plus loin un virage à gauche.

1h30 05,8 Suivez la **D 4** à droite. 600 m après, laissez à gauche la direction du Bousquet et continuez sur 200 m.

06,6 Après la courbe, prenez à gauche en direction de Marnac*. Après 20 m sur le goudron, prenez un chemin herbeux à droite qui passe bien à droite d'une ferme et rejoint son chemin d'accès que vous remontez tout droit. Continuez tout droit sur le goudron.

07,8 Croisement avec la D 55 : poursuivez en face. Laissez plus loin à gauche

La chapelle Saint-Jean

l'accès pour Marmon et à droite pour Thouron-Haut. À un autre carrefour, continuez en face sur un chemin blanc (vue sur Montcuq).

09,2 Carrefour avec panneau directionnel où vous retrouvez le GR 65 venant de Montcuq : allez tout droit sur une centaine de mètres et suivez la D 28 sur la gauche. Dans le premier virage, quittez-la pour un chemin goudronné en face, en direction de Charry. 250 m après, juste avant de rentrer dans le bois, allez à droite en lisière (panneau : Bonal 3 km, Monlauzun 5 km, Lauzerte 12 km).
Vous longez plus loin le centre équestre d'un château en traversant son chemin d'accès. En face, le sentier traverse un bosquet de pins et continue entre deux rangées de chênes. Il descend en deux lacets raides.

10,7 Traversez une petite route à l'angle de l'entrée de la ferme Roux pour descendre en face un petit chemin avec un passage raide et boueux. Rejoignez le goudron que vous suivez à droite. Après la ferme Berty, laissez à droite la direction de Rouillac pour continuer sur Carros dont vous laissez le chemin goudronné à gauche.

11,8 Au niveau d'une haie qui descend de droite, prenez un chemin de terre à gauche. Rapidement vous traversez le ruisseau Tartuguié sur une passerelle en fer avant de remonter un chemin herbeux. Au-dessus, il fait un coude à droite et une grande courbe vers la gauche. Il passe à gauche d'un étang et suit une ligne électrique. Sous un verger, allez à droite et remontez jusqu'à la ferme.

12,8 Traversez la ferme Bonal et descendez son chemin d'accès (goudron). Plus bas, laissez un embranchement à droite pour continuer en face vers Monlauzun. Dépassez les Grèzes.
Au carrefour en T flanqué d'un gros chêne, virez à droite. Après la ferme le Sorbier, allez à gauche et laissez le Poujol à droite. Au carrefour après la

Façade à Lauzerte

ferme Combelle, montez à droite vers Monlauzun.

3h40 14,6 Carrefour sous **Montlauzun :** descendez à gauche sur la route. Plus bas vous rencontrez la D 45 : suivez-la à gauche vers Saint-Laurent-Lolmie. Après une courbe peu prononcée, quittez le goudron pour aller à droite. Passez devant une vigne et montez à droite par un sentier assez raide sous le couvert (corde !). Après deux lacets et une traversée à découvert, vous longez une haie de chênes.

16,0 Vous parvenez sur un chemin goudronné (panneau de l'auberge paysanne) que vous suivez à droite. Quelques minutes plus tard, au carrefour à plusieurs branches, poursuivez en face sur la route. Dans un des virages, laissez à gauche l'accès à la Truffière.

17,1 À l'angle d'une clôture et d'un portail, quittez le goudron pour aller en face sur un chemin flanqué d'une borne d'incendie rouge. Longez la clôture jusqu'à son terme et tout droit poursuivez sur un sentier à travers la forêt. Après le verger, prenez tout droit un sentier en bordure de la forêt tout en laissant un chemin parallèle à gauche.
Traversez un chemin goudronné (ferme à gauche) pour aller en face en suivant une petite clôture. Le GR la suit aussi quand elle vire à gauche, avant de descendre raide dans le vallon (passages très raides pouvant être glissant). En bas, le GR vire à gauche sur un sentier entre les arbres et se poursuit sur un chemin surélevé entre deux champs avant de continuer entre deux haies.

20,0 Ferme de Montjoie : descendez par le chemin de terre en creux à droite. Plus bas, croisez un autre chemin où vous continuez en face. Le chemin navigue ensuite à travers champs. À la maison neuve, descendez son chemin d'accès

21,1 Suivez la D 54 à droite.

21,4 Croisement avec la D 953. (Si vous ne faites pas étape à Lauzerte et si vous ne souhaitez pas visiter ce village, suivez à gauche la D 953 pendant 1,2 km en laissant la D 34 à gauche.)
Continuez en face sur Lauzerte. Au carrefour en Y, laissez à droite la D 73 (direction Toufailles) et poursuivez à gauche. 130 m plus loin, empruntez un sentier à droite : il rejoint une allée goudronnée que vous remontez. Sur la voie au-dessus, allez à droite et, 30 m plus loin, à gauche sur un chemin prolongé d'un sentier. Sur le goudron, allez à gauche. Prenez la route à droite. Vous entrez dans le village après le monument aux morts par la rue de l'Éveillé (sens interdit).

5h45 22,5 Lauzerte. Place de l'Église.

Variante pour passer à Montcuq
A - Aller

06,4 Laissez la direction Marnac à gauche.

07,6 À la bifurcation de routes, laissez-en une à droite et une petite à gauche qui s'en va vers Monticule. 120 m après, prenez à droite un chemin goudronné suivi d'une ligne téléphonique. Bifurcation à la fin du goudron : poursuivez en face sur un chemin.

09,2 Retrouvez le bitume à la hauteur

d'une antenne et descendez en face. Sur la petite place, allez vers la gauche.

2h25 09,6 Montcuq. Carrefour de la D 28 et de la D 45.

B - Retour

00,0 Montcuq. Depuis le carrefour de la D 28 et D 45, descendez la route en direction de Monlauzun (D 28). Dans la descente, laissez une petite route sur la droite ; passez un petit pont. Dans le virage suivant, quittez la route pour aller à gauche sur un petit chemin bordé d'arbres. Après la forêt, vous longez un champ et rejoignez un chemin herbeux.

01,5 Au croisement en T avec un chemin pierreux (panneau directionnel et arrivée à gauche de la déviation de Montcuq ; voir km 09,8), allez à droite…

À Montcuq

Montcuq était, au XIIe s., le chef-lieu d'une châtellenie à laquelle Raymond VII, comte de Toulouse, donna une charte de coutumes. Mais il protégeait les cathares et la ville fut prise par les croisés. Après le traité de Meaux en 1229, le roi de France fit abattre les murs de la cité et le château, dont il ne reste que le donjon. Au XIVe s., Montcuq fut reprise par les Anglais puis ravagée par les huguenots au XVIe s. Aujourd'hui, ce bourg, actif et ouvert au tourisme, compte de nombreux citoyens anglais.

À travers le bourg

Le donjon du XIIe s. est ouvert aux visites en juillet et août. Par l'unique porte, on accède à la tour (grandes salles sur quatre niveaux) ; la mairie du XIVe s. et sa cloche du XVIe s ; plusieurs maisons des XIVe et XVe s ; l'église Saint-Hilaire, au clocher octogonal, conserve un chœur du XIVe s ; la chapelle du couvent des Cordeliers et son portail du XIIIe s.

Sortant de Montcuq chemin faisant

Hors chemin à gauche, le château de Charry : une propriété privée du XVIe s.
Hors chemin à droite, l'église de Rouillac : nef reconstruite au XVe s. et abside du XIIe . (peintures romanes).
Le village de Montlauzun, perché sur une crête.

Lauzerte, de son sommet, surveille depuis le XIIe s. la route Cahors-Moissac. Raymond VI y fonda une bastide.
Mais elle connut guerre de Cent Ans et guerres de Religion.

À travers le bourg

Des maisons du XIIIe s. et de la Renaissance, d'autres formant rempart ; un chemin de ronde mène à la place des Cornières aux couverts marchands ; l'église Saint-Barthélemy, agrandie et voûtée d'ogives entre 1591 et 1654 ; le retable doré de Notre-Dame-de-Vaux (vers 1651), un chef d'œuvre de l'art baroque ; un autre retable baroque dans l'église Notre-Dame-des-Carmes.

Le heurtoir et la coquille, fable

→ Lauzerte
→ Moissac

Le cloître de Moissac

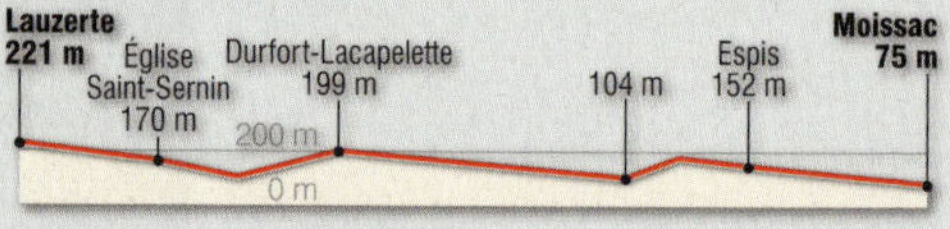

Vos pas

vous conduisent d'une ferme à l'autre avec comme décor un pigeonnier sur pilotis, les chapelles isolées de Saint-Sernin et de Saint-Martin. La vigne apparaît sur les coteaux ensoleillés où le fameux chasselas nous livre tout l'or de ses grains dorés. Ce raisin est le symbole de Moissac, ville-étape majeure et historique sur le chemin des Étoiles, notamment grâce au tympan de l'abbatiale et son cloitre, considéré comme l'un des plus richement décorés.

RENSEIGNEMENTS PRATIQUES

DURFORT-LACAPELETTE (82390)

→ Boulangerie, épicerie (fermé le mercredi)

→ 1,5 km avant, 600 m du GR : G à la ferme Le Pigeonnier de Figué-Haut, accueil pèlerin, 12 pl. en ch., nuitée 16 €/p., pdj 5 €, repas sur résa, coin cuisine, poss. camping 6 à 8 €/p., MLP, accueil équestre, résa souhaitée, Le Figué Haut, 05 63 04 56 32 ou 06 70 89 88 05, pigeonnierfiguehaut.free.fr

→ 1 km avant Durfort : HR L'Aube Nouvelle, 9 ch. (24 pl.), nuitée de 46 à 92 €/1 à 4 p., pdj 8 €, menu 21 €, ½ pension de 51 à 74 €/p., panier repas, accueil équestre, fermé du 23/12 au 22/01, M. de Smet Bruneel, 05 63 04 50 33 ou 06 08 43 28 54, www.aubenouvelle.com

→ G du Soleil Levant, 6 pl., nuitée de 15 à 20 €/p., coin cuisine, accueil équestre, résa recommandée, le bourg (10 m de la boulangerie et épicerie),

Christophe, 06 14 96 00 30, www.chemindecompostelle.com/soleillevant

→ 3 km après le village, 1,5 km hors GR : G de Bayssade, 3 ch. (9 pl.), nuitée 16 €/p., pdj compris, ½ pension 30 €/p., panier repas sur résa, coin cuisine, ML, accueil équestre, poss. acheminement, Saint-Hubert, Mme Favarel, 05 63 04 51 47, www.chemindecompostelle.com/labayssade

MOISSAC (82200)

→ OT, 6 place Durand-de-Bredon, 05 63 04 01 85, www.tourisme.moissac.fr

→ Tous commerces, services, gares SNCF et routière

→ HR Le Luxembourg, 12 ch., 49 à 55 €/1 à 3 p., pdj 7 €, ½ pension 71 à 94 €/p., 2 av. P.-Chabrié, 05 63 04 00 27, www.hoteluxembourg82.com

→ HR Chapon Fin, 23 ch., 55 à 80 €/1 à 2 p., pdj 8,50 €, ½ pens. 76 à 148 €/1 à 3 p., 3 pl. des Récollets, 05 63 04 04 22, cf8204@inte-hotel.com

→ HR Le Pont Napoléon, 11 ch., 59 à 70 €/1 à 2 p., pdj 8 €, ½ pension 77 €/p., repas 28 €, 2 allée Montebello, 05 63 04 01 55, www.le-pont-napoleon.com

→ HR des Crêtes de Pignol, 11 ch., 51 à 56 €/1 à 2 p., pdj 8 €, ½ pension 79 à 112 €/1 à 2 p., repas 19 €, 1167 ch. de Pignols, 05 63 04 04 04, www.cretesdepignols.com

→ G L'Ancien Carmel, 28 ch. de 2 à 7 pl. (70 pl.), nuitée de 10,80 à 13,30 €/p. (selon ch.), pdj 5,10 €, repas 13,30 €, coin cuisine (gestion libre), accès Internet, ML, accueil équestre, 5 sente du Calvaire, Mme Huc, 05 63 04 62 21 ou 09 64 48 71 99, www.gitecarmel-moissac.fr

→ GE Les Étoiles, 5 ch. (12 pl.), nuitée 13 à 16 €/p. (draps et serviette 5 €), pdj 5 €, repas 13 €, MLP, ouvert d'avril à mi-oct., accueil 15h, 4 rue Falhiere (sur GR), 05 63 94 22 47 ou 06 25 63 00 16, www.gite-moissac.com

→ GE La Petite Lumière, 1 dortoir (6 pl.), nuitée 13 €/p., ½ pension 31,50 €/p., 1 ch., nuitée de 25 à 35 €/1 à 2 p., ½ pension de 43,50 à 72 €/1 à 2 p., pdj 5 €, repas 14 €, panier repas 5 à 9 €, poss. camping de 5 à 11 €/1 à 2 p., MLP, accueil équestre, ouvert d'avril à oct., panorama du Calvaire, 05 63 04 37 09 ou 06 62 62 73 72, www.lapetitelumiere.org

→ CH et GE Ultreia, CH : 4 ch., 40 à 55 €/1 à 2 p., pdj compris, ½ pension 54 à 83 €/1 à 2 p., TH 14 € ; GE : 14 pl. en dortoir, 14 €/p., pdj 5 €, ½ pension 32 €/p., accès Internet, coin cuisine, accueil équestre, ouvert tte l'année, 45 av. Pierre-Chabrié (sur GR), 05 63 05 15 06 ou 06 71 74 03 14, www.ultreiamoissac.com

→ CH Le Lodge de la Madeleine, 3 ch., 80 à 180 €/1 à 4 p., pdj compris, repas 29 €, 543 rte de Sèges, 05 63 04 24 43 ou 06 82 29 37 47, www.lelodgedelamadeleine.com

→ CH M. Dubois, 5 ch., 57 à 68 €/1 à 2 p., pdj compris, TH 24 €, 2827 rte de Détours – Cap Mattaly, 05 63 04 16 01, contact@cap-mattaly.com

→ Accueil spirituel communauté Marie Mère de l'Église, 7 pl., PO, coin cuisine,

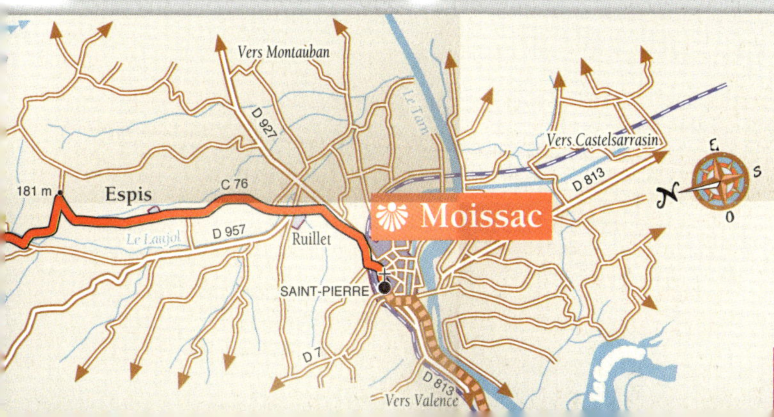

Moissac, l'abbatiale, détail

ouvert de Pâques à Toussaint, 20 bd. Camille-Delthil, réservation de 11h à 12h et de 15h à 17h45 au 05 63 32 28 87

➜ G et CH, 10 pl., tarif pèlerin C. de 26 à 39 €/1 à 2 p., pdj 5 € ; 2 CH de 39 à 56 €/1 à 2 p., pdj compris, coin cuisine, MLP, accès Internet, 40 rue Guilleran, Mme Provensal, 05 63 04 07 88, www.jeanyvesprovensal.free.fr/gitevacances

➜ C de l'Île de Bidounet, 100 empl., 12 à 16,60 €/2 p., 12 bungalows 40 €/5 p., 01/04 au 30/09, Saint-Benoît, 05 63 32 52 52, www.camping-moissac.com

00,0 Lauzerte. De la place, repartez par la rue du Marché sur 50 m avant de descendre la Grande rue à droite (à gauche vous pouvez visiter le jardin du Pèlerin et son point de vue). Poursuivez sur la rue de la Gendarmerie. Face au porche de la maison de retraite, descendez les escaliers à gauche. À la bifurcation sur ces escaliers, allez à droite, puis traversez la rue et descendez un passage en face. Sur la route, descendez quelques mètres à gauche, puis tournez à droite sur une allée goudronnée. Plus bas, poursuivez en face et contournez le cimetière par sa gauche.

00,6 Descendez la D 2 à droite, sur 60 m, avant de quitter le goudron pour descendre à gauche un sentier herbeux et en creux ensuite.

01,0 Carrefour de routes : prenez à gauche un tronçon de route marqué par un sens interdit. À son extrémité, allez à gauche par la D 953 sur une centaine de mètres.

01,3 Empruntez la D 81 à gauche en direction de Saint-Jean. Une centaine de mètres après le virage de Lamothe, prenez à droite la direction de Periès. À la bifurcation suivante, allez à droite. Vous passez tout droit sous une maison pour suivre un chemin de terre. Il passe près d'une mare, devient sentier et atteint la forêt où il se redresse.

03,0 Sur le haut, carrefour à trois branches : poursuivez à gauche en laissant en face la Combe de Joucla. 400 m plus loin, et juste après le Chartron et un magnifique pigeonnier, descendez à droite un chemin ombragé. Dans un de ses virages, laissez à droite l'accès à un bâtiment.

1h00 04,2 Église Saint-Sernin que vous laissez à gauche pour monter en face un chemin empierré. En haut, suivez la petite route à droite sur 230 m jusqu'à la bifurcation où vous prenez un chemin de terre à droite.

05,3 Ferme Parry où vous prenez à droite sur le goudron. Contournez la ferme et descendez (sud). 500 m plus loin, au carrefour le plus bas, continuez en face et passez le pont sur la Barguelonne.

06,4 Carrefour en T : continuez sur la D 57 à droite pendant 1,4 km.

07,8 Quittez-la après un pont et un arbre isolé pour un chemin herbeux à gauche. Plus haut, il longe un bosquet sur la gauche, vire vers la droite et laisse une maison à gauche (Biscot). Suivez le goudron d'une petite route à gauche.

08,9 Sur le point haut flanqué d'un gros poteau électrique, prenez à gauche et, après 140 m, tournez à droite sur un chemin qui devient sentier. Après une fontaine, l'itinéraire descend dans un chemin herbeux. Plus loin il fait un coude à droite, puis un autre à gauche.

09,6 Dans le coude d'une petite route, sous un noyer, prenez à gauche un

Moissac : le cloître

En visitant Moissac : sculptures de Toutain

chemin herbeux à l'horizontale, parallèle du ruisseau. 800 m plus loin, à la hauteur d'un grand chêne, tournez à droite et traversez le ruisseau de Bonnet. En face, remontez un chemin de terre entre deux clôtures. Plus haut, passez entre une vigne et un verger. Traversez une ferme et continuez sur le goudron.

11,0 Hôtel-restaurant Aube Nouvelle : continuez tout droit, puis prenez la première route à droite. En haut de la côte, et 40 m avant d'arriver à la D 2, prenez un chemin goudronné à gauche. À la bifurcation près des maisons, prenez à droite le long d'une haie de chênes. En bout de champ, descendez un chemin à droite, puis passez derrière une maison afin de longer la route à gauche. Vous rejoignez le rond-point à l'entrée de Durfort, prenez en face en direction de Montauban.

3h00 **12,3** **Durfort-Lacapelette.** Carrefour de la D 2 et D 16. Empruntez la D 16 en direction de Moissac. Après les containers à poubelles, laissez la variante à gauche. 900 m plus loin, laissez la direction Piquet à droite et Saint-Hubert à gauche.

13,5 Prenez à droite une petite route en direction du Fraysse sur plus de 1300 m. Tournez à gauche vers l'...

15,2 Église de Saint-Martin que vous laissez à droite pour continuer tout droit sur la route. Laissez les accès de chaque côté ; à la bifurcation descendez à gauche.

16,3 Vous suivez de nouveau la D 16 vers la droite et en marchant à gauche après le petit pont. Ne marchez pas en contrebas du talus : propriété privée. Prenez ensuite le premier chemin à gauche et, dans un virage, empruntez un sentier à droite qui longe plus ou moins le ruisseau. Passez le fossé et montez le talus pour prendre la petite route à droite. Avant de gagner la D 16 virez à gauche en contrebas de la route.

17,6 Au bout de la clôture, prenez la petite route à gauche (panneau : Voie sans issue) qui passe le ruisseau de Laujol. Dans le deuxième virage, allez à droite sur un chemin herbeux, à l'horizontale. Juste après un carrefour à l'entrée d'une prairie, prenez un sentier à gauche sous les arbres. En haut de la montée, empruntez un chemin empierré sur la droite (ouest).

19,1 Petite route (cote 181 m) à prendre à droite longuement. Après 200 m, vous traversez un bosquet, puis une maison ornée de pins parasol. La petite route se déroule en crête.

5h20 **21,2** **Espis.** Laissez l'église et son cimetière à droite (eau) et continuez sur la route.

21,7 Carrefour : prenez en face la C 76 (chemin de Merle). Un kilomètre plus loin, laissez la direction de l'hôtel des Crêtes de Pignols à gauche. Ensuite l'itinéraire descend assez fortement dans une zone résidentielle.

23,3 Carrefour en bas : utilisez le chemin de Ruillet en face, avec des serres à droite. Après le goudron, continuez sur l'herbe avant de franchir une passerelle en bois sur le ruisseau de Laujol.

23,6 D 957 : suivez la à gauche en dépassant rapidement le panneau d'entrée de Moissac. Après le rond-point (sculpture de pèlerins) continuez en face sur le chemin de Laujol qui est en fait l'avenue du Chasselas. 300 m après, laissez à droite la variante du GR qui passe par Malenguane. En revanche, 200 m plus loin, empruntez à droite le chemin des Vignes sur 700 m pour suivre ensuite à droite le boulevard du Faubourg-Sainte-Blanche.
Avant le pont ferroviaire, prenez à droite le chemin de Ricard, le long de la voie que vous traversez 300 m plus loin pour descendre la côte de Landerose.

25,8 Après le feu tricolore, reprenez le boulevard du Faubourg-Sainte-Blanche à droite. Au carrefour de la place Sainte-Blanche, continuez tout droit par la rue Général-Gras, puis au carrefour giratoire suivant prenez en face la rue Malavielle. Ne tenez pas compte des petites rues à droite comme à gauche. Après la halle du marché municipal, engagez vous dans la rue de la République. Tout droit, traversez la petite place Roger-Duthil.

Moissac : le porche de la cathédrale

6h40 26,3 Moissac. Porche de l'abbatiale Saint-Pierre.

Par Saint-Sernin chemin faisant Le cimetière Saint-Mathurin et sa chapelle.
Le pigeonnier du Chartron, en colombages, perché sur quatre piliers et restauré en habitation.
La chapelle Saint-Sernin, émouvante par sa simplicité et son état d'abandon.

Le Tarn prend sa source dans le Massif central au pied du mont Lozère.
Malgré son apparence calme, ses crues peuvent être redoutables, comme en 1930 : le pont du chemin de fer ayant cédé, Moissac fut inondée.

Le pont-canal, construit en 1853 et long de 183 km, permet le passage par-dessus le Tarn du canal latéral à la Garonne.

Moissac, qui naquit autour d'un monastère, fut ravagée en 732 par les musulmans puis par les Normands et les Huns. En 1047, l'abbaye fut rattachée à Cluny et bénéficia du pèlerinage.
En 1212, Moissac fut anéantie par le croisé Simon de Montfort. Navigations et moulins l'enrichirent au XVIIe s., tandis que la Révolution en fit une caserne livrée aux vandales. Le cloître échappa à la destruction au XIXe s .

Dans l'ensemble abbatial
Sous l'abbatiale Saint-Pierre, existence d'une église préromane (graffiti du IVe s.).
Le clocher-porche de 1120 abrite l'un des plus beaux portails romans.
La partie basse de la nef est romane, la partie haute du gothique méridional.
L'abside à cinq pans, les chapelles du XVe s., une pietà du XVe s., une Crucifixion du XVIIe s.
Les chapiteaux du cloître furent achevés en 1100 puis repris au XIIIe s. Ces 76 chapiteaux sont sculptés de thèmes différents.
Le portail compte plus de 150 images romanes.
Salles des moines, palais des abbés et tour s'échelonnent du XIIIe au XVe s.
Le Centre d'art roman Marcel-Durliat.
Le musée d'Arts et Traditions populaires Marguerite-Vidal.

L'église Saint-Sernin

→ Moissac → Auvillar → Saint-Antoine

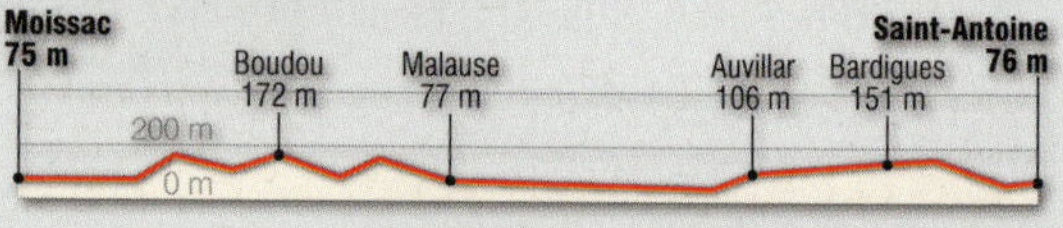

Cette étape est marquée du signe de l'eau. Autrefois, les jacquets traversaient le Tarn sur un bac ; maintenant il faut aller chercher les ponts de Pommevic pour franchir les deux canaux tandis que la Garonne n'est enjambée qu'après Espalais. Auvillar (et sa jolie halle ronde) vaut bien une étape, mais vous pousserez jusqu'au petit village de Saint-Antoine où il est agréable de dormir, loin du tumulte des grandes villes.

RENSEIGNEMENTS PRATIQUES

BOUDOU (82200)

→ 1 km après, sur GR : CH Pugnal, 5 ch. (15 pl.), nuitée de 44 à 70 €/1 à 2 p., repas 18 €, wifi, MLP, accueil équestre, ouvert de mars à nov., 09 63 01 40 21 ou 06 66 59 38 72, www.pugnal.com

MALAUSE (82200)

→ Alimentation, boulangerie, bar restaurant (fermés le lundi), poste

→ 2,5 km du village, 2,5 km du GR (sur la variante) : GE Le Grenier du Levant, 15 pl., nuitée 20 €/p., ½ pension 38 €/p., coin cuisine, MLP, ouvert tte l'année (sauf juil./août), lieu-dit Bouillan, Mme Granier, 05 63 29 07 14 ou 06 81 86 64 25, www.legrenierdulevant.com

AUVILLAR (82340)

→ OT, 13 place de la Halle, 05 63 39 89 82, www.auvillar.com

→ Commerces, services

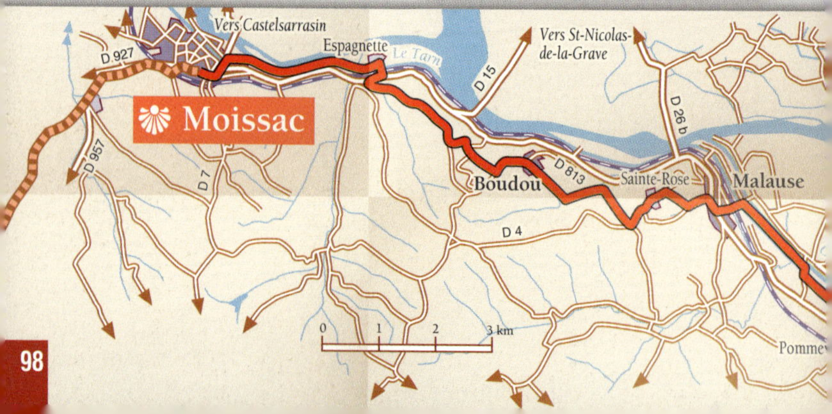

➔ HR L'Horloge, 10 ch., nuitée de 59 à 85 €/1 à 3 p., pdj 11 €, 2 pl. de l'Horloge, fermé du 16/12 au 07/01, 05 63 39 91 61, www.horlogeauvillar.monsite-orange.fr

➔ GE communal, 18 pl. en 6 ch. de 2 ou 4 p., CO, nuitée 14,50 €/p., coin cuisine, épicerie (fermé le lundi), ML, du 15/03 au 15/10, se présenter à l'OT, 05 63 39 89 82

➔ GE, CH, R Le Baladin ; G 13 pl. en ch. de 2 à 4 p., 14 à 16 €, serviette et draps 6 €, pdj 6 €, repas 6 à 18 € ; 4 CH, 40 à 50 €/2 p., pdj compris, ½ pens. 35 à 55 €/p., snack à toute heure, fermés du 01/12 au 01/03, 5 pl. de la Halle, 05 63 39 73 61, www.chemindecompostelle.com/lebaladin

➔ CH Mon Village et Vous, 3 ch., nuitée de 55 à 80 €/1 à 2 p., pdj compris, dispo moyenne et basse saisons, 9 rue Marchet, 06 64 62 07 52 ou 05 63 39 01 20, www.monvillageetvous.com

➔ CH, 2 ch., nuitée de 30 à 40 €/1 à 2 p., pdj compris, rue Saint-Pierre, 05 63 39 66 10 ou 06 33 25 69 78, www.josianne-falc.com

➔ CH, 1 ch. (5 pl.), nuitée de 32,50 à 43 €/1 à 2 p., 26,50 € si p. séparée, pdj compris, 11 rue Saint-Pierre, 05 63 29 07 43, www.auvillar.fr/dassonville

➔ CH Le Farrat, 1 ch., nuitée 95 €/2 p., pdj compris, lieu-dit Le Farrat, 05 81 11 51 26, info@lefarrat.com

➔ 500 m hors GR : CH et G, 3 ch., nuitée de 40 à 75 €/1 à 3 p., pdj compris, tarif groupe (min. 7 p.) nuitée 25 €/p. ; G : 4 pl., nuitée 15 €/p., coin cuisine, ML, accès Internet, accueil équestre, Cap du Pech, M. Sarraut, 05 63 39 62 45 ou 06 08 35 18 02, www.chambresdhotes-sarraut.com

➔ 3 km hors GR : G Le Moulenq, 6 pl, CO, nuitée 20 €/p., pdj compris, repas 15 €, coin cuisine, MLP, accès Internet, acheminement, accueil équestre, réservation, M. Laurens, 05 63 39 62 32 ou 06 66 24 62 30, www.moulenq.fr

SAINT-ANTOINE (32340)

➔ Restaurant, épicerie

➔ Ch. chez l'habitant, GE et CH Oustal de Saint-Antoine, GE : 1 dortoir (9 pl.) + 2 ch. de 5, nuitée 12 €/p., en ch. de 4, nuitée 14 €/p., en ch. de 2, nuitée 16 €/p., + 4 € draps, pdj 5 €, repas 13 € au restaurant ; CH : 3 ch., nuitée 50 €/2 p., pdj compris ; coin cuisine, MLP, réservation, M. Dupont, 05 62 28 64 27, loustaldupont.e-monsite.com

➔ 1,5 km après le village, sur GR : CH La Ferme de Villeneuve, 5 ch. (13 pl.), nuitée de 59 à 69 €/1 à 2 p., pdj compris, ½ pension 45 €/p., TH 19 €, MLP, wifi, accueil équestre, poss. acheminement depuis Saint-Antoine, ouvert du 01/04 au 01/10, 05 62 28 21 75 ou 06 10 33 67 99, www.la-ferme-de-villeneuve.fr

A – Moissac – Auvillar

00,0 Moissac. Dos au porche de l'abbatiale, partez à droite rue Marcassus, puis à gauche pour suivre les allées Marengo qui effectuent une courbe vers

Maison à Bardigues

la droite tout en longeant le boulevard de Brienne. Au carrefour, traversez et prenez à gauche le boulevard Lakanal. Vous passez devant l'ancien collège des Doctrinaires, devenu centre des impôts… Juste avant le pont sur le canal, suivez à droite le quai Antoine-Hébrard sur 400 m.

00,8 Traversez maintenant le pont sur le canal, puis continuez à droite sur le chemin de halage sur l'autre rive. Au niveau de l'écluse d'Espagnette*, traversez le pont à droite.

03,4 N 113 : suivez-la à droite sur 300 m et empruntez à gauche la direction de Boudou. Remontez cette route sur 600 m.

04,3 Quittez la route pour un chemin herbeux à gauche. Rapidement il fait un coude à droite et passe plus haut entre un verger et des noisetiers où il exécute un autre coude vers la droite. Avant une maison, descendez à gauche, puis de suite à droite. À la fin des noisetiers, montez sur le chemin herbeux au-dessus. Au bout du champ, allez à gauche, puis en face. Allez tout droit sur l'allée goudronnée où vous laissez les accès à des résidences, à droite comme à gauche.

05,2 Empruntez à gauche la petite route de Boudou sur 700 m. Après une ferme, quittez le goudron pour aller à gauche et descendez un chemin herbeux qui en bas traverse une zone de broussailles.

06,4 Bitume : allez à gauche sur une centaine de mètres et prenez à droite un chemin empierré (100 m). Après un ruisseau, et à la hauteur d'une boite aux lettres, empruntez à gauche un large sentier herbeux assez raide.
Sur le haut, longez un verger ; au niveau d'un poteau électrique, faites un écart sur la droite pour suivre le chemin vers la gauche tout en longeant deux maisons neuves. Sur la route, allez à gauche (chambres d'hôtes 300 m à droite).

1h50 **07,6 Boudou.** Sur la place avec des platanes, tournez à droite vers l'église. Un peu avant celle-ci, descendez à droite. Dessous, dans le virage, abandonnez le goudron pour aller tout droit dans un chemin herbeux. Il descend le long d'un verger, puis passe à gauche de la haie. Traversez un petit ruisseau et continuez à gauche et à plat sur le chemin de terre. À la bifurcation en Y, poursuivez en face.

09,3 À un carrefour non loin de la route, allez toujours en face. Au nouveau carrefour près de la route, tournez à droite pour suivre une large piste de terre. Près d'une maison (Bourdailles), suivez à gauche la D 4 en laissant la direction de Couty à droite.

10,7 Après une grande courbe, prenez à gauche (cote 171 m) la petite route vers Sainte-Rose (sens interdit). Laissez bien à gauche l'église et empruntez un chemin herbeux à droite (Vue sur la centrale de Golfech). Près d'une ancienne ferme, empruntez le goudron à droite. Au carrefour suivant, montez à droite et ensuite descendez la D 4 à gauche (en bas : toilettes et eau).

3h10 **12,4 Malause.** Rond-point : prenez à gauche la rue de la Mairie vers la gare (laissez la direction de Pommevic à droite). Deux minutes plus tard, allez à droite rue Riquet ; 50 m plus loin descendez à gauche. Traversez la voie ferrée ; après le pont sur le canal de Golfech, suivez à droite le chemin de halage (retrouvez la variante qui vient de l'écluse d'Espagnette à gauche).

1650 m plus loin, traversez sur un pont pour continuer sur l'autre rive et passez ainsi l'écluse n° 28.

16,5 Pommevic. Après le pont en béton, montez le chemin à droite afin d'atteindre la route au-dessus que vous suivez à gauche. Vous traversez ainsi le pont sur le canal latéral et celui du canal de Golfech. Au carrefour, prenez la direction d'Espalais en ignorant les embranchements à droite et à gauche.

20,1 Espalais. Traversez le village (59 m) par l'avenue Montplaisir et la rue du Barry. Après l'église, tournez à droite en laissant à droite le monument aux morts. Au rond-point, tournez à gauche sur la D 11 pour traverser plus loin le pont suspendu sur la Garonne.

20,6 Après le pont suspendu, virez à gauche dans une rue en direction de la chapelle Sainte-Catherine (en restauration en nov. 2009). La rue fait un coude à droite et monte fortement. Au-dessus du lavoir, montez à gauche une rampe qui aboutit dans une rue pavée. Passez à gauche de la halle ronde pour continuer sur la rue de l'Horloge.

5h20 **21,3 Auvillar.** Porte de l'Horloge.

** Au niveau de l'écluse d'Espagnette, vous pouvez continuer en face le long du canal pendant 7,3 km. Vous rejoindrez le GR 65 à la hauteur du pont de Malause, au km 12,4. C'est un raccourci de 2,3 km qui est aussi conseillé à VTT.*

B – Auvillar – Sainte-Antoine

00,0 Auvillar. De l'horloge, montez en face la rue de la Sauvetat en direction de Bardigues. En haut, poursuivez tout droit sur la route. Un peu avant le panneau de sortie de la ville, empruntez à gauche une allée goudronnée en direction de Haute-Peyrères. À la fin du goudron, descendez le chemin herbeux en face. Il s'enfonce plus bas entre deux haies de broussailles, puis fait un coude à gauche.

La halle ronde d'Auvillar

01,5 D 11 : suivez-la à gauche. Elle passe sur le ruisseau et sous l'autoroute.

1h00 **03,9** Carrefour de **Bardigues.** Laissez le village à gauche et continuez par la D 11 sur 350 m en laissant une route à gauche et l'entrée du château à droite (alt. 160 m). Prenez ainsi la petite route à droite direction de la Gravière. Laissez-y plusieurs fermes et une station de pompage à droite.

05,8 Au carrefour, laissez à gauche l'embranchement pour Berdoulet et descendez un chemin en face, sous les arbres. Laissez à droite une ancienne carrière et poursuivez tout droit. Plus bas, vous marchez entre un champ et un bosquet. Ensuite continuez en face sur le goudron et passez à gauche d'une ferme. 400 m après, traversez la D 88 légèrement à gauche pour suivre une petite route en direction de Saint-Antoine (panneau). Vous faites un coude à droite devant la ferme (moulin).

07,1 Suivez la D 953 à gauche. Au carrefour suivant, 500 m plus loin, laissez la direction de Saint-Cirice et une petite route à droite pour continuer vers Lectoure, et toujours sur la D 953. Contrebas du talus aménagé pour éviter de marcher en bordure de la route.

2h10 **08,3 Saint-Antoine.** Allez à gauche pour passer sous le porche. Dans cette rue, vous passez devant l'église et atteignez la mairie. Le gîte se trouve un peu plus loin à droite.

Le canal latéral à la Garonne

L'église Saint-Martin (sortie ouest de Moissac) garde des traces du bâtiment gallo-romain précédent (VIe s.). Dans la chapelle ajoutée au XVe s., les fresques représentent les scènes classiques de l'Évangile. Dans celle de la Cène, l'apôtre au grand chapeau semble être un saint Jacques le Majeur déjà pèlerin ! L'église est fermée au public. On peut voir les fresques dans la chapelle adjacente à la salle capitulaire du cloître.

Par la Pointe chemin faisant
La promenade Saint-Martin est l'ancien chemin de halage du canal latéral. Elle aboutit aux pont et écluse de l'Espagnette puis à la Pointe du confluent du Tarn et de la Garonne où se trouvait, depuis le XIIe s., un hôpital pour les pauvres.
Entre Espalais et le port d'Auvilar, un pont suspendu franchit la Garonne : vieilles maisons et Sainte-Catherine-du-Port, la chapelle des mariniers du XIVe s.

Auvillar, perché sur une terrasse au-dessus de la Garonne, bénéficie d'un site exceptionnel.

À travers le bourg
Vieilles maisons du XVe au XVIIIe s., dont celles des Consuls et de la chapelle désaffectée des Carmes ; la place à couverts où trône une halle circulaire sur colonnes ; la tour de l'Horloge ; l'église Saint-Pierre, longue de 43 m, conserve une partie romane et une voûte gothique. On peut visiter son Trésor et le musée du Vieil-Auvillar.

La Lomagne s'étend du sud de Moissac jusqu'à Lectoure. Située à cheval entre Tarn-et-Garonne et Gers, cette région naturelle correspond à l'ancien évêché de Lectoure.

Saint-Antoine tient son nom des religieux antonins qui s'y installèrent en 1204 et y vécurent jusqu'en 1777. Le pont barrage a perdu une travée. L'église porte le T des antonins sur ses clefs de voûte et possède un reliquaire de saint Antoine.

Saint-Antoine, rendez-vous des pigeons

→ Saint-Antoine → Lectoure

RENSEIGNEMENTS PRATIQUES

MIRADOUX (32340)

→ SI, mairie, 05 62 28 63 08, www.miradoux.org, www.lomagne-gersoise.com ou www.tourisme-miradoux.net

→ Épicerie, boulangerie, bar-restaurant, petits services

→ 1,5 km avant Miradoux : GE et camping à la ferme, 10 pl., nuitée 14 €/p, tente (6 empl.) 5,20 €/p., coin cuisine, ouvert de Pâques à Toussaint, M. Laville, 05 62 28 64 65, p.laville@cerfrance.fr

→ CH La Cordalie, 2 ch., nuitée de 40 à 100 €/1 à 4 p., pdj 5 €, repas sur réservation 16 €., coin cuisine, accès Internet, MLP, ouvert d'avril à fin oct., 3 pl. de la Mairie, 05 62 28 84 35 ou 06 75 57 49 29, lacordalie.free.fr

→ CH Le Bonheur, 4 ch. (12 pl.), nuitée de 50 à 110 €/1 à 4 p., pdj compris, repas 20 €, MLP, accueil équestre, wifi gratuit, ouvert du 01/04 au 01/11, 16 Grand'rue, Mme Thissen, 05 62 28 69 19, www.lebonheurmiradoux.com

→ HR et GE L'Étape, H : 4 ch., ½ pension 37 €/p. ; GE : 2 G (4 pl.), ½ pension 46 €/p., 6 rte de Lectoure, 05 62 28 61 43

→ GE Halte Verte, accueil pèlerin, 8 pl., PO, repas avec la famille, ML, accueil équestre, pas de résa, 17 rte de Valence, sur le GR, Mme Fardo, 05 62 28 66 57

CASTET-ARROUY (32340)

→ Restaurant

→ GE communal, 3 ch. (12 pl.), nuitée 16 €/p., pdj compris, coin cuisine, MLP, épicerie dépannage, accueil équestre, tente 3 €/p., pdj 3 €, ouvert d'avril à oct. (hors saison sur résa), M. Sala 05 62 28 73 97 ou 06 22 18 42 76 ou 05 62 29 28 43, www.gite-castet-arrouy.fr

→ CH, 3 ch., nuitée de 25 à 45 €/1 à 2 p., pdj compris, ML, accueil équestre, wifi, centre du village près église, M. Sala, www.chemindecompostelle.com/sala

AVANT LECTOURE À 6 KM, 200 m du GR

→ GE et CH Barrachin, GE : 5 pl., nuitée 6 €/p., coin cuisine ; CH : 1 ch., nuitée de 30 à 45 €/1 à 2 p. ; poss. camping : 8 empl., nuitée 5 à 7 €/1 à 2 p. ; pdj 5 €, repas 12 €, ML, ouvert du 01/04 au 30/09, 05 62 68 84 57 (HR), www.chemindecompostelle.com/barrachin

→ Avant Lectoure, à 4 km, sur GR : CH, 3 ch. (6 pl.), nuitée 32 €/p., pdj compris, ½ pension 46 €/p., coin cuisine, MLP, acheminement possible, Tarissan, réservation, Mme Sellin, 06 78 38 60 60

Aujourd'hui, c'est la première étape gersoise. La marche égrène petit à petit de charmants villages comme Flamarens et Castet-Arrouy ou encore, à mi-chemin, Miradoux, une des plus anciennes bastides du département. La vue de Lectoure depuis les hauteurs de Tarissan était rassurante pour le pèlerin qui, autrefois, parcourait de très longues étapes sur des chemins incertains.

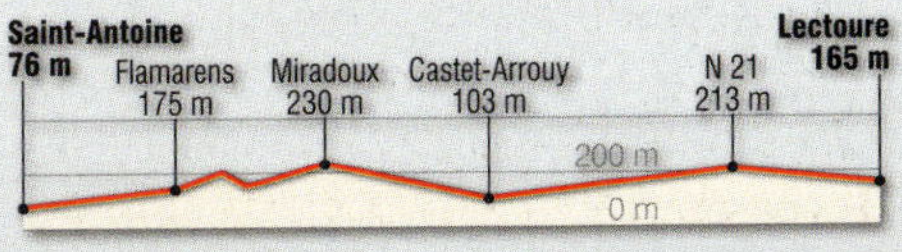

Pigeonnier près de Saint-Avit

LECTOURE (32700)

- OT, pl. Général-de-Gaulle, 05 62 68 76 98, www.lectoure.fr
- Tous commerces, services
- HR de Bastard, 28 ch., nuitée de 50 à 85 €/ch., rue Lagrange, 05 62 68 82 44, www.hotel-de-bastard.com
- GE L'Étoile Occitane, 2 dortoirs (14 pl.), nuitée 19 €/p., pdj compris, coin cuisine, MLP, accès Internet, ouvert d'avril à mi-oct., 140 rue Nationale, Mme Fournier, 05 62 68 82 93 ou 06 74 45 11 17, www.gite-etoileoccitane.blogspot.com
- GE et CH La Halte Pèlerine, GE : 10 pl., nuitée 15 €/p. ; CH : 3 ch., nuitée de 35 à 55 €/1 à 3 p., pdj 5 €, coin cuisine, MLP, accès Internet et wifi, 28 rue Sainte-Claire, Véronique, 05 62 28 50 35 ou 06 88 90 55 74, www.halte-pelerine.com
- CH Le Clos, 5 ch. (15 pl.), nuitée de 44 à 56 €/1 à 2 p., pdj compris, TH 16 €, panier repas 7 €, MLP, réservation de nov. à mars, 87 rue Nationale, 05 62 68 49 58 ou 06 32 02 81 64, chambresdhotesleclos.jimbo.com

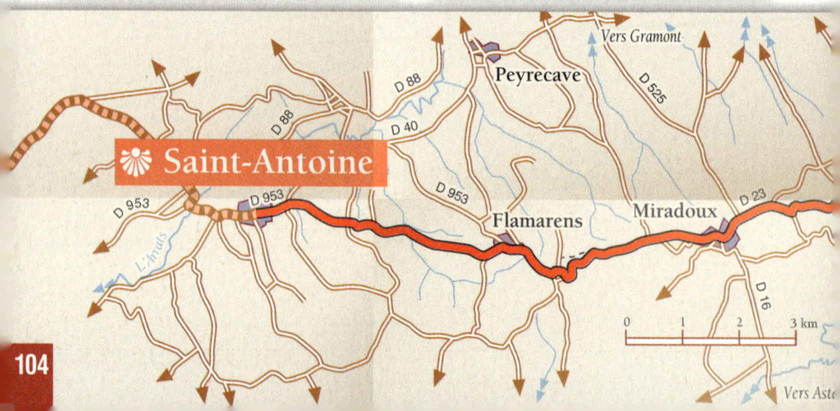

00,0 Saint-Antoine. Depuis la mairie (ou le gîte d'étape), empruntez la D 953 vers le nord-ouest. Plus loin, laissez un chemin sur la droite. Dans un virage, au carrefour à trois branches, prenez la route du milieu. 700 m après, poursuivez ; encore 500 m : allez à droite.

02,3 Empruntez un chemin herbeux flanqué d'un panneau d'interdiction à tous véhicules. Il descend entre deux haies et, en bas, traverse un petit ruisseau et remonte en face. À la hauteur d'une ferme (Cluset), continuez tout droit sur le goudron en laissant des accès aux maisons sur la droite.

1h10 04,6 Flamarens. Au stop, allez tout d'abord à droite, puis rapidement à gauche. Vous passez devant l'ancienne église et le château. Descendez la rue en sens interdit et rejoignez ainsi la rue principale (D 953) que vous suivez à gauche. Laissez un chemin empierré sur votre droite.

05,2 Carrefour : prenez à gauche (sud) la direction de Gauran sur une petite route. Avant cette ferme, quittez le goudron pour un sentier à droite. Il descend le long d'une haie, puis vire à droite afin de suivre en parallèle la D 953 vers la gauche. Après un bon kilomètre, croisez la direction de Peyrecave (alt. 161 m) pour continuer tout droit.

07,9 Quittez le bord de la D 953 pour un bout de sentier à gauche, le long d'un bosquet de pins et d'un verger de noyers. Le Point du Jour (quartier de Miradoux) : au lampadaire, allez à gauche (goudron) sur 350 m environ. Retrouvez la D 953 que vous suivez à gauche.

2h10 08,8 Miradoux. Au stop, continuez à gauche sur la D 953 en laissant le centre-ville (à visiter). Passez à gauche de l'église et faites une grande courbe vers la gauche. Plus loin, laissez à gauche la D 525 et la direction de Lavit. Ignorez la direction Caouze à gauche, et Bel Air à droite.

10,0 Carrefour. Prenez la D 23 en face vers Lectoure (sur le bas-côté à gauche). 400 m plus bas, tournez à gauche sur un chemin goudronné vers Tucoula. Après 50 m, quittez le bitume pour un chemin herbeux en face. À la hauteur d'un chêne, virez à droite et longez une haie de jeunes arbres. Plus haut, à la rencontre de trois arbres, tournez légèrement sur la gauche et suivez une haie.
Plus loin, bien à gauche d'une ferme (vue sur les ruines d'un château), descendez tout droit, toujours sur un chemin herbeux entre les champs. Plus bas, à la rencontre de deux chênes, poursuivez à droite et en bout du chemin utilisez en face une petite route.

12,8 Carrefour avec la D 23 que vous suivez à gauche. Après le pont, descendez à gauche pour suivre le sentier aménagé en contrebas de la route (un petit pont en béton un peu plus loin).

Lectoure : la cathédrale Saint-Gervais

500 m plus loin, prenez à gauche une petite rue, 50 m après, elle tourne à droite à 90°. Allez ensuite tout droit dans le village.

3h20 13,6 Castet-Arrouy. Église. Le GR 65 rejoint la D 23 à la sortie, que vous suivez à gauche, d'abord sur le bord gauche (passage aménagé). Ignorez la direction de Plieux à gauche. Un peu plus loin, traversez la D 23 pour suivre la rive droite aménagée. Vous entrez un moment dans le bois avant d'en ressortir pour de nouveau longer la route. Après le carrefour suivant, vous marchez longuement côté gauche.

16,1 Une centaine de mètres après la direction de Bidon, traversez la D 23 pour emprunter à droite un chemin herbeux le long d'une haie. Après le bosquet, le GR passe entre deux champs. Plus loin, passez un ruisseau, puis contournez un champ par la gauche. Dans l'angle, laissez à gauche le chemin de randonnée PR 4 vers Barachin. Passez ensuite à droite d'un petit étang.

17,8 Traversez un petit ruisseau et longez-le sur l'autre rive. Plus tard, suivez un chemin en creux. Vous passez maintenant à gauche d'un étang et poursuivez sur un chemin de terre.

18,6 Au coude d'un chemin (de Boué) : continuez en face sur un chemin mi-goudronné mi-pierreux que vous abandonnez après 90 m pour aller à droite sur un chemin de terre. Il passe sous un étang (non visible) et se rétrécit en entrant dans la forêt.
Plus loin, à la sortie et après un champ, le GR aboutit sur un chemin. Laissez à droite l'accès de Pitrac (belle demeure restaurée à droite) pour remonter ce chemin à gauche. Sur le haut vous doublez une autre ferme.

5h10 20,5 N 21, à la hauteur de deux cèdres : empruntez la nationale à gauche sur une centaine de mètres pour prendre un chemin goudronné à droite (cote 213 m). Vous passez derrière Tarissan et poursuivez sur un chemin herbeux d'abord à plat, puis en descente. Dépassez deux ruines.

21,6 Empruntez une petite route à droite sur 600 m qui traverse le Petit Vaucluse. Au carrefour, juste avant une ferme et après un poteau électrique, tournez à gauche sur un chemin empierré. À la bifurcation, prenez à gauche le chemin herbeux qui va longer un champ plus bas. Plus tard, suivez une allée empierrée en face sur une centaine de mètres.

23,2 Vous rejoignez une petite route que vous descendez à gauche. En remontant, laissez un embranchement à droite pour continuer en face. La montée se fait raide et vous dépassez le cimetière.

24,3 Carrefour giratoire après une grande croix rouge : prenez à droite vers la tour du Bourreau que vous laissez à droite pour une rue à gauche. Ensuite, prenez à droite la rue Corhaut, puis virez à gauche rue Saint-Gervais (gîte d'étape à gauche en montant). Traversez la rue Nationale.

6h15 24,8 Lectoure. Porche de la cathédrale et O. T.

Le château de Flamarens

Le château de Flamarens, bâti en 1469, s'apparente à une gentilhommière gasconne. Depuis 1976, il est en cours de restauration. À côté, l'église est elle aussi menacée.

Miradoux, fondée en 1253, est la plus ancienne des bastides gersoises. L'hôpital Sainte-Marie-Madeleine était tenu par les chevaliers de Saint-Jean-de-Jérusalem ; le lieu-dit le Temple atteste le souvenir des Templiers ; l'église à nef unique et portail Renaissance abrite une relique de saint Orens.

Saint-Avit-Frandat est un village perché. Église du XIXe s. Château de la Cassagne (fin du XVIe s.).

Lectoure était la capitale des Lactorates. Puis Lactora devint l'une des douze *civitas* de la Novempopulanie. Plus tard, elle sera capitale de la Lomagne puis ville aux deux seigneurs, l'évêque et le comte d'Armagnac. En 1473, elle subit un terrible siège infligé par les troupes royales. En 1562, Lectoure, protestante, fut prise et ravagée. Elle sera républicaine à la Révolution.

À travers la ville

L'hôpital-léproserie du Pont-de-Pile.
Les quatre hôpitaux Sainte-Catherine, Saint-Jean-Baptiste, Saint-Jacques & Saint-Antoine et Saint-Esprit.
Le corps de saint Gény, conservé au couvent bénédictin.
La cathédrale Saint-Gervais occupe l'emplacement d'un temple gallo-romain : on a découvert sous le chœur un autel où l'on sacrifiait les taureaux.
L'hôtel de ville (fin du XVIIe s.) fut palais des évêques jusqu'à la Révolution puis demeure du maréchal de Lanne et sous-préfecture (salle des Illustres, pharmacie d'antan reconstituée, musée avec autels tauroboliques).
Le jardin des Marronniers ; le portail des Cordeliers ; une église des Carmes du XVIIe s. ; la tour XIIIe s. de la rue principale ; l'hospice du XVIIIe s. ; la fontaine de Diane ; la tour du Bourreau (XIVe s.).

Avant Lectoure, des cultures
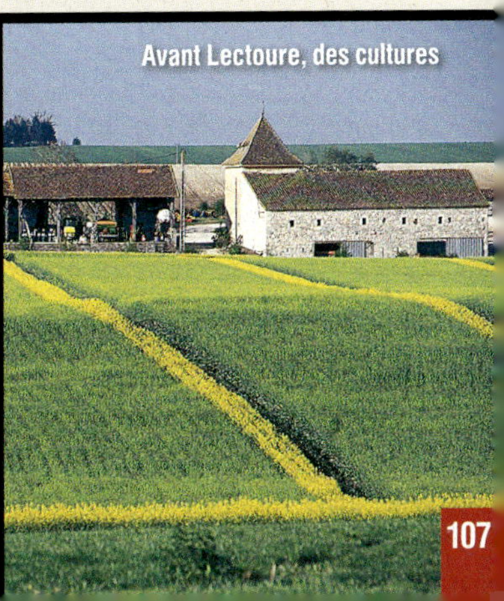

Lectoure → Condom

À travers la Lomagne, le GR 65 vous dirige vers la prestigieuse localité de La Romieu, d'où un étonnant ensemble collégial s'élève très haut au-dessus des champs. La visite de ce site classé au Patrimoine mondial de l'Unesco allonge de cinq kilomètres une étape déjà longue, mais il est possible d'y passer la nuit. Sinon vous irez directement à Condom par la jolie vallée de l'Auvignon.

RENSEIGNEMENTS PRATIQUES

MARSOLAN (32700)

- GE et CH L'Enclos du Tabus, G : 14 pl. en ch. partagée, prix pèlerin nuitée 15 €/p., pdj 4 €, repas 15 €, coin cuisine, MLP ; CH : ½ pension de 43 à 60 €/p., ouvert du 01/04 au 31/10 sauf juil./août, Mme Musset, 05 62 68 79 40, www.chemindecompostelle.com/enclosdutabus
- 1 km après, 400 m du GR : CH La Colline de Mieucas, 4 ch. (12 pl.), nuitée de 65 à 75 €/1 à 2 p., ½ pension 40 €/p. en ch. partagée (hors week-end, jours fériés et juil./août), TH sur résa 20 €, coin cuisine, wifi, MLP, Mieucas, 05 62 68 90 53, www.mieucas.fr ou www.chambresdhotes-mieucas.fr

LA ROMIEU (32480)

- OT, rue du Docteur-Lucante, 05 62 28 86 33, www.la-romieu.com

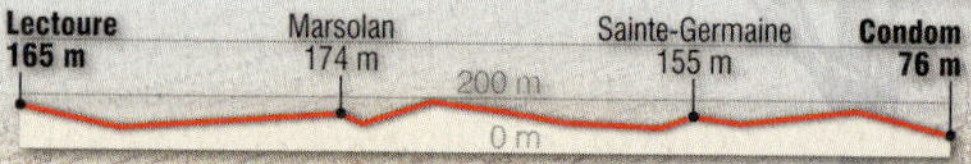

Vers La Romieu, d'un champ à l'autre

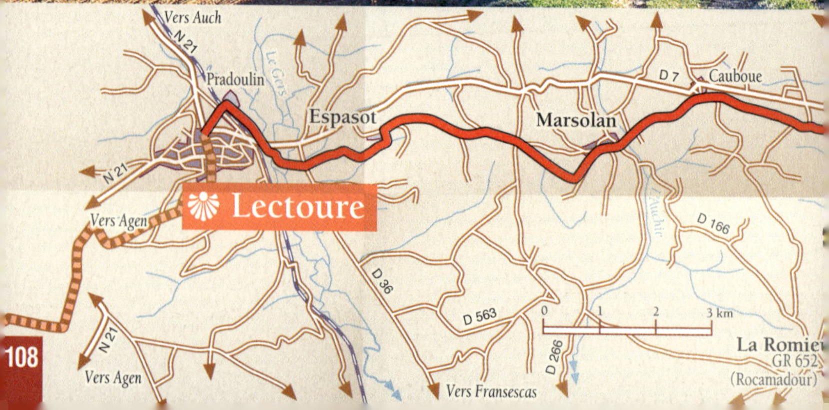

- Tous commerces, services, sauf banque
- 1 km avant La Romieu : GE de Beausoleil, 13 ch. (35 pl.), nuitée 16 €/p., pdj 4 € sur réservation, coin cuisine, accueil équestre, en hiver pour groupe, Moncade, M. Coupey, 05 62 28 84 61 ou 06 71 58 50 21, www.gitedebeausoleil.fr
- GE privé Le Couvent de La Romieu, 37 pl., nuitée dortoir 20 €/p., pdj compris ; nuitée en ch. de 30 à 44 €/1 à 2 p., pdj compris, coin cuisine, panier repas, ouvert de mi-mars à Toussaint (pour groupe hors saison), à partir de 14h, rue Réglat, 05 62 28 73 59 ou 06 88 47 36 17, www.lecouventdelaromieu.fr
- CH et R L'Étape d'Angéline, 5 ch., nuitée de 43 à 78 €/1 à 3 p., pdj compris, menu à partir de 15,50 €, fermé vacances fév., hors saison sur résa, place Bouet, M. Mme Martin, 05 62 28 10 29, www.etapeangeline.free.fr
- CH Galerie Vabene, 2 ch., nuitée de 55 à 75 €/1 à 2 p., pdj compris, ouvert d'avril à oct., 1 pl. Étienne-Bouet, 05 62 68 25 91
- 06 82 13 25 17, www.chambresdhotesvabene.com
- CH L'Ancien Presbytère, 4 ch., nuitée de 46 à 96 €/1 à 3 p., pdj compris, 2 rue du Docteur-Lucante, 05 62 28 60 67, www.lepresbyteredelaromieu.fr
- 500 m hors GR : Camping de Florence, 183 empl., tente 5 à 8 €/p. (selon saison), 30 ch. en chalets ou mobil home (hors saison), nuitée 66 €/2 p., pdj compris, pdj 6 €, repas 18 €, panier repas 12 €, MLP, accueil équestre sur demande, ouvert du 01/04 au 10/10, Mme Mijinsbergen, 05 62 28 15 58, www.lecampdeflorence.com
- 1,2 km hors GR : GE Domaine de Pellecahus, 10 pl., nuitée de 45 à 78 €/1 à 3 p., pdj compris, coin cuisine, MLP, accès Internet, poss. véhicule pour village (restaurant), acheminement, Mme Ligarde, 05 62 28 03 89, www.pellecahus.com
- 5 km après La Romieu, sur GR (Castelnau-sur-l'Auvignon 32100) : CH et GE Les Arroucasses, CH : 3 ch., ½ pension de 84 €/2 p. ; GE : 15 pl. en ch. de 3-4 pl., ½ pension 34 €/p. ;panier repas sur résa, MLP, poss. acheminement, ouvert d'avril à oct., 05 62 68 12 24, www.chemindecompostelle.com/lesarroucasses

CONDOM (32100)

- OT, 50 bd. de la Libération, 05 62 28 00 80, www.tourisme-tenareze.com, www.condom.org
- Tous commerces, services, hôtels et nombreuses CH
- GE L'Étrier Condomois, 2 G de 35 pl., CO, ½ pension de 30 à 35 €/p. (selon ch.), panier repas 8 €, MLP, accueil équestre 8/10 €, Le Haou, M. Defrancès, 05 62 28 09 41, www.etrier-condomois.com
- Camping municipal de l'Argenté, 68 empl., tente 7,38 €/p., MLP, accueil jusqu'à 19h, ouvert du 01/04 au 30/09, 05 62 28 17 32, camping.municipal@condom.org
- Gîte de l'Ancien Carmel, 20 ch. et dortoir 12 places, nuitée en ch. 25 €/p., pdj compris, ½ pension 35 €/p., nuitée

en dortoir 15 €/p., pdj compris, ½ pension 25 €/p., panier repas su résa, accueil ânes et chevaux, point Internet, ouvert tte l'année, 35 av. Victor-Hugo, 05 62 29 41 56 ou 06 22 74 90 27, www.lanciencarmel.com/

➜ GE Le Champ d'Étoiles, 10 pl. en 2 dortoirs 12,50 €/p., + 2 ch. 14,50 €/2 p., tente 5 €, pdj 4 €, coin cuisine, MLP, 18 av. Joffre (entrée de ville, sur GR), 05 62 68 08 62 ou 06 89 05 69 60

➜ Sortie du village en bord de rivière, 200 m du GR : GE de Gabarre, 40 pl., 14 €/p., pdj 5,50 €, repas (gestion libre) 14,50 €, réservation (digicode), de Pâques à Toussaint, 42 bis av. des Mousquetaires, M. Lanxade, 06 86 41 58 39, www.gitedegabarre-condom.com

➜ 1,5 km hors GR : Camping à la ferme Laillon, 10 empl., tente 6,50 à 9,50 €/1 à 2 p. ; 12 pl. en dortoir, nuitée 11 €/p. ; location caravane nuitée 15 €/p. et mobil home 20 €/p., pdj 4,50 €, repas 12 €, coin cuisine, MLP, accueil équestre, ouvert du 21/03 au 21/12 (hors saison sur résa), Laillon, M. Danto, 05 62 28 19 71 & 06 07 69 14 19, www.calaf32.free.fr/laillon

00,0 Lectoure. Dos à la porte de la cathédrale, traversez la petite place Charles-de-Gaulle pour descendre la rue Fontelie à gauche. Elle exécute un coude vers la gauche à la hauteur de la rue des Capucins. Sur la petite place Cesiraie, descendez les escaliers à gauche (fontaine) que vous prolongez par la rue Claude-Ydron, à gauche. À la bifurcation, descendez à droite le chemin Ydron.

Au stop, tournez à gauche sur la N 21 (avenue Ville-Saint-Louis) sur 80 m. Carrefour avec la D 7 que vous laissez à droite pour descendre en suivant une petite route à droite. Après un vaste bâtiment, suivez à droite la D 36 sur 150 m environ pour prendre à gauche avant de grands silos. De suite après la voie ferrée, tournez à droite. Au carrefour suivant, laissez la direction de Pradoulin à gauche pour continuer tout droit.

01,9 Retrouvez la D 7 que vous suivez à gauche pour franchir le pont sur le Gers (cote 83 m). Avant l'autre pont, quittez la route pour un chemin herbeux à droite. Assez vite, il fait un coude à gauche suivi d'une courbe. À la bifurcation, poursuivez à gauche.

03,0 Traversez la D 36 et utilisez une petite route en face. 600 m plus loin, après la maison Pagnoulet, laissez un embranchement à droite.

04,0 Traversez la ferme Hausset et poursuivez sur un chemin herbeux qui descend et passe près d'un étang. Plus haut, changez de rive.

04,6 Chemin blanc à prendre à gauche en montée sur plus de 200 m. Suivez ensuite la petite route à droite et passez le hameau d'Espasot. Sur cette route de crête, laissez tous les embranchements à droite comme à gauche.

06,3 Laissez à droite une voie sans issue.

07,3 Croisement de routes : continuez en face sur Marsolan et, 140 m plus loin, prenez un chemin herbeux à la hauteur d'une croix en pierre (croix de la Justice). Au carrefour en bout de haie, allez à gauche et passez devant une croix. Plus loin, vous croisez un chemin empierré pour continuer en face.

08,7 Carrefour en T avec une petite route que vous empruntez à gauche. Passez devant le cimetière (cote 174 m).

2h20 09,3 Marsolan. Passez à droite de l'église (eau potable) pour descendre une rue en laissant le bourg sur la gauche. Au carrefour, continuez en face sur un bout de route en sens interdit, puis, toujours tout droit, traversez la D 166 pour une route en face qui passe un pont sur l'Auchie. Au carrefour suivant, prenez tout droit en direction de Mounet-Sarté sur 130 m.

10,0 Dans le virage, prenez un chemin herbeux en face qui rejoint le bord d'un grand fossé. Ensuite, montez le talus d'un étang et au-dessus suivez un chemin en creux qui fait un coude vers la gauche.
À droite d'une ferme (Cauboue), dans le coude d'une petite route, suivez le goudron sur 200 m. À la bifurcation, allez en face sur allée goudronnée qui se prolonge par un chemin terreux à la hauteur d'une maison. Le chemin file entre les champs et rejoint plus bas une haie et des arbres.

13,2 Coude d'une petite route que vous empruntez en face. Laissez un chemin blanc et un hangar à droite. Au carrefour, 3 min plus tard, continuez en face en direction de Castelnau-sur-l'Auvignon. Laissez à droite la direction d'Ardente.

3h30 **13,9** À la hauteur des conteneurs, près d'un arbre isolé, laissez à droite un chemin blanc et la **variante GR 65** qui passe par **La Romieu** (voir descriptif) pour continuer tout droit. Vous passez ainsi à gauche de la chapelle d'Abrin.
Dans le virage suivant (cote 166 m), quittez le goudron pour un chemin terreux. 10 m avant un chemin d'accès à une maison, prenez à gauche un chemin herbeux. Plus bas, au T, continuez à droite et, 30 m plus loin, allez en face. Le chemin passe entre les champs, effectue une courbe vers la gauche, descend plus fortement, puis vire vers la droite.

15,6 Virage d'une petite route que vous prenez à droite (nord-ouest). 250 m plus loin, après un petit pont, laissez la route pour un chemin blanc que vous suivez longuement dans le vallon de l'Auvignon. Vous passez ainsi devant la maison Tougnet (à droite) et laissez un embranchement à droite. Au carrefour, continuez tout droit.

18,6 Dans une courbe de la piste, retrouvez le GR 65 que vous suivez à gauche sur un chemin de terre (cote 103 m) qui passe un pont sur l'Auvignon. À la bifurcation, prenez à gauche et montez plus loin le long d'une haie de chênes. Passez à gauche de la ferme de Pavail et suivez le goudron. Au carrefour, tournez à droite.

Lumières de La Romieu

5h00 **19,5** **Chapelle Sainte-Germaine** que vous laissez à gauche en poursuivant sur la route.

20,0 Le Baradieu (alt. 168 m) : au carrefour avec une mare, allez à gauche. À la hauteur d'un garage, tournez à droite vers Moras que vous laissez à gauche pour descendre un chemin herbeux à droite. Plus bas, faites un coude à gauche.

21,3 À l'extrémité sud de l'étang de Bousquetara, passez un ruisseau à gué et virez de suite à droite le long des broussailles, puis le long du lac. Sur l'esplanade à mi-lac, remontez un chemin d'accès goudronné à gauche.

22,3 Sur le point haut, laissez à gauche l'accès à la ferme Fromagère et poursuivez sur la petite route. Passez le pont sur le ruisseau de Lassos et remontez en face (peu de balises GR).

23,8 Carrefour de routes (D 204) en bout de vignes (cote 176 m) : poursuivez en face et, au carrefour suivant, allez tout droit sur un chemin empierré. Il se prolonge par un chemin herbeux avec des portions pouvant être boueuses.

25,2 Plus loin, à la hauteur d'une maison (la Haille), continuez sur un chemin empierré. Au carrefour, prenez à gauche un chemin herbeux entre les maisons

L'église et la tour du château de Castelnau-sur-l'Auvignon

Bagatelle et le Chalet. Plus bas, reprenez le goudron sur une centaine de mètres.

26,2 Stop avec la D 7 : laissez le GR de Pays à gauche pour prendre à droite l'avenue Rhin-et-Danube et passez le pont. Aux feux, 300 m après, prenez à gauche la D 931 (rue des Anciens-Combattants d'AFN et TOE). Sur la place du Souvenir, prenez à droite la rue Léon-Gambetta et laissez le GR 65 partir à droite du monument aux morts. Vous atteignez ainsi la place Saint-Pierre.

6h45 **26,9 Condom.** Porche de la cathédrale.

Variante par La Romieu (GR 65)

13,9 Embranchement un peu avant la chapelle d'Abrin : descendez à droite un chemin blanc, direction le Juge. Après 500 m, laissez un embranchement à gauche vers le Cousiné.

14,9 Point haut : descendez en face un chemin terreux à l'ombre, raide au départ. Après le ruisseau, montez à découvert entre les champs, puis traversez un bosquet. De nouveau vous marchez à découvert avant de rentrer dans la forêt.

15,9 Carrefour en T avec une palombière en face : allez à gauche sur un chemin terreux. Vous atteignez une petite route que vous prenez à droite sur plus de 100 m.

16,8 À l'angle d'un bosquet clôturé, et avant une maison avec deux éoliennes, tournez à gauche sur une petite route. Laissez plus loin sur la gauche l'accès au Cané.

17,5 Au carrefour avant une ferme, virez à droite sur un autre chemin blanc où vous croisez une petite ferme avec une serre. Continuez tout droit face à la collégiale. Poursuivez sur le goudron et passez à gauche d'un étang.

4h40 **18,8 La Romieu.** Allez à gauche et suivez la D 41 vers Castelnau par des passages aménagés parallèles à la route. Plus loin, croisez une petite route et, dans le virage suivant (à 900 m), prenez à droite un chemin terreux entre les chênes. Plus loin il descend entre une haie et un champ. Suivez à droite un chemin blanc, et au carrefour tournez à gauche sur le goudron vers…

20,9 Maridac. Descendez à droite du château sur un chemin herbeux le long d'une haie d'arbres. Retour sur le goudron que vous suivez à gauche en laissant à droite Bidalané.

22,1 Carrefour au point haut (167 m) : prenez la D 41 à gauche (est) sur une trentaine de mètres, puis virez à droite sur un chemin empierré qui se prolonge par un chemin de terre. Il descend dans le vallon, traverse un ruisseau bien à droite d'un lac et remonte en face, assez raide sur la fin. Gravier au niveau de deux anciens silos.

5h50 **23,2 Castelnau-sur-l'Auvignon.** Traversez la route en diagonale pour prendre en face un chemin qui descend vers Quiot. Avant cette maison, prenez à droite un chemin de terre assez raide qui vire ensuite vers la gauche (passages boueux). Débouchez sur une piste empierrée que vous prenez en face quelques instants avant de poursuivre sur un chemin herbeux en face.

À ce point, vous retrouvez l'itinéraire décrit plus haut au km 18,6. Il vous reste donc sensiblement 2h00 de marche avant d'atteindre Condom.

Marsolan conserve le nom d'un ancien hôpital Saint-Jacques. L'église Notre-Dame-du-Rosaire, reconstruite au XVe s., garde un clocher-donjon et un cadran solaire.

La chapelle d'Abrin et certains bâtiments attenants sont les vestiges d'une commanderie des hospitaliers de Saint-Jean-de-Jérusalem, fondée en 1135.

L'ensemble médiéval de La Romieu était à l'origine une sauveté de 1082, établie par des bénédictins de Saint-Victor de Marseille. La collégiale fut achevée en 1318. L'église est longue de 36 m, haute de 15 m et large de 9 m. Trois tours : la première octogonale, la deuxième est un clocher de 33 m, la troisième ce qu'il reste du palais du cardinal.

Le château de Maridac fut édifié en 1582 par Bernard de Bousquet, magistrat du présidial de Condom.

Par Castelnau-sur-l'Auvignon chemin faisant

Castelnau-sur-l'Auvignon remonte au XIe s. et joua son rôle dans la guerre de Cent Ans. En 1944, il fut détruit par les Allemands. Il reste une tour du château.
La chapelle romane de Sainte-Germaine et sa mystérieuse arcature dans le mur sud.

Condom était déjà occupée à la préhistoire. Mais on ignore tout de son origine. La première mention est celle d'un hôpital fondé au Xe s. En 1317, le pape Jean XXII en fit un évêché. Puis l'armagnac supplanta le pèlerin dans l'économie de la ville.

Voûtes gothiques à Condom

À travers la ville

La cathédrale fut bâtie de 1507 à 1531 dans un gothique flamboyant marqué par la Renaissance. Son clocher domine la ville. Celle-ci paya 10 000 écus d'or à Montgomery pour qu'elle soit épargnée en 1569.
Le palais épiscopal de 1764, devenu sous-préfecture ; le musée de l'Armagnac dans les anciennes écuries ; la tour d'Andiran (XIIIe s.) abrite le syndicat d'initiative ; beaux hôtels du XVIIIe s.

La cathédrale de Condom, détail

→ Condom → Montréal → Éauze

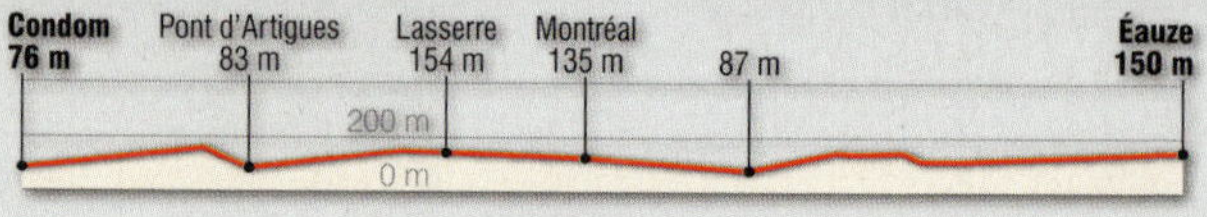

L'histoire se lit et se raconte à travers les villages et les monuments. En tout premier lieu, il serait dommage de passer à côté de la cité de Larressingle, considérée comme la « petite Carcassonne », sans la visiter. À mi-parcours, Montréal-du-Gers, capitale de la Ténarèze, est fière à la fois d'être la plus vieille bastide de Gascogne et de posséder le plus grand vignoble de l'Armagnac. En fin d'étape, la voie ferrée désaffectée va servir de fil conducteur au GR 65 jusqu'aux portes d'Éauze.

RENSEIGNEMENTS PRATIQUES

LAURAET (32330) 1,5 KM HORS GR

- 2 km après Lauraët : CH Le Fezandier, 4 ch. (12 pl.), nuitée de 54 à 87 €/1 à 3 p., pdj compris, repas 24 €, accueil équestre, Le Fezandier, M. Van Oudenhove, 05 62 29 49 82

MONTREAL-DU-GERS (32250)

- OT, place de l'Hôtel-de-Ville, 05 62 29 42 85, www.citaenet.com/montreal
- Commerces, services, sauf hôtel
- G Compostela, 14 pl., nuitée 19 €, pdj compris, repas 12 €, MLP, accès Internet et wwifi, 10 rue du 14-Juillet, Anita Dann, 05 62 28 67 36 ou 06 44 31 82 82, anitadann@hotmail.com, www.gite-compostela.com
- CH des Agapanthes, 4 ch. (10 pl.), nuitée de 56 à 78 €/2 à 3 p., pdj compris, CO nuitée de 40 à 68 €/1 à 3 p., pdj compris, repas 20 €, ouvert de mai à nov., 15 rue Aurensau, Mme Labatut, 05 62 29 41 44 ou 06 87 23 51 69, www.la.maison.des.agapanthes.info

→ 500 m hors GR : GE et CH La Ferme du Couloumé, 6 empl., tente 9 €/p., caravane nuitée 13 €/p. ; CH : 3 ch., nuitée de 48 à 60 €/1 à 2 p., pdj compris ; pdj 5,50 €, repas de 10 à 35 €, MLP, accueil équestre, wifi, rte d'Éauze, Mme Lussagnet, 05 62 29 44 78 ou 05 62 29 47 05 ou 06 85 35 51 26, www.lecouloume.com

→ 1 km après Montréal : GE Maison de Campagne (ancien gîte rural), 5 pl., nuitée 10 €/p., coin cuisine, ouvert du 01/05 au 15/10, acheminement, M. Massartic, 05 62 29 43 18

→ 2 km hors GR : camping Rose d'Armagnac, 12 pl. (mobil home) nuitée de 40 à 60 €/4 à 6 p. (tarif pèlerin, réservation 24 h avant), pdj 5 €, coin cuisine, ouvert du 01/04 au 31/10, acheminement négociable, Les Moulierous, Mme Owen, 05 62 29 47 70 ou 06 33 28 22

→ Proche Montréal, hameau de Séviac 2 km hors GR

ESCOUBET (32800)

→ Centre d'hébergement et GE Le Domaine du Possible, 120 pl., uniquement pour groupe : ½ pension : yourte 30 €/p., ch. 34 ou 45 €/p. (selon ch.), panier repas 9 €, accès wifi, ouvert d'avril à sept., réservation, M. Decroix, 05 62 09 93 03, www.escoubet.com

ÉAUZE (32800)

→ OT, 2 rue Félix-Soulès, 05 62 09 85 62, www.tourisme-eauze.com

→ Tous commerces, services

→ 700 m de l'entrée du village et 700 m du GR : GE chez Nadine, 3 ch. (8 pl.), nuitée 23 €/p., pdj compris, ½ pension 35 €/p., MLP, wifi, 43 av. de Sauboires, 06 68 94 82 46 ou le 05 62 08 18 37, francis.corlaiti@wanadoo.fr

→ GE communal, 3 dortoirs de 5 p. et 2 studios de 4 p. (23 pl.), nuitée 10 €/p., coin cuisine, renseignements OT

→ HR Triana, 14 ch., nuitée de 32 à 76 €/1 à 4 p., pdj 6 €, ½ pension de 49 à 138 €/1 à 4 p., 2 av. de Sauboires, 05 62 09 99 21

→ HR Henry-IV, 10 ch., ½ pension de 88 à 136 €/1 à 2 p., 1 pl. Saint-Taurin, 05 62 08 45 40

→ Camping du Pouy, 70 empl., tarif pèlerin tente 5 à 8 €/1 à 2 p., nuitée mobil home 35 €/1 à 6 p. (uniquement basse saison), épicerie dépannage, restauration, ouvert d'avril à fin sept., 05 62 69 07 51, www.camping-du-pouy.com

→ 4 km d'Eauze : GE et CH L'Arc-en-Ciel, GE : 2 dortoirs (9 pl.), ½ pension 37 €/p., en dépannage nuitée 19 €/p., pdj compris ; CH : 2 ch., ½ pension 78 €/ 2 p., MLP, acheminement depuis Éauze, ouvert de fin mars à fin oct., Garens, 05 62 03 81 48 ou 06 64 28 25 78, www.chemindecompostelle.com/larcenciel

→ 4 km hors GR : CH La Ferme de Mounet, 4 ch., nuitée de 70 à 86 €/2 à 3 p., pdj compris, repas 26 €, réservation, ouvert de Pâques à Toussaint, rte de Parleboscq, Mounet, Mme Molas, 05 62 09 82 85, www.ferme-de-mounet.com

→ 6 km hors GR : CH, 4 ch. (11 pl.), nuitée de 60 à 85 €/1 à 3 p., pdj compris, acheminement (hors saison), réservation, ouvert du 15/03 au 15/11, Hourcazet, Mme Lejeunne, 05 62 09 99 53, www.hourcazet.com

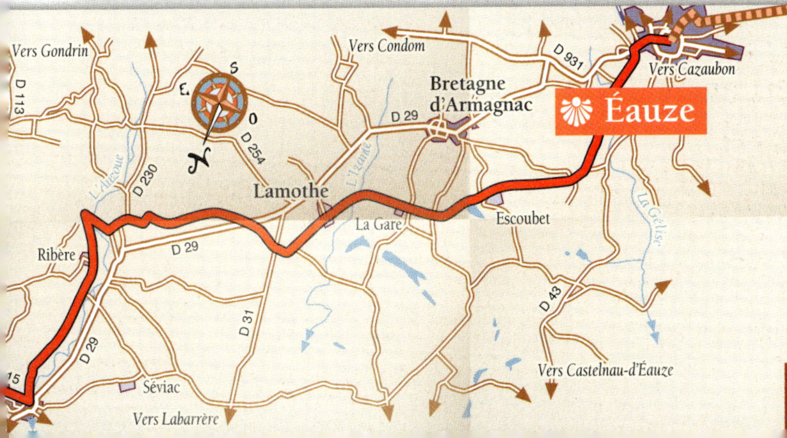

00,0 Condom. Dos au porche de la cathédrale, prenez à droite la rue Charron, en sens interdit. Après la place du Lion-d'Or, descendez la rue des Armuriers sur 140 m pour emprunter à gauche la rue Roques, en sens interdit. Au carrefour avec une pharmacie, allez à droite et empruntez la D 930. Traversez le pont sur la Baïse. À la sortie du pont, prenez à gauche une allée parallèle à la rivière, sur le haut de la digue, le long des platanes. Dépassez l'église Saint-Jacques et poursuivez 200 m sur la digue.

01,0 Traversez la D 931 pour prendre en face une allée toujours piétonnière. Au stop, 100 m plus loin, n'utilisez pas la D 15 mais descendez une petite route à gauche. Au carrefour, allez en face et de même au stop dans le chemin des capots de Teste. Au carrefour avec un rond point, allez à droite et, face au sens interdit, à gauche sur la petite route.

01,9 À la bifurcation, prenez l'embranchement à droite et, 60 m plus loin, au carrefour avec des conteneurs et un poteau électrique, continuez en face. Laissez dans un virage la direction de Pouy. À la bifurcation, 200 m après Vignau, prenez à droite sur 200 m.

04,4 Quittez alors le goudron pour un chemin terreux en face. Il se faufile entre deux haies d'abord en descente, puis en légère montée. Après un passage herbeux, vous tombez sur le chemin d'accès à la ferme Péninon que vous utilisez en face sur 200 m.

05,3 Carrefour avec un réservoir (cote 179 m). (Vous pouvez aller visiter le château de Larressingle à droite en prenant la petite route.) Traversez la route pour descendre en face un chemin herbeux. Carrefour de chemins : allez en face (passages humides et boueux*).
Plus loin, contournez un étang par la gauche et continuez vers l'ouest en entrant dans le bois. Débouchez sur la D 278 : traversez pour aller en face sur une petite route en direction du pont.

1h40 06,7 Pont d'Artigues sur l'Osse (fermé à la circulation avec une grosse roche). Au stop suivant (cote 83 m), prenez une autre petite route à droite.

07,5 Quittez le goudron pour un chemin herbeux dans la ligne droite, à la hauteur d'un poteau électrique. Ce chemin s'élargit dans le bosquet.
Dans le virage d'une route, allez en face et, 30 m après, prenez un chemin herbeux et terreux à gauche. Vous passez à gauche d'un bois.

09,6 Carrefour : allez à droite sur la route. 500 m plus loin, continuez à gauche en laissant la direction Routgès à droite. 200 m après, laissez aussi l'accès à l'église à droite.

11,0 Carrefour sur la D 254 : continuez en face et laissez à gauche le Fezandier.

3h00 12,3 Lasserre. Traversez le hameau. À la bifurcation, dans un virage, prenez à gauche direction le Glézia et, à la fin du goudron, poursuivez sur un chemin herbeux en face interdit à la circulation. 500 m plus loin, franchissez le ruisseau busé et remontez.

14,0 Pagès : après la maison, poursuivez sur un chemin blanc, puis sur le goudron. Au bout de la ligne droite, prenez en face un chemin herbeux (fontaine à droite) en laissant à gauche l'accès à Machin. Le chemin vire assez vite à gauche.

14,8 Réservoir d'eau : poursuivez sur une piste empierrée sur 250 m. Empruntez la D 113 en face.

15,6 Stop (croix) : prenez à gauche sur 50 m et laissez la D 113 à gauche avant de prendre à droite la D 15 vers le centre.

4h00 16,3 Montréal. Place avec des arcades.

** Les VTT éviteront ce passage très boueux par Larressingle et Cahuzac pour retrouver la D 270 non loin du pont d'Artigues.*

00,0 Montréal. À l'angle de la place, prenez à droite de l'église, puis tournez à droite boulevard des Pyrénées. Laissez deux routes à gauche et, au croisement avec la rue du Commandant-Parisot, descendez à gauche une petite route flanquée d'un sens interdit. Suivez la D 15 quelques dizaines de mètres à droite.

00,4 Suivez la petite route à gauche vers Moussègne. Laissez un chemin blanc à gauche, plus loin la maison Moussègne à droite et la Petite Hérouse à gauche. À la fin du goudron, poursuivez tout droit ; de même après un petit pont. Ce chemin de terre longe une peupleraie et passe entre deux haies d'arbres.

02,6 Rejoignez une petite route que vous suivez à gauche. 400 m plus loin, prenez un chemin à droite en direction de la barrière de Ribère.

03,2 Ancienne maison de garde-barrière : prenez à gauche l'ancien chemin de fer entre deux haies. Après un pont en fer, descendez à gauche pour rejoindre en dessous un chemin blanc que vous empruntez à gauche pour passer sous le pont.

05,0 À la D 230, tournez à gauche quelques instants sur plus de 100 m avant de la quitter pour aller à droite sur un chemin herbeux entre les vignes. Ensuite, ne suivez pas les traces de la piste, mais restez à droite de la haie d'arbres.

05,6 Prenez un chemin blanc à droite et, 150 m plus loin, abandonnez-le pour partir à gauche entre deux champs, puis deux vignes. Dans le coude d'une allée goudronnée, poursuivez en face pour passer devant une maison et continuer tout droit sur un chemin herbeux. Au chemin goudronné suivant, allez tout droit ; après le goudron, empruntez en face un chemin herbeux. 200 m plus loin, au carrefour, allez à droite près d'une vigne.

07,4 Traversez-la en diagonale et prenez le chemin terreux marqué d'un panneau : Interdit aux engins à moteur. Devenu herbeux, il tombe sur une allée goudronnée près de la ferme le Bédat. Prenez-le à droite et rapidement tournez à gauche sur un chemin herbeux, juste après un jeune cèdre.
D 31 : allez à gauche un court instant avant de prendre à droite une allée goudronnée qui descend en direction de Bourdieu. Avant cette maison et une rangée de pins, prenez à gauche 10 m

Le pont d'Artigues

Éauze : le clocher

avant une vigne. Passez un petit ru et poursuivez sur un sentier terreux. Sur la piste, allez tout droit pour monter un peu plus tard un chemin empierré.

2h20 09,2 Hameau de **Lamothe.** Passez entre le cimetière et une croix pour descendre le talus à droite, et empruntez le goudron qui se poursuit rapidement par de la pierre au niveau de l'église. En bas, au carrefour, prenez à droite un chemin à l'horizontale (ancienne voie de chemin de fer que vous allez suivre désormais). Passez sur un pont et, 200 m après, sous un autre. 300 m plus loin, remarquez un étang à gauche.

10,7 Après la gare de Bretagne-d'Armagnac, traversez une route et poursuivez en face sur un chemin d'abord herbeux avant de devenir pierreux et terreux. Traversez une petite route, puis passez encore sur un pont et plus loin sous la voûte d'un autre.

15,3 Maison (ancien garde-barrière) et carrefour : poursuivez en face sur le chemin fermé à la circulation par deux plots en fer. Plus loin, sur un grand pont, vous dominez un étang sur la Gélise (panneau : Camping à droite). Plus tard, laissez un chemin à droite. À la fin du chemin marqué par deux plots, vous rentrez dans une zone industrielle.

16,5 D 931 : suivez-la à droite et remontez vers le centre d'Éauze. Au carrefour, montez tout droit.

4h20 17,2 Éauze. Place d'Armagnac et église.

Piliers de pigeonnier près de Lamothe

Larressingle, la "petite Carcassonne"

Larressingle, la « Carcassonne du Gers », possède 270 m de remparts encerclant un village dont le donjon date de 1286 (château sans toit, église à clocher-mur faite de deux nefs).

Chemin faisant vers Éauze

Le pont roman d'Artigues fut construit sur l'Osse pour les pèlerins.
Le château de Beaumont (un quart d'heure à droite) fut la demeure de Louis Pardailhan-Gondrin, marquis de Montespan et mari de la célèbre maîtresse de Louis XIV.
L'église de Routgès et sa petite entrée qui serait une porte des cagots (parias gascons, peut-être descendants de lépreux).
Au Glésia se trouve une villa romaine fouillée au siècle dernier.
Le château de Lassalle-Baqué et sa cour du XVIIIe s.
Montréal-du-Gers fut précédée d'un oppidum antique. Une bastide gasconne y fut construite en 1289. Débris de fortifications, vieilles ruelles et église gothique (XIIIe s.).
Le site gallo-romain de Séviac : une vaste villa et ses thermes.
Sallepissan et sa tour du XIIIe s. (encorbellement, colombages, fenêtre à meneaux).
Lamothe fut pendant la guerre de Cent ans une position avancée des Armagnac : tour carrée et crénelée du XIIIe s.
La Ténarèse, ce chemin de transhumance devenue voie romaine, court de la vallée d'Aure à l'Agenais.

Éauze fut *Éluza,* capitale des bascophones Éluzates. Les Romains en firent une capitale de la Novempopulanie. Au IVe s., elle fut un évêché mais ne survécut pas aux attaques des Sarrasins. Un prieuré y naquit en 950. Henri IV reconquit Éauze en 1579 et y séjourna. La foire nationale des eaux-de-vie d'Armagnac s'y tient durant la semaine de l'Ascension.

À travers la ville

La « cathédrale » Saint-Luperc, bâtie en 1521 : un vaisseau gothique haut de 22 m ; la maison Jeanne d'Albret (XVe s.) ; la maison des Consuls (colombages) ; les restes de remparts ; le musée d'Archéologie.

→ Éauze → Nogaro

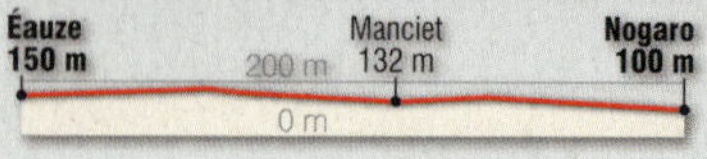

La vigne vous rappelle tout au long de cette journée que vous êtes bien au pays de l'Armagnac ; Éauze en est la capitale, un titre attesté par le préfet d'Empire en 1802. À Manciet, à mi-parcours, la voie du Puy est rejointe par un autre chemin venant d'Auch et de Vic-Fezensac, atteignant ensuite Nogaro.

RENSEIGNEMENTS PRATIQUES

MANCIET (32370)

→ Bar-hôtel-restaurant, épicerie (dépôt de pain, fermée le lundi)

→ 6 km après Éauze, avant Manciet : GE de la Hargue, 6 ch. + 1 dortoir, nuitée 25 €/p. et ½ pension 40 €/p. en dortoir, nuitée 50 €/p. et ½ pension 55 €/p. en ch. ; poss. camping 10 €, MLP, coin cuisine, accueil équestre, ouvert tte l'année, Sauboire, Mme Cotton, 05 62 08 50 05 ou 06 18 97 65 92, www.chemindecompostelle.com/lahargue

→ CH Domaine du Passage, 5 ch. (15 pl.), nuitée de 49 à 99 €/1 à 4 p., pdj compris, repas 19 €, ML, accès Internet, accueil équestre, Mounissot, M. Cesi, 05 62 08 53 71 ou 06 11 11 42 29, www.ledomainedupassage.com

CRAVENCÈRES (32110) SUR GR

→ GE et CH Relais du Haget, GE : 2 dortoirs (10 pl.), nuitée 12 €/p., pdj 5 €, ½ pension 30 €/p. ; CH : 1 ch., nuitée de 55 €/2 p., pdj compris, repas 15 €, coin cuisine, panier repas 6 €, épicerie dépannage, accueil équestre, MLP, ouvert d'avril à fin oct., Mme Brud, 05 62 08 54 02 ou 06 11 66 13 98, www.relaishaget.com

NOGARO (32110)

→ OT, 77 rue Nationale, 05 62 09 13 30, www.nogaro-tourisme.fr

→ Commerces, services

→ GE associatif cyclo club, 26 pl., nuitée 11 à 13 €/p. (selon dortoir ou ch.), coin cuisine, MLP, ouvert du 15/04 au 15/10, av. des Sports, Cyclo-club (entrée du village au stop à droite), 05 62 69 06 15, www.gite-etape-nogaro.fr

→ G pèlerin La Fontaine de Saint-Jacques, 2 ch., nuitée 18 €/p., pdj compris, ½ pension 30 €/p sur réservation, coin cuisine, MLP, fermé du 12 au 31 août, 17 cité Nolibo (derrière arènes), M. Lacoste, 05 62 09 13 74 ou 06 03 57 10 43, www.chemindecompostelle.com/lacoste

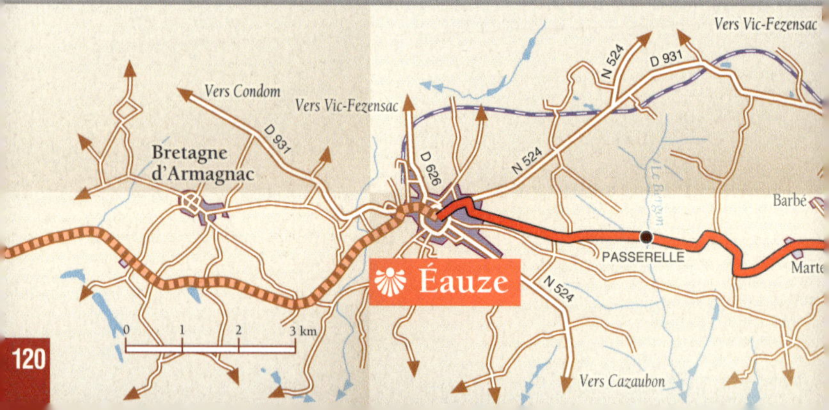

00,0 Éauze. De la place d'Armagnac, allez vers le sud pour prendre à gauche la rue Robert-Daury, en sens interdit. Au carrefour, suivez en face la N 524, direction Nogaro, sur 500 m par l'avenue des Pyrénées.

00,7 Quittez la N 524 pour emprunter à droite une route (allée de Soumcidé) qui, 200 m après, vire à gauche. À la fin du goudron, poursuivez sur un chemin herbeux.
Carrefour avec une route : traversez en face, à droite d'une vigne. Naviguez ensuite à travers les vignes dans un chemin en creux. Point haut (178 m) : descendez à droite.

02,0 Sous une maison, montez la route à gauche. 300 m plus loin, à la bifurcation, prenez en face la voie sans issue vers Pennebert.

02,7 Dans un virage, à la hauteur d'un bâtiment agricole avec silos, empruntez à gauche un chemin blanc sur 200 m.
À la hauteur d'un hangar tôlé (élevage de canards), descendez légèrement à droite un chemin en creux entre les broussailles. Plus bas, contournez un champ par la droite, traversez un petit fossé à droite (pas de balise). Franchissez une haie afin de contourner un autre champ par la gauche.

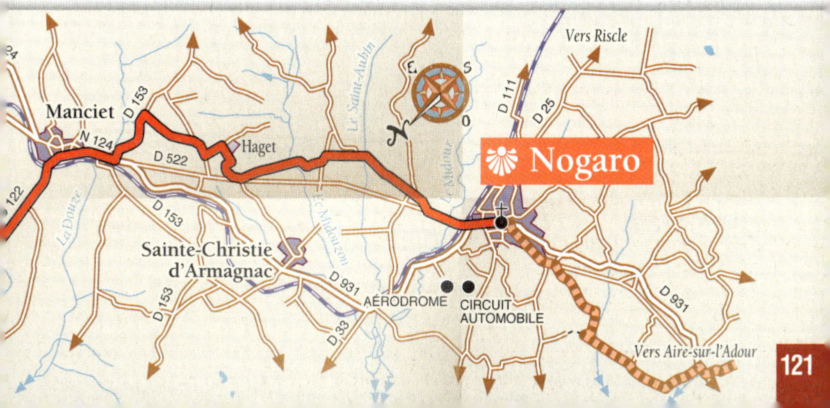

Nogaro : le tympan

04,2 Traversez la passerelle en bois sur le Bergon : remontez en face (haie à droite). Plus haut, prenez un sentier qui traverse le bois.

05,0 Point haut à gauche d'une vieille grange (Angoulin) : descendez en face (passages boueux en cas de pluie). Traversez une petite route et continuez en face sur un chemin herbeux qui devient sentier. À découvert, contournez un champ par la droite ; près d'une vigne tournez à gauche.

05,6 Carrefour avec deux pins parasols : suivez la petite route à droite sur près de 1 km. Laissez Labatut à droite et prenez à gauche un large passage entre les vignes. Descendez ensuite entre les broussailles. 10 m après la passerelle, prenez un chemin à gauche qui monte le long d'une haie.
Au carrefour de chemins, à 10 m d'une petite route, continuez en face. Autre carrefour sur un point haut : descendez à droite entre deux haies, puis le long d'une vigne, et de nouveau entre des broussailles. Ensuite suivez un chemin empierré en face.
100 m après avoir laissé un accès à Martet, retrouvez le goudron que vous suivez en face. Plus loin, laissez Barbé à gauche.

08,7 Carrefour avec la D 122 : suivez-la longuement à gauche. Traversez la voie ferrée à l'entrée de…

2h45 10,8 Manciet. Longez la place sur la droite et, à son angle, prenez la rue à droite. Profitez ensuite de la passerelle à gauche pour enjamber la N 124. Après les marches, montez un peu à gauche pour emprunter ensuite à droite la place de la République. Face à l'église, virez dans la rue à droite. Laissez la mairie à gauche pour descendre tout droit. Faites de même sur la place avec les platanes et empruntez tout droit la N 124 en direction de Christie. Après le pont, laissez la D 109 à droite vers Ayzieu.

12,0 À la hauteur d'un garage automobile*, prenez à gauche direction Cravencères, par la D 153. Cette route vire vers la droite et double deux petits étangs. Dans la petite ligne droite, quittez le goudron pour un chemin de terre à droite qui monte entre les champs.

13,4 Dépassez la ferme Belair et poursuivez sur un chemin herbeux. 300 m plus loin, utilisez une petite route à droite en laissant un peu plus loin l'accès à Belair sur votre droite.

13,8 Prenez la direction de la chapelle de l'Hôpital à gauche, dépassez la maison Tucom. En bas de la descente, engagez-vous sur le chemin à droite vers l'église.

14,4 Église de l'Hopital (entrée interdite : danger) : continuez au-delà sur le sentier qui vire rapidement à droite. Il descend puis remonte en obliquant sur la gauche afin de traverser ensuite un bosquet. Le GR aboutit près d'une vigne qu'il longe à droite. Près de la route, il descend à gauche et longe une autre vigne.

14,4 Carrefour près de la D 522 ; prenez à gauche le deuxième chemin. Ensuite, après une maison à gauche (Pehour), ce chemin descend ; au carrefour suivant, le GR continue en face sur un chemin de terre.

15,9 Traversez le Midouzon sur poteau électrique (!), puis longez le ruisseau à droite afin de contourner le champ. Dans la montée, prenez un chemin en creux légèrement à droite.
Vous suivez une petite route à gauche sur plus de 150 m. Au point bas, prenez à droite un chemin herbeux. Celui-ci vire à gauche et passe entre deux vignes ; en bout, descendez un sentier dans le bosquet. Parvenu à une petite route, prenez-la à droite, traversez le pont sur le ruisseau de Saint-Aubin et passez ensuite un groupe de maison (Villeneuve).

17,6 Carrefour au point haut : continuez en face sur la voie sans issue (croix en pierre à droite et en fer à gauche). 100 m plus loin, à la fin du goudron, poursuivez par un chemin herbeux sur 150 m pour retrouver plus bas un chemin gravillonné, puis de nouveau le bitume.

18,0 Empruntez la D 522 à gauche. Après 600 m, traversez la voie ferrée. Au stop suivant, empruntez tout droit l'avenue du Midour, puis en face la rue Nationale ; dépassez la place du Bataillon-de-l'Armagnac, puis la place de la Mairie.

4h50 **19,2** Église de Nogaro.

** Les cyclistes pourront continuer sur la D 522 pour retrouver le GR 65 1,6 km plus loin ; par temps de pluie, ils peuvent éviter la dernière partie en rejoignant Nogaro sur cette même D 522.*

L'ancien comté d'Armagnac se divise en trois régions productrices de la fameuse eau-de-vie : le Haut-Armagnac (Lectoure), la Ténarèse (Condom) et le Bas-Armagnac (Éauze). La distillation de l'armagnac débuta au Moyen Âge avec l'importation des alambics de cuivre arabes. Le floc et le pousse-rapière, ses dérivés, sont servis en apéritif.

Manciet fut le théâtre de rivalités entre ordres hospitaliers. En 1224, le vicomte de Béarn donna ce lieu aux Templiers et aux Hospitaliers qui y bâtirent leur hospice. Mais, en 1235, l'ordre gascon de Saint-Jacques-de-la-Foi-et-de-la-Paix commença à restaurer le fortin primitif, d'où une querelle entre les deux ordres qui dura plus de trente ans. C'est finalement un troisième, l'ordre espagnol de Santiago, qui occupa seul le terrain. Le franchissement de la Douze par les pèlerins était alors exempt de péage.

L'église de l'Hôpital, dite de « l'hôpital de Sainte-Christie », est une chapelle d'un gothique primitif. Il ne reste qu'une seule borne à la croix de Malte, parmi la vingtaine qui existait et qui délimitait l'emprise directe de cet hospice. À Sainte-Christie d'Armagnac se trouve un château du XVIIe s.

Nogaro est connue de nos jours pour son circuit automobile. Dès 1055, une première communauté y fut implantée. Des marchands y acquittaient un péage. La sauveté se situant au carrefour des routes d'Auch et de Toulouse, de Bayonne et d'Éauze, on y trouvait toutes sortes de produits. La vigne prit un véritable essor au XIIIe s. grâce aux importations anglaises. L'église au clocher-tour de pierre blanche possède un beau portail de facture toulousaine. La triple voûte fut reconstruite en briques en 1662 mais les colonnes conservent leurs chapiteaux romans.

→ Nogaro
→ Aire-sur-l'Adour

Aujourd'hui, l'influence des Landes se fait fortement ressentir : les pins apparaissent ici et là, le Gers se veut landais et la vigne se fait discrète. Sur les riches alluvions de la vallée de l'Adour s'étalent de grandes cultures céréalières où le maïs est roi et le pèlerin si discret.

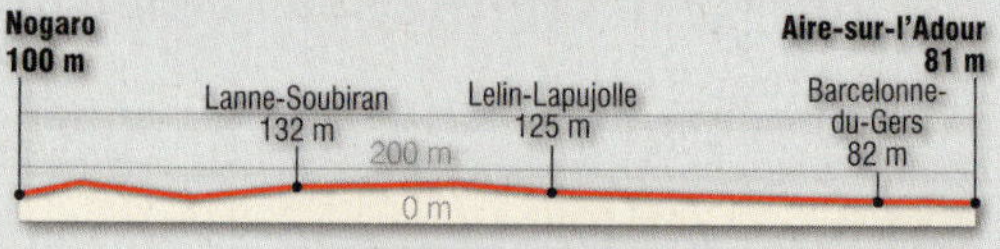

RENSEIGNEMENTS PRATIQUES

ARBLADE-LE-HAUT (32110)
800 m hors GR, sur l'ancienne route d'Aire (voie romaine)

→ G et CH L'Arbladoise, G : 13 pl., nuitée 15 €/p., pdj 5 €, ½ pension 34,50 €/p. ; CH : 3 ch., nuitée de 49 à 54 €/1 à 2 p., pdj compris, ½ pension, panier repas 5 €, coin cuisine, MLP, accès Internet, M. Egreteau, 05 62 09 14 11, www.larbladoise.fr

LANNE-SOUBIRAN (32110)

→ CH Domaine de Castagnère, 5 ch. + 3 ch. pèlerines (15 pl.),

L'Adour baigne Aire

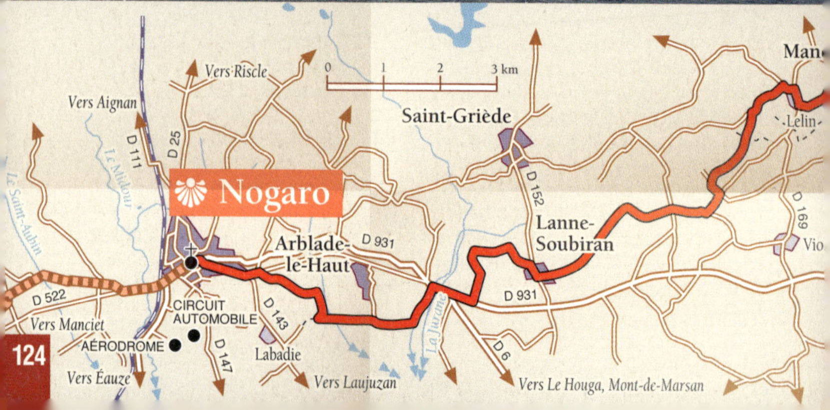

nuitée de 50 à 70 €/1 à 2 p., pdj compris, repas sur réservation 25 € ; CO, ½ pension 32 à 47 €/p., panier repas sur réservation 6 €, MLP, accueil équestre, poss. acheminement depuis Nogaro, ouvert du 15/02 au 21/01, 06 52 42 91 19 ou 05 62 03 82 15, www.chemindecompostelle.com/domainedecastagnere

✣ LELIN-LAPUJOLLE (324000)

➜ 200 m du GR : GE La Grange à Dubarry : 3 ch. (12 pl.), nuitée 16 €/p., pdj compris, ½ pension 32 €/p., MLP, accueil équestre, M. Mme Bierent, 05 62 69 64 82 ou 06 27 35 84 13 ou 06 15 72 45 72, lagrangeadubarry@gmail.com

✣ LANNUX (32400) 6 KM HORS GR

➜ G de Talazac, 5 ch. (13 pl.), ½ pension 33 €/p., coin cuisine, ML, acheminement depuis Barcelonne/Aire/Latrille, réservation, Braguets, M. Lépinay, 05 62 09 42 49 ou 06 42 31 01 35, jacques.alisier@orange.fr

➜ G de Guiraute, 10 pl., ½ pension 32 €/p., coin cuisine, ML, accès Internet, acheminement depuis Barcelonne/Aire/Latrille, ouvert de Pâques à la Toussaint, sur réservation, Mme Gasking, Guiraute, 05 62 08 40 20 ou 06 42 31 01 90, www.guiraute.com

✣ BARCELONNE-DU-GERS (32720)

➜ GE et CH L'Hospitalet du Cosset, GE : 14 pl., nuitée à partir de 15 €/p., pdj 4 €, ½ pension 30 €/p., coin cuisine, accès Internet, MLP ; CH : 5 ch., nuitée de 70 à 130 €/1 à 2 p., pdj compris, 11 pl. de la Garlande, sur le GR (à côté pharmacie), Mme Fior, 06 33 80 50 95, www.hospitaletducosset.com ou www.bastideducosset.com

Sainte-Quitterie, détail

➜ HR Chez Alain, 10 ch., nuitée de 28 à 38 €/ch., repas à partir de 13 €, fermé en août et le week-end, 6 bd du Midi, 05 62 09 44 39 ou 06 81 27 57 47

✣ AIRE-SUR-L'ADOUR (40800)

➜ OT, hôtel de ville, 20 bis rue Carnot, 05 58 71 64 70, www.aire-sur-adour.fr

➜ Tous commerces, services, cars SNCF

➜ 1 km avant Aire : centre de loisirs, 63 pl., nuitée 11,51 €/p., pdj 2,60 €, repas 10,35 €, coin cuisine, fermé du vend. au dim. et les jours fériés (+ veilles) sauf pour les groupes et du 01/07 au 15/08, quartier de la Plaine, réservation obligatoire, M. Sauvaud, 05 58 71 61 63

➜ 5 km du GR : CH Ferme Crabot, 12 pl., nuitée 19 €/p., pdj compris, repas 15 €, coin cuisine, panier repas 5 €, accueil équestre, acheminement depuis Aire (cathédrale ou OT), Crabot, quartier de Guillon, Mme Porte, 05 58 71 91 73, www.chemindecompostelle.com/porte

➜ 50 m du GR : CH Le Mas, 5 ch. (13 pl.), ½ pension de 81 à 216 €/1 à 4 p., ouvert tte l'année, 17 rue du Château, 05 58 71 91 26 ou 06 03 29 51 63, www.le-mas.net

➜ HR Chez l'Ahumat, 12 ch., nuitée de 29 à 44 €/1 à 2 p., pdj 5,50 €, menu à partir

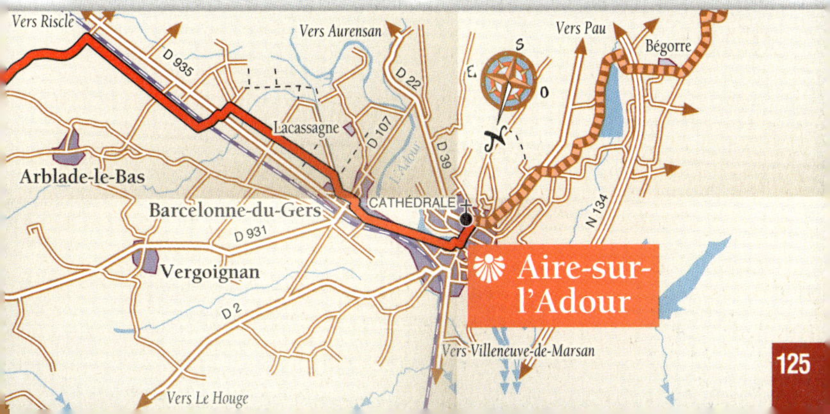

de 11,50 €, ½ pension de 45 à 80 €/1 à 2 p., fermé du 14 au 27 mars et du 2 au 11 sept., 2 rue Pierre-Mendès-France, 05 58 71 82 61, www.chez-lahumat.com

→ GE et H de la Paix, H : 8 ch., nuitée de 24 à 30 €/2 p., pdj 5 € ; GE : 8 pl. (dortoir), tarif pèlerin nuitée 13 €/p. (dortoir) et 16 €/p. (ch.), pdj compris, coin cuisine, ML, accès Internet et wifi, fermé vacances fév. et 8 jours en juin, 7 rue Carnot, Mme Laffont, 05 58 71 60 70 ou 06 81 39 50 02, www.hoteldelapaix40.fr

→ GE Hospitalet Saint-Jacques, pèlerin à pied sans véhicule, 4 ch. (11 pl.), nuitée et pdj : PO, coin cuisine, épicerie, ouvert de mars à oct. sinon résa obligatoire, fermé de mi-juil. à mi-août, 21 rue Félix-Despagnet, 05 58 03 26 22, www.saintjacques-hospitalet.fr

→ GE Maison des Pèlerin(e)s, 15 pl., pèlerins uniquement, nuitée 13 €/p., pdj 4 €, coin cuisine, épicerie dépannage, MLP, ouvert d'avril à fin oct., pl. du Commerce, 05 58 71 68 07 ou 06 81 17 70 05

→ Camping les Ombrages de l'Adour, 100 empl., tente de 6,30 à 8,30 €/p. (selon saison), caravane de 30 à 40 €/nuitée, CO : en caravane 15 €/p. et mobil home de 50 à 64 €/4 p. (selon saison), épicerie dépannage, MLP, ouvert d'avril à oct., rue des Graviers, M. Lucas, 05 58 71 75 10, www.camping-adour-landes.com

→ À 4,5 km du GR, Corneillan (32400) : CH Au Cap Blanc, 12 pl., ½ pension 38 €/p., acheminement depuis Aire/Barcelonne/Lelin-Lapujolle (avec participation), M. Mme Tiessen, 05 62 69 69 43 ou 06 76 22 19 21, www.aucapblanc.com

00,0 Nogaro. Dos à l'église, traversez pour prendre la direction de Monlezun, en face dans la petite rue. Au carrefour suivant, montez tout droit toujours en suivant la même direction. Vous dépassez ainsi un premierchâteau d'eau. Au carrefour sur le haut, laissez à droite la D 143 (autre château d'eau).

01,1 Après le carrefour de la sortie de Nogaro, suivez le chemin en creux qui s'enfonce dans les vignes.

01,8 À la bifurcation, prenez le chemin de gauche qui descend dans les bois. Devenu sentier, le GR vire à droite sur le bas (passages pouvant être boueux). À la sortie de la forêt, il part à droite, contourne une peupleraie et atteint une petite route qu'il emprunte à gauche.

02,9 Fin du goudron au pont sur la Jurane (très petit cours d'eau) : continuez tout droit sur un chemin empierré qui monte d'abord avant de redescendre. Il fait un S et se poursuit en creux.

03,6 Petite route que vous empruntez à droite. À la bifurcation suivante, descendez à gauche, toujours sur le goudron. En bas, près d'un ruisseau, virez à gauche sur un chemin empierré à l'horizontale.

05,2 Prenez la N 124 à droite, franchissez deux ponts avant de laisser la D 6 sur votre droite.

06,0 Quittez la N 124 pour un chemin arboré à gauche. Après 600 m, il fait un coude à 90° à gauche et serpente dans un bois avant de repartir franchement vers la droite, au sud-ouest. Restez sur le chemin principal.

07,8 Maison Labarbe : suivez le goudron sur 400 m.

2h00 08,2 Carrefour près de l'église de **Lanne-Soubiran.** Continuez à droite sur la D 152. Juste après avoir passé le panneau de Lanne-Soubiran, allez à gauche sur un chemin goudronné qui vire à droite et exécute ensuite une courbe vers la gauche. Au carrefour, prenez à gauche la petite route qui laisse un étang sur la gauche avant de monter après un virage à droite.

09,8 Abandonnez le goudron dans un virage pour un chemin terreux à droite. Après un coude vers la gauche, le chemin devient herbeux et entre un peu plus loin dans le bois. Il devient ensuite sentier qui navigue et descend raide et vire à gauche sur le bas.

Près d'un champ, retrouvez une piste que vous prenez bien à droite (passage humide). Le chemin remonte ensuite en forêt et la traverse. Un chemin terreux continue entre les champs et exécute deux coudes.

11,4 Après une vigne, rencontrez une petite route que vous suivez sur la gauche une centaine de mètres avant de tourner à droite sur une autre petite route.

12,6 Carrefour après une antenne : tournez encore à gauche vers sur une route qui descend. Au carrefour en T (Saint-Orens), allez à gauche vers la Grange Dubarry en laissant plus loin un chemin à droite. Poursuivez sur le gravier et, après une maison en bois (poteau électrique), prenez à droite un chemin herbeux en descente. En bas, à la bifurcation, remontez à droite entre les champs.

13,5 Sur le haut prenez à gauche, puis passez près d'un chêne isolé et, plus loin, le long d'une haie d'arbres. Ensuite le chemin se poursuit en creux.

14,2 300 m avant le gîte Dubarry, longez la vigne à droite, puis tout droit traversez un bosquet. Continuez ensuite entre les vignes.

14,8 Suivez à droite une petite route qui monte d'abord et descend ensuite. Au carrefour près d'un parking, montez à gauche.

4h00 **15,5** Église de **Lelin-Lapujolle :** descendez la route. Au stop, montez la D 169 à droite et, en haut au carrefour, virez à gauche sur une petite route que vous suivez longuement. En bas, au carrefour en T, virez à droite.

17,3 Carrefour suivant : allez à gauche sur une route que vous suivez longuement, sur 2 km environ.

19,5 Au stop avant la voie ferrée, tournez à droite sur un chemin agricole qui

Un Aire de glycine

L'église Sainte-Quitterie

la longe. Après 1,5 km, continuez en face sur le goudron en laissant à droite un passage à niveau.
Avant la maison de l'ancien garde-barrière, tournez à gauche pour traverser la voie ferrée et suivez la route sur 300 m.

22,3 Traversez la D 935 pour suivre en face un chemin goudronné. Le GR emprunte ensuite le premier chemin à droite et passe plus loin sur un pont. Il traverse une petite route pour un chemin en face, interdit à la circulation 250 m plus loin. Il croise tout droit un autre chemin herbeux. Après un passage gravillonné, aboutissez à une route que vous suivez à droite. Au carrefour près du pont, le GR continue en face.

6h20 24,9 Carrefour de **Barcelonne-du-Gers.** Allez à gauche, puis, au prochain carrefour, poursuivez en face afin de passer sous une maison. Au carrefour en T, prenez à droite ; au stop, 150 m plus loin, virez à gauche rue de l'Hôpital. Au bout de cette rue, poursuivez tout droit et longuement dans l'avenue (N 124).

26,3 Vous entrez tout droit dans Aire-sur-l'Adour. Après un garage, prenez à gauche sur la place de la Liberté, puis à droite l'impasse Fréderic-Levrier. Ensuite empruntez la rampe pour atteindre et traversez le pont sur l'Adour. Après le pont, prenez en face (légèrement à droite) la rue Carnot. Au milieu, empruntez la rue Duprat à gauche pour rejoindre la cathédrale Saint-Jean-Baptiste.

7h00 27,7 Aire-sur-l'Adour.

** Les VTT continueront sur la D 169.*

Vers Luppé chemin faisant
À Arblade-de-Haut (hors GR), l'hôpital jouxtait l'église.
À Lanne-Soubiran, l'église possédait un pèlerin en bois polychrome, transféré au musée de Flaran.
À Luppé, l'hôpital de Saint-Jacques avait sa propre chapelle et son cimetière où étaient enterrés pèlerins et cagots.

Aire-sur-l'Adour, cité des Aturenses (peuple aquitain), devint au Ve s. capitale du royaume wisigoth. En 506, Alaric II y promulga son Bréviaire. En 476, sainte Quitterie, princesse catholique d'Espagne, y aurait été décapitée par les wisigoths. Sa tête aurait fait jaillir une source miraculeuse et son culte se répandit en Gascogne. Au XIIe s., le roi d'Angleterre et l'évêque d'Aturin passèrent un accord : la protection de l'un contre une part des revenus de l'autre. Aire perdit son évêché à la Révolution, le retrouva de 1820 à 1833, puis Dax l'emporta.

À travers la ville
La cathédrale Saint-Jean-Baptiste n'a gardé du XIIe s. que trois travées et abside. Façade du XIIIe s. surélevée d'une tour à toit d'ardoise. Salle capitulaire du XIVe s. (sacristie). Orangerie de pierre du XVIIe s.
En 1927, l'ancien évêché du XVIIe s. devint l'hôtel de ville (plafonds à caissons et tour ronde d'escalier du XVIe s.).
La maison de l'officialité (XVIe s.) : la juridiction où siégeaient les jurats.
Le pont de pierre date de 1852, la halle aux grains de 1860.
Le « château » se situerait à l'emplacement du palais d'Alaric.
L'église Sainte-Quitterie voisinait au XIIe s. avec le monastère bénédictin. L'édifice est gothique (tour carrée, clocher-porche abritant un portail sculpté). L'abside est romane comme la crypte en dessous (tombeau de sainte Quitterie : un sarcophage paléochrétien en marbre blanc du IIIe ou IVe s.).

→ Aire-sur-l'Adour → Arzacq-Arraziguet

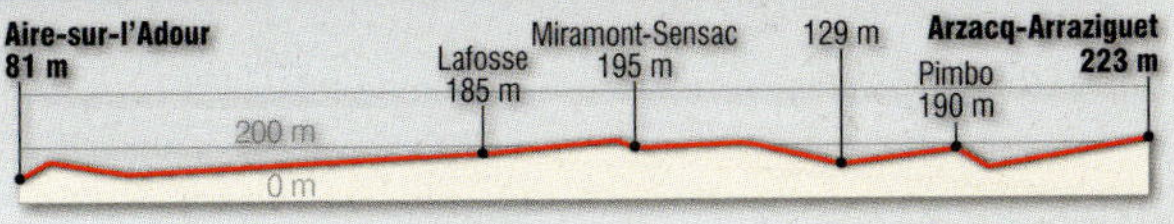

Cette longue étape consacre à peine une journée au département des Landes. Par bonheur, le vagabondage du GR se joue souvent de la monoculture du maïs pour s'insérer à travers des paysages plus variés et visiter Miramont-Sensacq et Pimbo. Enfin Arzacq-Arraziguet sera votre première étape dans les Pyrénées-Atlantiques.

RENSEIGNEMENTS PRATIQUES

MIRAMONT-SENSACQ (40320) 300 m hors GR

→ HR, boulangeries, avec petite épicerie (fermées le dimanche après-midi et le lundi)

→ 500 m avant, 700 m du GR : CH La Maison du Bos, 5 ch. (14 pl.), ½ pension de 72 à 100 €/1 à 2 p., accueil équestre, ouvert tte l'année, 378 chemin du Bos, 05 58 79 93 18, www.maisondubos.com

→ GE communal du Pèlerin, 20 pl., nuitée 10 €/p., coin cuisine (faire ses courses à Aire de nov. à fév.), restauration en saison, réservation, Mme Dumartin, 05 58 79 91 23 (mairie) et de mi-avril à mi-oct. tél. aux hospitaliers au 05 58 79 94 06

→ 3 km après : GE et CH Maison Marsan, accueil à la ferme, GE : 2 dortoirs (10 pl.), nuitée 12,50 €/p. ; CH : 6 ch., nuitée 37 €/2 p. ; pdj 3 €, panier repas sur résa 8 €, coin cuisine, dépannage ravitaillement, MLP, wifi, ouvert de mars à oct., 05 58 79 94 93, www.chemindecompostelle.com/fermedemarsan

PIMBO (40320)

→ CH, 6 pl., ½ pension 40 €/p., MLP, accès wifi, ouvert d'avril à nov., maison Couhet, au pied de l'église, sur GR, Mme Theux, 06 84 98 21 64, www.chambres-dhotes-pimbo.e-monsite.com/

ARZACQ-ARRAZIGUET (64410)

→ OT du Pays de Soubestre, pl. de la République, 05 59 04 59 24, www.arzacq.com, www.communautecommunes-arzacq.fr

→ Commerces, services

L'église de Sensacq

→ GE Centre d'accueil communal, 35 pl. pour pèlerins, nuitée 11 €/p., poss. ch. ind. ou couples avec supplément, pdj 4 €, repas sur réservation 11 €, ½ pension sur réservation 23 €/p., coin cuisine, wifi, tente 3 €/p., résa souhaitée, ouvert tte l'année (sauf du 12/07 au 19/07 2013), pl. du Marcadieu, 05 59 04 41 41, www.arzacq.com

→ HR La Vieille Auberge du Soubestre, 7 ch., nuitée 58 €/ch., ½ pension de 48 à 77 €/p., accès wifi, MLP, ouvert tte l'année, pl. Marcadieu, 05 59 04 51 31 ou 06 08 54 66 44, www.vieille-auberge-soubestre.fr

00,0 Aire. Dos au porche de la cathédrale, empruntez à gauche la rue Gambetta, puis à droite la rue Henri-Labeyrie, en sens interdit. Passez le pont sur le canal et remontez en face la N 134 sur 200 m. Prenez à gauche une rue montante (rue du Mas, en haut), assez raide. Elle passe devant l'église Sainte-Quitterie-du-Mas. Poursuivez par la rue du Mas.

01,0 Laissez à gauche la rue du Château-d'Eau pour continuer tout droit. En haut, au stop, allez à gauche et au rond-point (cote 152 m), prenez à droite l'avenue Nelson-Mandela.

02,0 Prenez à gauche la rue Georges-Fraisse. Au carrefour, 200 m après, poursuivez à gauche et laissez la rue du Lyonnais. Au bout de la rue du Jardinet, tournez à droite. Prenez en face la voie sans issue qui descend.

03,3 Petit parking de l'étang de Brousseau : continuez à gauche sur un chemin herbeux fermé à la circulation. Au carrefour à plusieurs branches, prenez à gauche celle qui monte raide au départ.

04,3 Après une barrière en bois, suivez une petite route à droite. En bas, franchissez le pont sur le ruisseau de Brousseau qui alimente le lac. Passez sous les différents ponts pour prendre le premier chemin à droite qui longe d'abord une clôture, puis monte.

05,6 Bégorre. Au coude d'une route, à la hauteur d'un poteau électrique et d'une ferme, continuez en face sur le goudron sur environ 500 m. Au carrefour suivant, prenez à gauche et, 20 m après, laissez un chemin à droite pour suivre la route à gauche.

07,1 Dans un virage près d'un bosquet, prenez la piste gravillonnée à droite (ouest) sur 300 m avant de poursuivre sur une autre piste rectiligne à gauche qui passe à gauche d'un bosquet de pins et longe une haie plantée. Au point bas, elle passe entre deux haies, remonte et passe sous une ligne électrique.

09,2 Après une plantation de pins, empruntez la D 62 à droite où vous laissez un chemin à gauche 100 m plus loin. Après le pont, suivez la route à gauche vers Sorbets. Au carrefour, 800 m plus loin, laissez cette direction en face pour continuer à gauche sur le chemin de Sanit-Pé. Sur cette route, laissez à droite le chemin de Jeandet, puis celui de Fistat.

Le lavoir d'Arzacq-Arraziguet

11,7 Au carrefour avec un oratoire de la Vierge, le GR continue tout droit, fait de même au carrefour 400 m plus loin.

3h20 13,6 Hameau de **Lafosse,** carrefour avec un hangar. C'est toujours tout droit, mais au carrefour, 250 m après, empruntez la D 375 à droite. Vous y laissez une petite route à droite (accès à Matot).

14,3 Au calvaire après les premières-maisons, tournez à droite sur une allée goudronnée. À la fin du goudron, poursuivez tout droit sur un chemin herbeux. Il navigue entre les prairies, puis se rétrécit et se creuse. Il traverse un bosquet et descend (passage humide).

15,5 Carrefour de chemins : poursuivez à droite et, 130 m plus loin, traversez la passerelle sur le ruisseau Bahus. Plus haut, à la hauteur d'une maison, vous suivez le goudron en face sur 300 m. Au carrefour, traversez en diagonale pour emprunter un chemin gravillonné qui vire à droite plus loin.

17,1 Traversez la D 11 et montez en face. 300 m plus loin, à un carrefour après un groupe de maisons, allez à gauche et entrez dans Miramont. À la bifurcation, prenez à droite et passez à droite du cimetière.

4h30 17,9 Miramont-Sensacq. Église. Descendez au stop où vous continuez tout droit. En face de l'Eden Pack, descendez à gauche, puis virez à droite. Stop sur la D 314 : suivez longuement cette route à gauche sur plus de 2 km.

20,2 Après une vigne, au carrefour flanqué d'une bouche d'incendie, tournez à droite (sud-ouest). 500 m plus haut, après une borne Michelin-Saint-Jacques, la route vire à droite (nord-ouest). À la hauteur de la ferme Pérou, elle vire à gauche (ouest).

21,4 Traversez la ferme de Lamagnaques (cote 201 m) et descendez un chemin herbeux et terreux, tout droit. Au point bas, empruntez la passerelle en bois et poursuivez sur un chemin terreux dans un bosquet. À la sortie du bois, suivez un chemin goudronné à droite ; 200 m plus loin, descendez à droite ; traversez un pont plus bas.

22,9 Carrefour en T : prenez à droite en direction de l'église de Sensacq que vous laissez à droite dans un virage pour continuer sur la route. 100 m après, virez à droite en laissant le chemin en face.

23,8 Quittez le goudron pour un chemin gravillonné qui monte à gauche. Au bout de 500 m vous retrouvez le goudron que vous suivez tout droit.

25,1 Carrefour en T avec la D 111* que l'on suit à droite sur environ 150 m pour prendre un chemin terreux à gauche, dans un bosquet de chênes. Virez une fois à gauche, puis à droite pour descendre sur un sentier en lisière. Plus bas, il se poursuit en creux sous la végétation. Entre deux haies d'arbres, il descend plus sérieusement, puis passe sur une passerelle en bois pour franchir des passages marécageux.

26,4 Croisement de chemins avec barrières : continuez en face sur un chemin herbeux qui se transforme en sentier en descendant. Point bas et croisement de chemins : allez à droite (à 50 m à gauche, fontaine de la Houngrosse et lavoir, panneau). Le chemin est raide sous le village. En haut, croisez un bout de chemin pour atteindre ensuite le goudron que vous suivez à gauche.

6h50 27,1 Pimbo. Descendez la D 111 à droite de l'église, sur 260 m. À la bifurcation avec une croix et des conteneurs, suivez à droite la route qui descend. 300 m après, virez à droite sur une petite route raide (panneau : 3,5 T). Au croisement après deux petits ponts, allez à droite.

28,5 Pont. Vous entrez dans le département des Pyrénées-Atlantiques. Croisement : laissez le chemin de Plaa pour celui de Lassalle, en face.

29,2 Croisement : continuez en face sur la côte de Lassalle. Au carrefour, après le château, prenez à droite la D 32 sur une vingtaine de mètres pour aller ensuite à gauche, toujours sur le chemin de Lassalle. Laissez à droite le chemin de Bourda et continuez à gauche sur la route qui effectue plusieurs virages.

31,5 T avec la D 32 : suivez-la à droite. Quand vous rencontrez la D 946, vous la suivez en face. Prenez à droite la côte de Camot.

32,2 Croisement avec la D 944 : poursuivez à gauche. Plus loin, au carrefour giratoire, poursuivez en face.

8h20 32,7 Arzacq-Arraziguet. Carrefour avec le Crédit Agricole en face.

** Les VTT iront à gauche jusqu'à l'entrée de Pimbo.*

Le hameau de Sensacq fut jadis une baronnie dont le château conserve des ouvertures du XVIIe s. Il fut rattaché en 1844 à l'ancienne bastide anglaise de Miramont. Son église romane (XIe s.) possède des fonts baptismaux par immersion.

La collégiale de Pimbo aurait été fondée en 778 par Charlemagne. Des bénédictins s'implantèrent très tôt dans ce village. En 1268, la plus ancienne bastide des Landes y fut édifiée par paréage entre l'abbé du lieu et le sénéchal de Gascogne, représentant du roi d'Angleterre. Il y avait alors trois églises. Seule demeure la collégiale Saint-Barthélemy.

L'église garde intact le chevet du XIIe s. L'intérieur a souffert des travaux de fortification au XIVe s., puis des assauts des protestants au XVIe s. Crucifix de bois du XVIIe s., deux statues de saint Marc et saint Barthélemy, portail sculpté de la fin du XIIe s. (disques d'allure celtique).

Par Boucoue chemin faisant

Au hameau de Poursuigues, à la ferme restaurée Loustaou, une fontaine d'eau potable porte des coquilles Saint-Jacques et, sur un carrelage, l'inscription « Les Chemins du Roy – Saint-Jacques-de-Compostelle, 924 km ». L'église rurale de Boucoue : clocher-mur et petit portail gothique en accolade.

À Arzacq-Arraziguet, deux signes indiquent le passage des pèlerins : un vitrail de saint Jacques dans l'église et trois coquilles d'or dans le chef d'azur des armoiries communales. Au XIe s., un château y fut bâti puis un village neuf. Il devint ensuite une véritable bastide anglaise face au Béarn. Le nom d'Arraziguet était celui d'un petit hameau.

À voir encore : dans l'église : belle Vierge du XVIe s. en bois ; la tour du Peich dite aussi de Louis XIII ; un lavoir couvert en forme de fer à cheval en bas de la côte de la route de Morlanne.

L'église de Pimbo

→ Arzarcq-Arraziguet → Arthez-de-Béarn

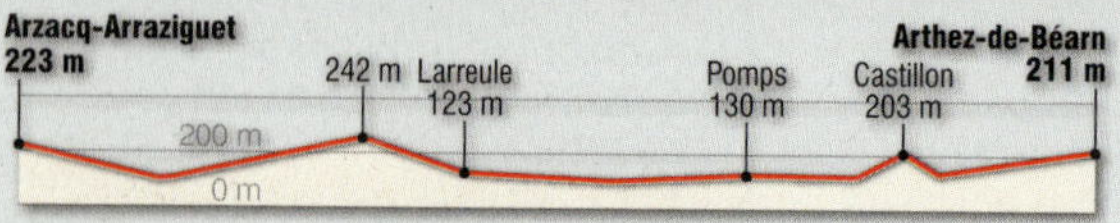

RENSEIGNEMENTS PRATIQUES

MORLANNE (64370) 4 KM HORS GR

- CH, 2 ch. (5 pl.), nuitée 44 à 50 €/1 à 2 p., pdj compris, coin cuisine, ML, acheminement, Mme Geyre, 05 59 81 60 38 ou 06 88 86 02 74, www.chemindecompostelle.com/geyre
- CH Maison Navarron, 4 ch. (7 pl.), nuitée de 35 à 55 €/1 à 2 p., pdj compris, repas pèlerin à la ferme auberge, ML, accueil équestre, acheminement, 2 rue des Arènes, M. Cousin, 05 59 81 47 98 ou 06 61 66 71 26, www.chemindecompostelle.com/maisonnavarron
- CH Manoir d'Argelès, 3 ch., nuitée de 40 à 60 €/1 à 2 p., pdj compris, TH dimanche et lundi 17 €, panier repas sur résa 5 €, ML, acheminement, ouvert de mai à oct., 183 rue du Manoir, 05 59 81 44 07, www.chemindecompostelle.com/manoirdargeles

POMPS (64370)

- www.mairie-de-pomps.jimdo.com
- Épicerie

La qualité du trajet réside surtout dans le bonheur de marcher sur de beaux chemins en balcon entre la vallée du Luy et les gaves du Béarn. À la croisée des chemins, l'église isolée de Saint-Caubin (XIIème siècle) annonce la proximité d'Arthez-de-Béarn. Ce village étape est perché sur une crête d'où la vue se porte sur les Pyrénées, de plus en plus proches.

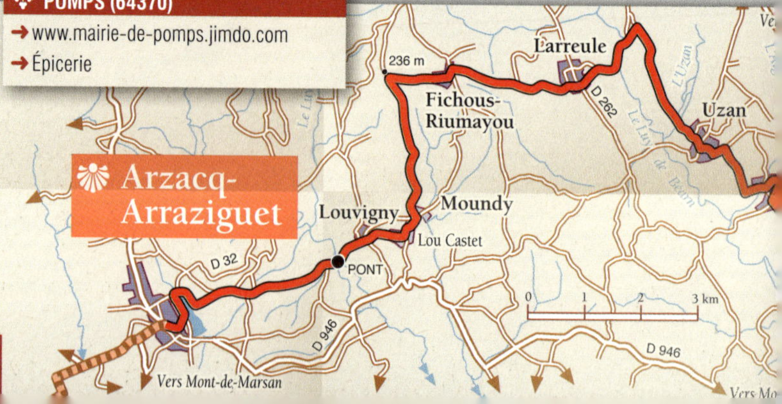

→ 500 m du GR : GE communal, 18 pl. en bungalow (box de 2 à 4 p.) et lits sup., nuitée 10 €/p., pdj 4 €, repas 10 €, coin cuisine, panier repas 6 € sur résa, ML, accueil équestre, ouvert de mars à nov., réservation, 06 84 91 94 00 ou 06 30 04 47 23

CASTEIDE-CANDAU (64370) 3 km hors GR

→ CH Domaine de Compostelle, 5 ch. (20 pl.), ½ pension de 68 à 100 €/1 à 2 p., MLP, acheminement, maison Lacrouts, M. Bordes, 05 59 81 43 48 ou 06 86 27 19 01, www.domaine-compostelle.com

HAGETAUBIN (64370) 7 km hors GR

→ GE Costedoat, 4 ch. (15 pl.), nuitée 15 €/p., pdj compris, ½ pension 30 €/p., ML, accueil équestre, acheminement, 100 ch. Long, M. Costedoat, 05 59 67 51 18 ou 06 74 89 61 24, www.gitederaoul.over-blog.com

ARTHEZ-DE-BÉARN (64370)

→ SI, 1 passage Barrailh, 05 59 67 49 10, www.cc-arthezdebearn.fr

→ Tous commerces (épicerie fermée le dimanche, boulangerie fermée le lundi), services, restaurant

→ GE La Maison des Pèlerins, 20 pl., nuitée 10 €/p., coin cuisine, MLP, accueil équestre, 54 la Carrère, 05 59 67 70 52 (mairie), www.chemindecompostelle.com/maisondespelerinsarthez

→ GE de la Boulangerie, 3 ch. + 1 dortoir (8 pl.), nuitée 15 €/p., pdj compris, ½ pension 28 €/p., coin cuisine, MLP, accueil ânes, vélo mis à disposition (pour balades), 13 la Carrère, M. Broussé, 05 59 67 74 46, www.chemindecompostelle.com/brousse

→ 1,5 km, hors GR : CH Lawrenson, 2 ch., ½ pension 40 €/p., panier repas sur résa 5 €, MLP, accueil équestre, poss. acheminement, ouvert d'avril à oct., 49 rte de Gouze, 05 59 67 43 38, www.chemindecompostelle.com/lawrenson

00,0 Arzacq. Face au Crédit Agricole, prenez à droite le chemin de Compostelle (panneau). Au carrefour de chemins, descendez à gauche en passant à droite de la maison. Plus bas, au croisement en T, prenez le chemin gravillonné à gauche qui longe l'étang sur 500 m.
Virez à droite sur un chemin herbeux qui passe au bout du lac, marqué par une barrière en bois (la D 32 se trouve au-dessus à gauche). Le chemin suit la rive sud du lac.

01,5 Prenez un chemin à gauche qui monte assez fortement dans la forêt vers Louvigny. Plus haut, ce chemin s'élargit et se poursuit à découvert.

02,1 Rencontre avec une petite route que vous suivez à droite (cote 238 m). À la bifurcation en Y marquée d'une croix blanche, continuez en face. À la suivante, laissez à droite le chemin de Laulhe pour descendre en face le chemin de Cabirou (panneau : 12 T). Après le goudron, poursuivez sur un chemin gravillonné.

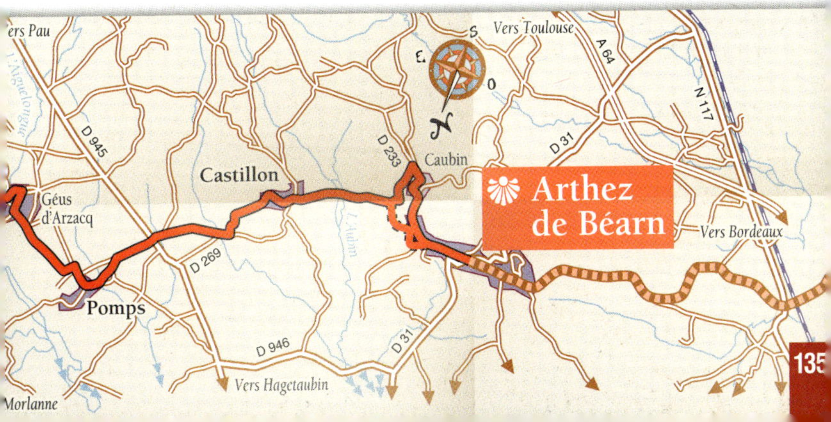

Pin parasol près de Fichous-Rioumayou

03,7 À la maison Cabirou, poursuivez en face sur le chemin qui devient terreux.

1h00 **04,1** Passez le pont sur le **Luy de France** (chemin du Moulin), puis un autre au niveau de l'ancien moulin. Suivez sur la gauche une petite route qui rencontre la D 270. Allez en face et assez rapidement tournez à gauche sur le chemin de Fichous, où vous passez devant l'église.

05,1 À la hauteur d'un poteau électrique, quittez le goudron pour un chemin herbeux à droite qui monte sérieusement et longe un bout de champ. Au-delà, il devient empierré et en creux. Ensuite il redevient herbeux. (Pour les vététistes, il vaut mieux continuer et retrouver le carrefour de Moundy.)
Lou Castet : vous arrivez sur le goudron, à suivre tout droit. Au carrefour en Y, 200 m plus loin, descendez à gauche.

06,0 Carrefour multiple (cote 146 m) de Moundy : prenez à gauche (sud-est) le chemin de Pédebignes. 300 m plus tard, à la bifurcation en Y, prenez à droite en montée. Le chemin devient ensuite gravillonné et passe près d'une grange sur le haut.

07,2 Laissez un chemin herbeux qui descend en face pour continuer sur la piste qui tourne sur la gauche (borne Saint-Jacques). En balcon, la vue est remarquable.
Laissez un embranchement à gauche qui vient de la chapelle de Beyrie. Au carrefour suivant, allez toujours en face. Sur le haut, le chemin à découvert devient herbeux et navigue entre deux clôture sur la crête.

08,8 Rencontre en T avec un chemin gravillonné (cote 236 m) que vous empruntez à droite sur 50 m pour descendre à droite (ouest) en écharpe sur un chemin herbeux. Il passe un petit ruisseau et remonte en face avant de virer sur la droite. Plus haut, il rencontre une autre piste que vous remontez (assez raide) à gauche (panneau). Vous suivez ensuite le chemin gravillonné qui devient goudronné au niveau de la première maison.

10,0 Fichous-Riumayou. Carrefour près de l'église : prenez à gauche sur 200 m, puis tournez à droite, route de Larreule. Laissez à gauche la route de Lesquibe et descendez en face.

12,6 Passez le panneau de Larreule (joli lavoir à gauche un peu plus loin). Laissez ensuite le chemin de l'Église.

3h15 12,9 Larreule. Stop avec la D 262 (cote 123 m). Continuez en face, route de Mazerolles. 400 m plus loin, laissez venir une petite route sur votre gauche et continuez tout droit. Après un pont, la route exécute un virage sur la gauche.
Une station de pompage et un transformateur EDF précèdent le pont sur le Luy de Béarn que vous traversez. 200 m plus loin, prenez à droite (nord-ouest) la petite route d'Uzan. Passez une ferme.

14,5 Carrefour : tournez à droite. Laissez à gauche un chemin gravillonné dans un virage. Après une grande ferme (Largounès), la route descend.
Au point bas (108 m), passez un pont sur le ruisseau d'Uzan avant d'atteindre l'église, 400 m plus loin. Au carrefour tout proche, continuez à droite et, à celui avec une cabine téléphonique, allez encore à droite. 100 m après, prenez la direction de Géus à gauche.

17,2 Uzan. À la bifurcation avec une croix, partez à gauche et ensuite (moins de 200 m) empruntez à droite une autre petite route vers Géus (panneau : Saint-Jacques). Elle fait un coude à 90° à gauche et descend plus tard sous les arbres. Laissez deux accès à des maisons à gauche avant de traverser.

18,7 Pont sur l'Ayguelongue : la route remonte et fait un coude.

19,0 Géus-d'Arzacq, carrefour : allez à droite vers l'église et traversez une partie du village. Au carrefour avec une croix, prenez à gauche le Cami de Compostelle et passez devant la mairie. Après la sortie du village, laissez à gauche la route de Bordenave pour aller tout droit.

19,8 Au croisement avec une croix blanche, allez en face deux fois pour suivre un chemin gravillonné. Quittez-le quand il vire à droite pour aller tout droit sur un chemin herbeux bordé d'arbres. Plus loin, il passe en bordure de champ.

5h15 21,0 Pomps. Carrefour en T avec une route que vous suivez à gauche : laissez la direction de Morlanne à droite. 100 m plus loin, tournez à droite ; au carrefour avec une grande croix, allez à gauche et laissez de suite après une route à droite.

21,7 Après un pont sur un affluent du Luy de Béarn, tournez à gauche sur la petite route de Brana (ancienne scierie à droite). Carrefour en T : allez à droite sur une petite route pendant 700 m.

23,0 Stop sur la D 945 : allez en face, en direction de Doazon. Après la maison, prenez à droite un chemin herbeux qui se prolonge par un sentier gravillonné.

La chapelle de Caubin

Celui-ci devient en terre sous les arbres. Il débouche sur un chemin herbeux que vous suivez à droite sur 50 m.

24,0 D 269 : suivez le goudron sur la gauche et traversez de suite le pont sur le Lech. Plus loin, dans un virage, laissez une route à droite et poursuivez toujours sur la D 269. Laissez une autre route à droite pour passer tout droit le panneau d'entrée à Castillon. Ignorez encore une route à droite.

6h30 **25,6** **Castillon.** Église et carrefour avec une croix : poursuivez sur la D 269 qui vire vers la gauche. Au stop (cote 203 m), 250 m après, prenez une petite route en face (à droite d'une croix). Traversez la ferme de la Coume et descendez un chemin creux en terre.

26,6 Reprenez en face la D 269, puis passez deux ponts sur l'Aubin (cote 138 m).

27,6 Quittez la D 269 dans la montée (vous pouvez continuer sur la D 269 pour atteindre le centre d'Arthez plus rapidement si vous êtes fatigué en cette fin d'étape : raccourci de 1 km) pour une petite route à gauche en direction de l'église de Caubin. Elle monte sur 600 m.

28,5 Carrefour avec la D 233 que vous suivez à droite. À 100 m se trouve la vielle église de Caubin. Après l'église, poursuivez désormais sur la D 233 qui entre longuement dans Arthez-de-Béarn. Traversez la D 269 et, 800 m plus loin, la D 31 pour aller en face dans la rue La Carrère.

7h45 **31,0 Arthez-de-Béarn.** Église.

Pomps sur un air de lilas

Larreule est un village entouré de douves. Il devint une bastide à la fin du XIIIe s. L'église est le vestige d'une abbaye fondée en 995, ravagée en 1569 puis détruite à la Révolution.

À Uzan, l'église et une vieille fontaine sont consacrées à sainte Quitterie. Le roi Édouard Ier et la reine Aliénor d'Angleterre, ducs d'Aquitaine, y firent étape en 1289.

À travers le Saubestre chemin faisant

Le Saubestre est une petite région de collines dont Arthez-de-Béarn est le chef-lieu. C'était l'une des trois contrées composant le pays des Venarni (Béarnais).

Castillon doit son nom de château à une forteresse préhistorique, où furent trouvées des haches de bronze. Église archaïque et manoir Renaissance.

À Caubin, l'hôpital fut donné, dès sa fondation en 1154, à l'ordre de Malte. En 1569, la commanderie comptait encore un prieur et sept frères, que Montgomery fit périr. Exproprié par la suite, l'ordre récupéra Caubin en 1592 pour le perdre à la Révolution.

La chapelle en ruine a été restaurée à partir de 1966. Chevet semi-circulaire avec mur-fronton en vigie et toit plat. Carrelages de céramique en partie d'origine. Et, surtout, le gisant dans son enfeu : un chevalier vêtu de la cote de mailles, l'épée au côté. Il s'agirait d'Arnaud-Guilhem d'Andoins, mort au combat en 1301. Sa dernière héritière n'est autre que Diane d'Andoins, la fameuse Corisande, l'une des maîtresses d'Henri IV.

Arthez-de-Béarn apparaît comme une citadelle perchée. Gaston Phébus y possédait un château, aujourd'hui disparu. Le bourg se développa autour du couvent des augustins.

Église de 1887, mais clocher-tour du XIIe s ; restes de remparts ; vieilles maisons béarnaises ; sites préhistoriques fréquents aux alentours.

Arthez-de-Béarn → Navarrenx

En flânant dans Navarrenx

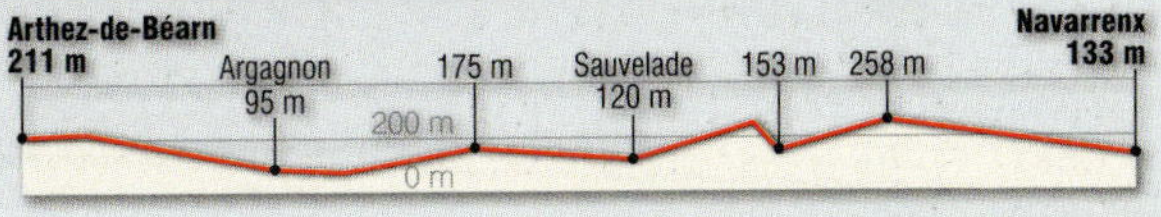

La progression en crête se poursuit à la sortie d'Arthez avant de plonger dans la large vallée du gave de Pau, où le GR évite le bassin industrialisé de Lacq. De nouveau baigné par les coteaux, le cheminement passe par le bel ensemble monastique de Sauvelade. Puis la longue descente forestière permet de gagner la vallée du gave d'Oloron et les fortifications de Navarrenx.

RENSEIGNEMENTS PRATIQUES

ARGAGNON (64300)

- Restaurant
- GE du Cambarrat, 3 ch. (10 pl.), nuitée de 12 à 16 €/p., + 3 roulottes (pour ronfleurs) nuitée 12 €/p., pdj 4 €, repas 10 €, ½ pension 26 €/p., coin cuisine, accueil équestre, acheminement, épicerie dépannage, 350 ch. de Baraten, M. Champetier, 05 59 67 65 98, www.giteducambarrat.fr

MALASCQ (64300)

- CH Les Tilleuls, 2 ch., nuitée de 26 €/p., pdj compris, repas sur résa 12 €, MLP, poss. accueil équestre, poss. acheminement, 8 allées des Tilleuls, 06 19 42 76 20 ou 05 59 38 21 65, www.chemindecompostelle.com/lestilleuls
- HR Maugouber, 19 ch., nuitée de 45 à 63 €/1 à 2 p., pdj 6 €, ½ pension de 59 à 90 €/1 à 2 p., menu à partir de 12 €, restaurant fermé le vendredi soir et samedi tte la journée et jours fériés, fermé du 20/12 au 07/01, 1 rue du Fronton, 05 59 38 78 00, www.hotel-maugouber.com

SAUVELADE (64150)

- www.sauvelade.fr
- Bar, multiservice (le P'tit Làa)
- GE communal, 18 pl., nuitée 8 €/p., pdj 5 €, ½ pension 28 €/p., coin cuisine, épicerie dépannage, MLP, accueil équestre, tente 3 €/p., complexe de l'Abbaye, M. Sainty, 05 59 67 33 69
- CH, 1 ch. (2 pl.), nuitée de 20 à 38 €/1 à 2 p., pdj compris, poss. de cuisiner, 280 camin de la Crotz de Loupin, las Campanhas, Mme Grosclaude, 05 59 67 60 57
- GE Domaine de Lacassie, 4 ch. (10 pl.), nuitée de 40 à 55 €/1 à 2 p., nuitée 25 €/p. (ch. partagée), pdj compris, repas 15 €, acheminement, accueil équestre, ML, M. Darrigrand, 06 07 42 24 33 ou 06 07 80 72 54, www.vacances-bearn.com, www.chambres-bearn.com
- GE et CH Nadette, 15 pl., nuitée en dortoir 16 €/p., pdj compris, ½ pension 30 €/p. ; nuitée en ch. de 39 à 74 €/1 à 3 p., pdj compris, ½ pension 54 à 120 €/1 à 3 p. ; tente 10 €/p., pdj compris, panier repas 7 €, coin cuisine, épicerie dépannage, accueil équestre, Mme Godfroy, 05 59 38 48 79 ou 06 87 29 13 70, www.a-gites.com/annonce-13827.html

- 4 km après : CH Maison Artigouha, 2 ch., nuitée de 47 à 52 €/1 à 2 p., pdj compris, TH 20 €, ML, accueil équestre, poss. acheminement, 1980 ch. de Mesplaterre, Loubieng, Mme Pétriat, 05 59 69 40 47 ou 06 20 39 45 16, www.maison-artigouha.com

NAVARRENX (64190)

- OT, 2 passerelle des Casernes, 05 59 38 32 85, www.tourisme-bearn-gaves.com, www.cc-navarrenx.fr, www.ville-navarrenx.fr
- Tous commerces, services
- La Taverne Saint-Jacques (cyber café), menu pèlerin à 10 € midi et soir, 05 59 66 25 25, www.la-taverne-de-st-jacques.com
- GE communaux, 3 G (16 + 12 + 26 pl.), nuitée 11 €/p., coin cuisine, MLP, arsenal et pl. du Foiral, accueil au bar Le Dahu 05 59 66 02 67, ou mairie 05 59 66 10 22
- 1,5 km du centre-ville : GE Charbel, 22 pl. , nuitée de 16 à 42 €/1 à 2 p. (selon ch.), 5 CH : nuitée 52 €/2 p., pdj 6 €, repas 13 € (au bar du Centre, aller-retour assuré), coin cuisine, MLP, accès Internet (au bar), accueil équestre, acheminement, ouvert du 01/04 au 15/10 (hors saison sur résa), ch. du Moulin, Mme Fournier, 05 59 66 07 25 ou 06 08 93 56 41
- G Bar des Sports, 2 ch. (6 pl.), nuitée de 38 à 90 €/1 à 4 p., pdj 5 €, fermé en août, rue Saint-Antoine, Mme Bergos, 05 59 66 50 63
- GE et CH Le Relais du Jacquet, 15 pl., GE : 5 pl., nuitée 60 à 72 €/2 à 3 p., pdj compris, ½ pension pèlerin de 37 à 43 €/p. ; CH : nuitée de 42 à 72 € /1 à 3 p., pdj compris, ouvert d'avril à oct. (de nov. à mars sur résa), 42 rue Saint-Germain, M. Gabastou, 05 59 66 57 25 ou 06 75 72 89 33, www.chambre-hotes-navarrenx.com
- Camping Beau Rivage, 52 empl., tente de 11 à 16 €/p. (randonneur 11/14 €) (selon saison), MLP, ouvert du 31/03 au 15/10, allée des Marronniers, M. Curtis, 05 59 66 10 00, www.beaucamping.com

00,0 Arthez. Du parking de l'église, prenez à gauche (ouest) la rue La Carrère (à la suite de la veille). Au stop au bout de cette rue, prenez en face.

00,8 Prenez encore en face la rue du Bourdalat et, en suivant, le chemin du Bosc. Le chemin gravillonné fait suite au goudron. Il se déroule en crête sur près de 2,6 km.

04,7 Vous rencontrez un virage d'une petite route de l'Église que vous descendez à gauche.

05,4 Laissez sur la gauche le chemin de Mirabel et, dans le virage en dessous, un chemin à gauche. Plus loin, laissez à droite le chemin Labarrère. Au carrefour avec un gros cèdre, continuez en face, route de l'Église.

1h50 7,5 Église d'**Argagnon.** Marchez le long de la N 117, mais à gauche du rail de sécurité, dans l'herbe. En bas de la côte, prenez la D 227 en direction de Maslacq ; traversez une série de ponts (sur la voie ferrée, sur le gave de Pau et enfin sur l'autoroute).

09,5 Carrefour de Maslacq : allez à gauche et passez à droite du fronton (alt. 79 m). Au carrefour avec la D 9, allez encore à gauche.

10,1 Après le pont sur le Géu, empruntez une route à gauche vers le sanctuaire de Muret (panneau), dans le quartier de l'Aubadère. Quittez le goudron pour un chemin blanc à gauche (los Verges). À la fin du gravier blanc, tournez à droite sur un chemin gravillonné et herbeux.

11,5 Traversez le goudron pour continuer en face en direction du sanctuaire de Muret (panneau). Vous côtoyez ensuite le gave de Pau et passez à droite d'une ruine qui précède l'entrée dans le bois où le chemin devient goudronné et monte assez raide.

13,1 En haut de la côte, carrefour en T (à gauche, le sanctuaire) : allez à droite. Le goudron est remplacé par

L'abbaye de Sauvelade

Navarrenx : la porte Saint-Antoine

le gravillon. 200 m plus loin, traversez la D 9 pour un chemin gravillonné en face ; rapidement, quand vous retrouvez le goudron, tournez à gauche. Après 100 m, laissez la D 9 quelques mètres à gauche et virez à droite sur le chemin Saubade. Laissez le chemin de Bazans à gauche avant de traverser le pont sur le Géu.

14,7 Carrefour où vous continuez tout droit en laissant à gauche le chemin des Sondes. 200 m après, laissez une route à droite pour continuez chemin de Lacoume.

15,1 Traversez la ferme de la Coume. Après le hangar, remontez à droite d'une haie, le long d'un champ. 150 m plus haut, laissez un embranchement à gauche. À l'angle du bosquet, virez à gauche. Franchissez les buses sur le ruisseau. Passez la clôture (bien refermer) et tournez à droite dans le creux du vallon. Puis remontez à gauche sous deux gros chênes et passez de nouveau une clôture.

15,8 Remontez le chemin d'accès de la ferme Larqué que vous avez laissé à gauche. Au carrefour, 100 m après (table et eau), suivez la petite route à droite (nord) qui descend d'abord et remonte fortement ensuite.

16,8 Au point haut, allez en face, légèrement à gauche, vers Sauvelade. La route descend fortement : laissez un chemin à gauche interdit à tous véhicules. Il vire vers la droite sur le bas.

4h30 17,8 Sauvelade. Passez le pont sur le Laà, l'église et le gîte communal (à gauche). 100 m plus haut, allez à gauche sur la D 110, laissez à droite le camin de Lichonnet avant le chemin de l'école.

18,9 Quittez la D 110 (alt. 134 m) et prenez à droite le chemin de Compostelle (panneau). 200 m après, descendez à gauche et traversez un pont. La route navigue, monte et descend.

21,3 Point haut au hameau de Bugnein : allez à droite (250 m).

21,9 Carrefour en Y : allez maintenant à gauche direction : Bugnein - Cami de Berduqueu. Autre Y avec un abri en tôle où vous prenez à gauche. Au point bas, traversez un pont après une ancienne ferme.
Carrefour en T au point haut, avec une station de pompage ronde : allez à gauche en direction de Bastanes.

6h20 25,1 Croisement, cote 258 m : laissez la direction de Bastanes à droite et poursuivez en face en direction de Méritein. La route en creux court sur la crête entre deux clôtures.

25,7 Au carrefour, tournez à droite vers Meritein en laissant la direction de Navarrenx en face. Cette roue en balcon offre une très belle vue par beau temps. Après le chemin d'accès vers le Rey, que vous laissez à droite, la route descend fortement en forêt et suit l'axe du vallon vers l'ouest. Sur le bas, doublez une aire de pique-nique (eau non potable). Restez sur le bitume.

28,7 À la bifurcation en Y, continuez à gauche sur le chemin Dous Barrats avec un quartier résidentiel à droite. Après le pont sur le Lucq, continuez sur le chemin Claverette à gauche. Au pont suivant (carrefour en T), allez à gauche.

29,7 Église de Méritein. Au croisement, allez à gauche et, 80 m après, encore à gauche, chemin de la Biasse (panneau interdit à tous véhicule).

30,9 Avant le stop sur la D 67, descendez à gauche et empruntez le tunnel sous la route, tournez à droite, puis rapidement à gauche.

31,6 Au stop, virez à droite sur la D 111 et franchissez le pont sur l'Arroder. Au carrefour suivant, traversez la D 947 et continuez en face (chemin de la Batteuse). Au stop, en face d'une école, virez à droite. Prenez en face la rue Saint-Germain et, 60 m après, tournez à gauche vers l'église.

8h20 32,2 Navarrenx. Porche de l'église Saint-Germain.

Par le gave de Pau chemin faisant

En 1949, un important gisement de gaz naturel fut découvert à Lacq. Il sera épuisé vers 2020.
À Argagnon, le château Champetier de Ribes occupe, au sommet de son parc, la plateforme d'un camp fortifié protohistorique.
Né à Gavarnie, le gave de Pau est un large torrent rejoignant l'Adour près de Peyrehorade.
Maslacq est une jolie bourgade aux maisons rurales anciennes (château du XVIIIe s.).
Le Saleys, rivière souvent à sec mais parfois torrentueuse, traverse en aval Salies-de-Béarn, la cité du sel.
À Méritein : maisons béarnaises typiques et manoir du même style.

Après Maslacq, le sanctuaire Notre-Dame-de-Muret, un oratoire néo-byzantin de 1936, est le plus ancien du Béarn.

À Sauvelade, sur les bords du Laà, l'abbaye du XIIe s. est en forme de croix grecque. L'intérieur affiche un beau dépouillement cistercien. À coté se trouve le monastère du XVIIe s. À la Révolution, l'abbaye devint une église paroissiale et le monastère fut vendu. Il sert aujourd'hui de centre culturel.

Navarrenx, ceinturée de remparts, fut dès l'origine une ville frontière. En 1316, la hauteur dite la Casterasse (« forteresse ») fut flanquée d'une bastide. En 1537, Henri d'Albret et Marguerite d'Angoulême, rois de Navarre (et de Béarn), en firent la première forteresse bastionnée du territoire français, bien avant Vauban ! De mars à juillet a lieu le championnat du monde de pêche au saumon.

À travers la ville

La grande arche du pont sur le gave d'Oloron (XIIIe s.) ; la tour de la Poudrière ; l'arsenal et la place des Casernes ; la monumentale porte Saint-Antoine refaite en 1645 ; l'église Saint-Germain (d'Auxerre), terminée en 1562, d'un gothique tardif.

Echauguette à Navarrenx

→ Navarrenx → Aroue

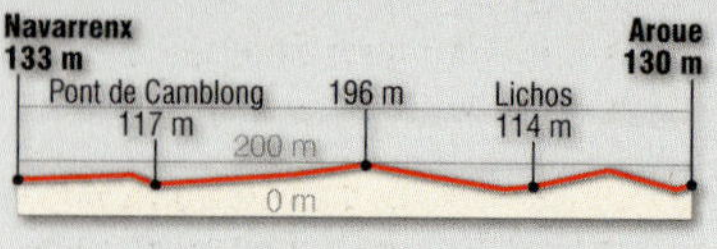

Une fois passée la porte Saint-Antoine et franchi le gave d'Oloron, vous partirez à l'assaut des moutonnements du Béarn des gaves pour cette étape assez courte avec une belle tirade à travers la forêt. Plus loin, le Saison marque la frontière entre le Béarn et le Pays basque où Aroue, modeste village, sera votre halte du jour.

RENSEIGNEMENTS PRATIQUES

SUSMIOU (64190) 1,5 KM HORS GR

- Supermarché, médecin
- CH du Moulin, 2 ch. (6 pl.), nuitée de 50 à 75 €/1 à 3 p., pdj compris, repas 20 € (sur résa), accueil équestre, 7 ch. des Tuileries, M. Baltar, 05 59 66 04 39 ou 06 47 71 70 37, www.peche-pyrenees.com

LICHOS (64130)

- CH, 3 ch., ½ pension 40 €/p., MLP, poss. panier repas, ouvert du 15/04 au 15/10, maison Montalibet, 05 59 28 85 63 ou 06 24 06 59 07, www.chemindecompostelle.com/routier

AROUE (64120)

- Mairie, maison Aruberria, 05 59 65 91 34
- 1 km avant Aroue : GE Ferme Bohoteguia, 20 pl. (ch. de 2 à 4 p.), pèlerins à pied uniquement, nuitée de 13 à 17 €/p., pdj 4 €, draps et serviette 5 €, ½ pension 30 à 34 €/p., ravitaillement, coin cuisine, ouvert d'avril à fin oct., Mme Barneix, 05 59 65 85 69
- GE communal, 12 pl., nuitée 9 €/p., acheminement pour le repas 13 €, coin cuisine, épicerie dépannage (de 17h30 à 18h30), MLP, tente 2 €/p., accueil équestre, ouvert du 01/04 au 01/11, ancienne école, rte de Mauléon, Mme Darritchon, 05 59 65 95 54

Bovins ruminant entre Navarrenx et Aroue

00,0 Navarrenx. Dos au porche de l'église Saint-Germain, traversez la place Darralde en oblique vers la gauche, en laissant l'hôtel de ville à droite, et passez devant la maison de Jeanne d'Albret. Continuez tout droit rue Saint-Antoine (en sens interdit) en laissant la rue de la Poudrière et la rue Catherine-de-Bourbon à gauche. Place des Casernes, prenez à gauche la porte Saint-Antoine et descendez en face vers le pont. Traversez le gave d'Oloron.

00,5 Après le pont, tournez à droite, direction Bayonne, sur la D 115. Sortez de Navarrenx pour entrer dans Castelnau-Camblong (quartier de la gare).

01,2 Au carrefour giratoire (D 936), allez en face vers Castelnau-Camblong. 600 m après, prenez à droite (nord) la côte Perissé vers le centre-bourg. La route fait une courbe et atteint un carrefour avec une croix où vous suivez à droite, rue de l'Église.
Laissez l'église à droite, 70 m après prenez à gauche la rue des Debantets. En bout de ligne droite prenez à gauche une piste (pont de Camblong) qui descend et exécute une courbe vers la droite, plus bas. Restez sur ce chemin principal en laissant des embranchements à droite.

1h00 04,2 Passez le **pont de Camblong** sur le Lausset (117 m) et, 100 m après, au carrefour de chemins, allez à droite sur un chemin herbeux et terreux qui longe un champ.

04,8 Quittez ce chemin pour un autre, vieux et érodé, à droite dans la forêt (poteau indicateur). À la bifurcation flanquée d'un panneau (palombière), allez à droite. Rejoignez ainsi une piste de terre que vous suivez à droite. En bas, un bout de piste vous rejoint sur la droite. Passez un pont en bois.

05,6 Carrefour avec une petite route que vous suivez à gauche sur 1,3 km.

06,9 Quittez le goudron pour un chemin en terre, à droite, qui tourne rapidement vers la gauche en laissant un embranchement herbeux en face. Sur le haut, le chemin est bordé par deux clôtures. Laissez une piste à droite ; plus loin le chemin vire une fois à droite, puis à gauche.

07,7 Vous entrez dans le bois de Lessoué (palombière à gauche), la piste devient gravillonnée et plus large.

08,1 Point haut (172 m), carrefour en T : allez à gauche (sud) vers Charre-Lichos. Le chemin descend dans le vallon.

08,8 Point bas sur le ruisseau, la piste fait un coude vers la droite en laissant un hangar sur la gauche. À la bifurcation qui suit, allez à gauche où le chemin devient plus terreux ; en montant il devient herbeux et passe de nouveau entre deux clôtures.
Point haut : il contourne un bosquet avec une palombière par la droite. Le chemin devient gravillonné et monte.

10,1 Prenez la D 115 à droite et immédiatement allez à gauche en direction de Charre (panneau : Route Saint-Jacques, qui est en fait la D 343). Laissez le chemin Escularandou à gauche et continuez sur la route qui descend fortement.
Après un petit pont, laissez une piste à droite et, 100 m plus loin, laissez à gauche le chemin de Bassagueys.

12,1 Après le pont sur l'Apaure, allez tout droit aux deux carrefours suivants. Quand vous remontez, laissez à gauche la direction du château de Mongaston.

13,2 Cherbeys : au carrefour, tournez à droite sur la route. Après 350 m, face au panneau de Charre, virez à gauche (toutes directions). Juste avant la D 23, virez à droite afin de prendre le tunnel sous la route. De l'autre côté, empruntez à gauche le chemin qui longe la route.

Dans le virage, passez la clôture pour suivre la route à droite.
Traversez en suivant le pont sur le Saison. À l'autre bout, descendez à droite un sentier (rampe) qui rejoint en contrebas un chemin goudronné. Remontez-le vers la gauche, il vire vers la droite et, 500 m plus loin, atteint…

3h45 **14,9 Lichos.** Au carrefour, tournez à gauche (église à droite) ; à la bifurcation suivante descendez à droite et passez le pont sur le Borlaas.
Sur le haut, traversez la D 23 et continuez en face à gauche de l'école communale. À la bifurcation après un lotissement, prenez la branche de droite. Ensuite vous laissez les chemins de droite comme de gauche. Après les champs, la route longe un bosquet où elle monte un peu plus fort.

17,2 En haut, au carrefour, tournez à

Le gave au départ de Navarrenx

L'église de Castelnau-Camblong

gauche et de suite allez à droite (borne) sur un sentier de terre qui s'enfonce sous les arbres. À la sortie, passez un portillon que vous n'oubliez pas de refermer, puis descendez la prairie tout d'abord le long de la haie et ensuite vers la maison de Bellevue (passage privé). Après la grille, passez entre le garage et la maison.

17,9 Descendez son chemin d'accès sur presque 400 m. En bas, suivez ensuite la D 11 à droite jusqu'au centre d'Aroue, en laissant le GR 65 partir à gauche au château de Joantho (vous le retrouverez demain).

5h00 **19,4 Aroue.** Le gîte communal est à gauche, à l'entrée du village.

Variante par temps pluvieux

Ne passez pas par Castelnau-Camblong : continuez sur la D 115 pendant 5 km jusqu'à la bifurcation où vous suivez la D 243 pendant 1,6 km. Vous retrouvez le GR 65 qui va à gauche, direction Charre.

Raccourci pour les VTT (et peut-être pour les pédestres en cas de pluie)

Au km 06,9, restez sur la petite route menant à la D 243 que vous suivez à droite sur 500 m pour retrouver le GR 65 et aller à gauche en direction de Charre.

Au XIIe s., avant le développement de **Saint-Palais,** le pèlerin du Puy, tributaire des gués, allait au plus court de Susmiou à Charre. Le lieu-dit la Galupe indique bien que l'on traversait en bac le gave de Mauléon, ou Saison, qui sépare Béarn et Pays basque.

Aux limites du Béarn chemin faisant

Castetnau-Camblong était un village comtal niché près d'un château, du temps des sauvetés. Il fut transformé en 1289 en bastide sous Gaston VII. Camblon est le nom d'un hameau, en aval vers l'ouest. L'église possède un clocher-porche, un retable du XVIIe s. et un buffet d'orgues.

Le château de Mongaston est ouvert aux visites en été. Il fut ravagé en 1929 par un incendie, puis restauré par sa propriétaire. Cette maison forte, haute et élancée, est couverte d'un toit pointu de bardeaux, flanquée d'un reste d'échauguette et d'une tour-escalier octogonale. À l'origine existait sans doute un donjon du XIIIe s., aménagé en demeure au XVIIe s.

En Pays basque chemin faisant

Lichos est le premier village basque rencontré. Son église, rurale, date du XIXe s., mais elle n'est pas dénuée de charme. En face se trouve une vieille maison avec une porte en plein cintre de 1651.

À Aroue, l'église Saint-Étienne, romane, fut remaniée au XIXe s. Parmi ses sculptures du XIIe s., un saint Jacques, à cheval, donne l'image espagnole du matamoros. Aroue fut la seule commune basque à adopter la politique jacobine antireligieuse. Sans doute en raison du voisinage béarnais…

→ Aroue → Ostabat

Peu de villages aujourd'hui, mais le hameau de Gilbraltar et sa stèle ronde marquent la rencontre des différents chemins (du Puy, de Vézelay et de Tours) vers Compostelle. Avant de rejoindre Ostabat, l'effort pour gagner la chapelle de Soyarza est récompensé par le plus prestigieux panorama de la région.

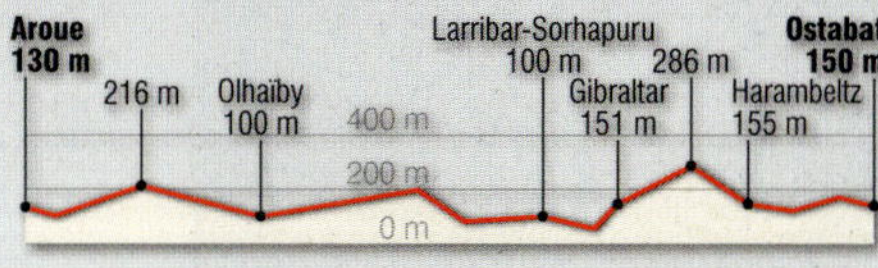

00,0 Aroue. Depuis le carrefour giratoire, descendez la D 11 vers Mauléon sur 400 m, puis tournez à droite sur une petite route près du château de Joantho (cote 109 m). Elle passe de suite à droite d'un étang.

01,1 Croix en bois : laissez un chemin goudronné à gauche, puis un autre 300 m plus loin, et encore un autre 500 m après. Plus loin, ignorez-en un autre à droite vers Goyhenex.

02,6 Bifurcation suivante à 200 m : allez à droite et encore à droite pour emprunter la première piste gravillonnée. Elle monte sérieusement en faisant une grande courbe vers la droite. Le chemin court sur la crête entre deux clôtures (magnifique point de vue, alt. 216 m). Puis il redescend franchement, vire vers la droite et passe sous les arbres.

04,9 Doublez une grange par la droite et laissez filer un chemin à gauche,

Un pèlerin passe à Soyarza

RENSEIGNEMENTS PRATIQUES

UHART-MIXE (64120)

→ GE de l'Escargot, 4 ch. (11 pl.), ½ pension de 30 à 35 €/p. (selon ch.), + refuge et camping en part. libre, pdj 4 €, repas 12 €, ML, accès Internet, accueil équestre, ouvert du 15/03 au 31/10 (sur résa hors saison), situé sur un raccourci de 5 km évitant Larribar Sorhapuru (suivre les escargots), 05 59 65 60 00 ou 06 16 33 72 13, www.augitedelescargot.com

OSTABAT-ASME (64120)

→ Boulangerie, bar

→ GE Maison Ospitalia, 3 ch. (10 pl.), nuitée 12/13 €/p. (selon ch.), coin cuisine, ouvert du 01/03 au 31/10, 05 59 37 83 17 (HR) ou 06 10 04 65 75

→ Ch. chez l'habitant au café Ametzanea, 3 ch. (+ chez la voisine), ½ pension 35 €/p., accueil équestre, M. Arbeletche, 05 59 37 81 56 ou 05 59 37 85 03

→ 800 m après Ostabat : GE Izarrak et ferme Gaineko, 33 pl. + 12 pl., ½ pension de 34 à 42 €/p. (selon ch.), panier repas 6 €, MLP, accueil équestre, accès Internet, wifi, Mme Eyharts, 05 59 37 81 10 ou 06 72 73 78 56, www.gites64.com/ostabat-compostelle

La stèle de Gibraltar

balisé en jaune, pour continuer tout droit. Ça monte et ça descend.

05,5 Maison et carrefour de pistes. La variante depuis Aroue qui passe par Etcharry* arrive par le goudron en face (raccourci de 2,4 km). Prenez à gauche le chemin gravillonné qui descend sur 600 m.

06,1 Carrefour en bas près d'une grange : allez à droite sur une petite route. À la rencontre avec une autre route, continuez tout droit, puis passez un pont en pierre et montez.

1h45 06,8 Carrefour avant le hameau d'**Olhaïby :** tournez franchement à gauche. Laissez un accès à une ferme puis une route à gauche. Dans un coude de la route, laissez le goudron desservir une ferme à gauche (Etcheberria) pour aller en face sur un chemin gravillonné. Après 300 m, au point bas, prenez une autre piste sur la droite qui monte raide.

08,1 Sous la ferme Casabonne, rejoignez le goudron que vous suivez à droite (nord-ouest). Cette petite route monte d'abord avant de descendre fortement pour remonter à une autre ferme (Jaurriberria) où vous prenez la piste la plus à gauche (sud). Vous y laissez une piste à droite, un peu plus loin.
Dans un virage, laissez en face un chemin de terre, descendant. 300 m plus loin, laissez un autre chemin à gauche et descendez en face.

10,0 Stèle avec coquilles : avant un point haut, laissez un chemin qui vient de gauche. Point haut : laissez une piste marron à gauche. Poursuivez en descente. Retrouvez le goudron avant un carrefour où vous descendez à droite.

11,4 Benta. Juste après cette ferme, descendez à gauche la route d'accès, raide, qui passe devant une autre ferme. À la bifurcation de routes, allez à gauche en montée sur 300 m.

12,7 D 242 : prenez la à droite. Après un pont, laissez l'embranchement vers Sorhapuru à gauche pour continuer tout droit. Au carrefour, 500 m plus loin, allez à gauche en direction de Larribar.

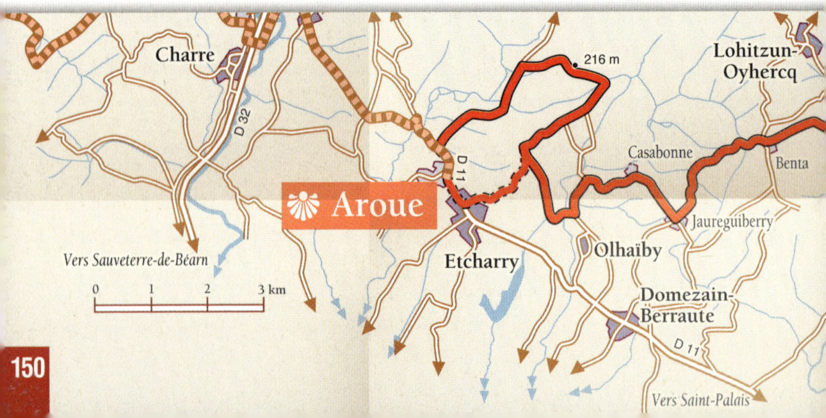

Arrivée à Ostabat

14,6 Laissez une route à gauche.

3h45 15,0 Larribar-Sorhapuru. Laissez le fronton à gauche ; au carrefour, prenez à gauche, puis frôlez l'église dans la descente. En bas, passez le pont sur la D 933 et, 100 m après, virez à gauche en direction du pont du Moulin. La petite route passe entre les maisons et descend vers la rivière.

16,4 Franchissez le pont sur la Bidouze (65 m). Le goudron vire vers la gauche (stèle) en laissant un chemin à droite. Avant la ferme, empruntez un chemin en oblique à droite dont une partie est bétonnée. À bifurcation, allez à gauche au-dessus de deux granges dans un chemin herbeux et raviné qui se rétrécit et devient plutôt sentier. Notez un passage où la roche forme des marches d'escaliers. Au-dessus, le chemin s'élargit et s'aplanit. Il atteint une ferme et le coude d'une petite route.

4h20 17,3 Hameau de **Gibraltar** (Beneditenia). Laissez à droite la stèle (jonction supposée des chemins de Compostelle). Continuez en face et, plus loin, traversez la D 302 pour suivre la petite route en face sur 350 m.

17,7 Quittez le goudron au bout de la ligne droite et empruntez en face une piste érodée (stèle à droite au départ). Dans la montée, laissez un chemin herbeux à gauche. Au point haut, laissez

Descente vers la chapelle de Soyarza

une trace de chemin à droite (panneau) et poursuivez tout droit.

19,3 Chapelle de Soyarza (286 m, abri et point d'eau) d'où l'on admire un superbe panorama sur les Pyrénées, détaillé sur la table d'orientation en dessous. À droite de cette table, continuez sur le chemin qui descend en gros vers le sud. 400 m plus loin, laissez un embranchement qui monte à droite, puis un autre un peu plus bas.

20,1 Après une stèle à gauche, quittez la piste pour aller à droite au-dessus du fossé, et descendez (raide) le long d'une clôture. Plus bas, retrouvez une piste gravillonné que vous suivez en descente. Traversez tout droit le hameau.

5h15 20,8 Harambeltz. Après la chapelle, quittez la route pour descendre en face sur un chemin terreux. Il croise un autre chemin et descend entre les arbres, passe le ruisseau et remonte (partie boueuse en temps de pluie). Laissez une piste à gauche dans une courbe ; au carrefour en haut allez à droite.

22,2 Rencontrez une piste gravillonnée que vous suivez à gauche. Plus bas, prenez encore à gauche pour atteindre le goudron que vous prenez à droite en montée. Dans un virage, laissez en face un chemin et continuez sur la route.

23,4 Carrefour au point haut avec conteneurs : continuez en face. Dans la descente, au niveau d'une stèle en pierre sculptée, quittez le goudron pour un chemin en creux étroit caillouteux et glissant (peu recommandable, plutôt à éviter**). Il rejoint le bas du village d'Ostabat. Traversez le ruisseau, passez des maisons et montez un raidillon goudronné pour prendre une rue à droite.

6h15 24,5 Ostabat. Carrefour (D 508) au centre du village, non loin de l'église.

* Variante par Etcharry

00,0 Aroue. Depuis le carrefour giratoire, prenez la D 11 vers Saint-Palais.

00,6 À Etcharry, au point haut, quittez la D 11 pour une petite route à gauche.

01,4 Carrefour avec un triangle d'herbe au centre : prenez à gauche.

02,3 Bifurcation dans la montée : poursuivez à droite sur une petite route assez raide qui passe sous une ligne à haute tension.

03,1 Fin du goudron et croisée de pistes : retrouvez le GR 65 que vous suivez à droite en descente sur le chemin gravillonné...

*** Les VTT éviteront ce passage en continuant sur la route.*

Larribar-Sorhapuru, sur le chemin direct, vit les États de Navarre siéger dans sa maison forte ou « Salle ». De seigneurie, elle fut promue baronnie.

Depuis le 2 août 1964, une stèle, semblable aux stèles discoïdales fréquentes au Pays basque, marque le point de **Gibraltar.** C'est le point de rencontre présumé des trois chemins : de Tours, de Vézelay et du Puy.

À Soyarza, l'oratoire-abri a remplacé une chapelle plus ancienne, Notre-Dame-de-la-Garde, confiée aux chanoines de Ronceveaux.

À Harambeltz se trouvait le prieuré hôpital bénédictin de Saint-Nicolas. La chapelle romane qui subsiste arbore, sur le tympan de sa porte, un chrisme du XIe s. surmonté d'une croix de Malte et d'une étoile à cinq branches. À l'intérieur, retable du XVIIIe s. et statue de saint Jacques du XVIIe s. Quatre familles du hameau sont co-propriétaires de la chapelle. Elles sont des descendantes des anciens donats, ces laïcs qui se donnaient à l'église. L'une d'elle vit sur place depuis l'an 987 !

À Ostabat, la vieille maison Ospitalia a renoué avec la tradition hospitalière sous la forme d'un gîte d'étape. D'autres hôpitaux étaient implantés dans la cité et reçurent jusqu'à cinq mille pèlerins. Traces d'anciens remparts détruits par Sancho le Fort, roi navarrais, en 1228. Linteaux sculptés sur les portes, notamment celui exécuté par un compagnon du Tour de France au XIXe s.

Vue sur les Pyrénées depuis Soyarza

29ème étape 22,5 km 5h45

→ Ostabat
→ Saint-Jean-Pied-de-Port

Sur le parcours,
la croix de Galzetaburu sépare d'un côté la vallée de Larceveau et de l'autre celle de Saint-Jean-Pied-de-Port : le Pays basque dans toute sa splendeur. Dans la cité fortifiée, bien des pèlerins achèveront leur périple tandis que d'autres franchiront les Pyrénées pour suivre le Camino Francés et atteindre ainsi Saint-Jacques-de-Compostelle, à près de… 800 km !

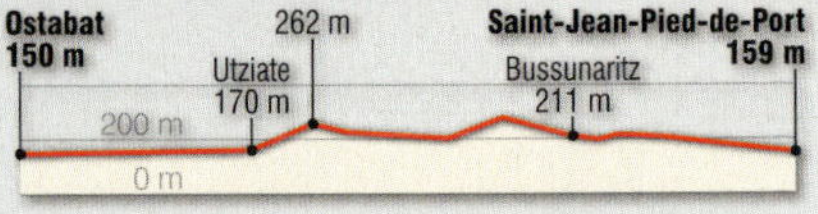

RENSEIGNEMENTS PRATIQUES

SAINT-JEAN-LE-VIEUX (64220)

→ Bars, boucherie, dépôt de pain (HR), restaurants

→ CH Subiatia, 4 ch., nuitée de 35 à 60 €/1 à 3 p., pdj compris, coin cuisine, accueil équestre, Mme Esponde, 05 59 37 08 21 ou 06 85 29 35 59, www.gites-de-france-64.com/subiatia

→ Camping aire naturelle, 25 empl., tente 10 €/2 p., mobil home 11 €/p., MLP, ouvert du 15/04 au 30/09, La Magdeleine, M. Jasse, 05 59 37 02 63 (HR) ou 06 98 16 66 16

SAINT-JEAN-PIED-DE-PORT (64220)

→ OT, 14 pl. Charles-de-Gaulle, 05 59 37 03 57, www.terre-basque.com, www.st-jean-pied-de-port.fr ou www.saintjeanpieddeport-paysbasque-tourisme.com

→ Tous commerces, services, gare SNCF, nombreux hôtels, restaurants et CH

→ GE Le Chemin vers l'Étoile, 30 pl., nuitée 16 €/p., pdj compris, repas 12 €, coin cuisine, MLP, hors saison sur résa, 21 rue d'Espagne, 05 59 37 20 71 ou 06 70 20 82 13, www.pelerinage-saint-jacques-compostelle.com

→ GE L'Esprit du Chemin, accueil pèlerins, 18 pl., nuitée 8 €/p., pdj 3 €, repas 9 €, panier repas 3 €, ouvert du 01/04 au 30/09, 40 rue de la Citadelle,

Huberta et Arno, 05 59 37 24 68, www.espritduchemin.org

→ Accueil pèlerin au refuge municipal, 32 pl. en dortoir, nuitée 8 €/p., pdj offert par l'assoc. Amis de Saint-Jacques 64, coin cuisine, 55 rue de la Citadelle, pas de réservation, 05 59 37 05 09, www.aucoeurduchemin.org

→ Accueil paroissial, 10 pl. en dortoir, ½ pension, CO, PO, ouvert du 09/04 au 30/09, pas de résa, maison Kaserna, 43 rue d'Espagne, 05 59 37 65 17, jacques.mullon@orange.fr

→ Ch. chez l'habitant, 4 ch., nuitée 40 €/2 p., pdj compris, coin cuisine, ouvert du 01/03 au 31/10, 9 rte d'Uhart, Mme Etchegoin, 05 59 37 12 08

→ GE Ultreïa, 4 ch. (15 pl.), nuitée de 15 à 20 €/p. (selon ch.), pdj 4 €, coin cuisine, accès Internet, ouvert du 01/04 au 15/10, 8 rue de la Citadelle, 06 80 88 46 22, www.ultreia64.fr

→ Ch. chez l'habitant, 6 ch. (15 pl.), nuitée 20 €/p., pdj compris, panier repas 7 €, coin cuisine, MLP, 15 rue de la Citadelle, Mme Camino, 05 59 37 05 83/32 90

→ Ch. chez l'habitant, 1 ch. (3 pl.), nuitée de 45 à 50 €/2 à 3 p., pdj compris, ouvert du 01/04 au 31/10, 28 av. Renaud (près de la gare), Mme Lapeyre, 05 59 37 27 15

→ Ch. chez l'habitant, 3 ch. (8 pl.), nuitée de 30 à 35 €/1 à 3 p., pdj 4 €, 24 rue de la Citadelle, Mme Maitïa, 05 59 37 32 08, www.nbx.jimdo.com

→ Camping municipal Plaza Berri, 50 empl., forfait 10 €/2 p., ouvert de Pâques à Toussaint, av. du Fronton, 05 59 37 00 92 (mairie) ou 05 59 37 11 19 (camping)

→ CH Maison E.-Bernat, 3 ch., ½ pension 49 €/p. (2/3 p.), accès Internet, 20 rue de la Citadelle, Mme Levitte, 05 59 37 23 10 ou 06 84 24 30 79, www.ebernat.com

→ 800 m du centre, sur GR : GE Zazpiak-Bat, 7 ch., ½ pension 35 €/p. + 5 € draps et serviette, MLP, ouvert du 15/03 au 15/10, 13 bis rue du Maréchal-Harispe, 06 75 78 36 23, www.gite-zazpiak-bat.com

La vallée de la Nive s'estompe

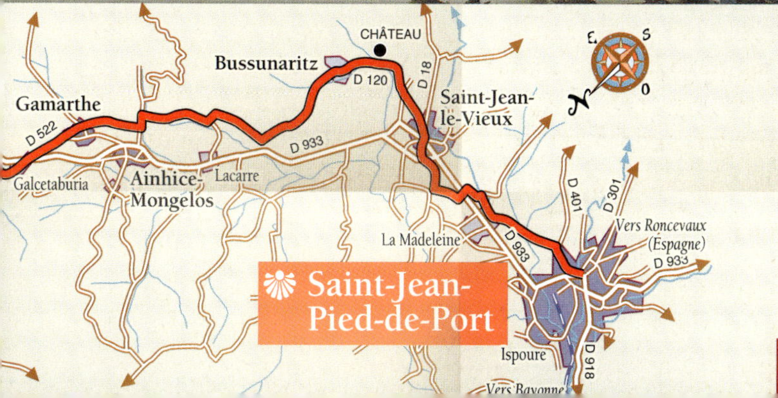

Notre-Dame-du-Bout-du-Pont

00,0 Ostabat. Au carrefour, descendez la D 508 vers l'ouest et prenez la première route à droite à la sortie du village. Au carrefour, 300 m plus loin, continuez en face ; le goudron descend et remonte. Laissez un accès à un bâtiment agricole à gauche.

01,1 Laissez le goudron rejoindre une maison (ch. d'hôtes) pour aller en face sur un chemin. En bas de la descente, passez une porte de clôture (que vous n'oubliez pas de refermer) pour continuer en face sur le chemin devenu herbeux. Poursuivez tout droit au carrefour avec une croix blanche.

02,2 Aux maisons de Béthano, retrouvez le goudron que vous suivez en face. 100 m plus loin, allez tout droit. Suivez la D 933 sur la droite.

0h45 03,2 À l'entrée de **Larceveau,** tournez à droite sur une petite route qui vire ensuite vers la gauche. Au carrefour avec un gros chêne, allez à droite en laissant une branche qui monte à droite.

04,0 Laissez une piste goudronnée à droite et traversez le hameau de Chahara. Au carrefour (avec un transformateur), allez à droite et de suite à gauche. Passez derrière une maison sur du gravillon. Après une bergerie, traversez à gué un petit ruisseau et continuez en face sur un chemin herbeux, sur 300 m.

05,0 Vous trouvez une petite route (cote 170 m) que vous descendez à gauche ; après la maison tournez à droite sur un chemin ombragé (borne). Il longe une clôture et traverse à flanc, en herbe.

05,5 Après une ferme du hameau dispersé de Bastida Xoko, prenez une allée goudronnée sur 70 m avant de suivre une petite route à droite. Après seulement 80 m, descendez à gauche et traversez une ferme.
Après un gîte rural, allez à gauche sur un chemin herbeux et, 40 m après et de suite après le pont, allez à gauche en passant une clôture (panneau : GR 65). Suivez le long du ruisseau et plus tard entrez en sous-bois. À la sortie, vous surplombez la D 933 sur l'ancien tracé de la route. Continuez sur l'herbe.

1h40 06,7 Utziate (ou Utxiat) : retrouvez le goudron à un carrefour et suivez sur 300 m en face une petite route tout d'abord parallèle à la D 933.
Après le virage à droite, prenez un chemin herbeux à gauche fermé par une barrière métallique. Raide au départ, il longe la forêt puis y fait une incursion et passe de nouveau une autre barrière. Après le champ, suivez un chemin herbeux qui descend.

08,1 Remontez la D 933 à droite ; en haut de la côte, laissez à droite un embranchement et la croix de Galcetaburia (cote 262 m) pour prendre un peu plus loin à droite la direction de Gamarthe, sur la D 522.

09,6 À l'entrée de Gamarthe, prenez à gauche une petite route et rapidement tournez à droite pour atteindre un carrefour sous le cimetière. Montez ensuite à droite et virez à gauche pour passer sur le côté du fronton. À la sortie, laissez un chemin en face et continuez sur la route.

Rue de la Citadelle

10,8 Au stop, empruntez la D 933 à gauche (village de Mongelos en face) ; après 200 m tournez encore à gauche sur une route qui descend jusqu'au ruisseau et remonte.

11,7 Au niveau d'une grande maison (Biscaya), prenez à droite une petite route (panneau : Chambres paysannes). Dépassez une ferme, passez le ruisseau et remontez.

12,6 Coude d'une autre route : allez à droite (laissez les chambres paysannes à gauche) et, 200 m plus loin dans la descente, prenez une petite route à gauche. Plus tard, vous serez averti d'un passage canadien que vous passez ainsi qu'une grange en contrebas à droite.

13,5 À la bifurcation, poursuivez à droite, à l'horizontale au départ. Cette route serpente et descend ensuite.

14,1 Au carrefour, 20 m avant un autre passage canadien, tournez à gauche sur une route qui monte sérieusement.
Sur le haut, laissez, en suivant, deux chemins à gauche. La petite route descend assez fortement. Vous atteignez une ferme où le GR va tout droit dans le village.

4h00 **16,1** **Bussunaritz.** Passez le centre et poursuivez tout droit. Au carrefour de routes, suivez à droite la D 120 (abri et croix, cote 204 m). Vous passez devant un château (à gauche).

17,7 Quittez la D 120 pour aller sur la gauche (en face) par une petite route entre deux maisons. Laissez une petite route à droite et, 200 m après, au carrefour en T, allez à gauche. Au stop avec la D 18, allez à droite et passez à droite de l'église.

18,6 Saint-Jean-le-Vieux. Au carrefour, allez en face. Après la place, passez à gauche de la croix et suivez une petite route. Au carrefour en T, 400 m plus loin, allez à droite.
Passez sous un pont et tournez de suite à gauche. 400 m plus loin, au carrefour après un bosquet, allez à gauche (direction la Madeleine) et passez quelques maisons (Herri Bazterra). Au carrefour suivant, avec un poteau électrique, tournez à gauche.

20,2 D 933 : suivez-la à droite sur plus de 100 m et virez à gauche sur une route encadrée par des platanes et des chênes. Après, allez sur la première route à droite, en direction de la Madeleine.

Saint-Jean-Pied-de-Port, sur la Nive

Au bout de 500 m, laissez un embranchement à droite.

21,0 La Madeleine : passez à droite du fronton. Tournez à gauche après la place pour passer devant l'église et franchir le pont sur la rivière Laurhibar. Suivez cette petite route en laissant tous les accès à gauche. La route s'élargit et se redresse.

21,9 Traversez la D 401 pour monter en face en direction de la porte Saint-Jacques. Franchissez la porte fortifiée et descendez les pavés de la rue de la Citadelle.

5h45 22,5 Saint-Jean-Pied-de-Port. Église Notre-Dame-du-Bout-du-Pont et porte Notre-Dame qui débouche sur le vieux pont sur la Nive.

Chemin faisant vers les Pyrénées Le château de Laxague date du XIVe s. (tour carrée, porte en voûte d'ogive, cour avec porte du XVe s., chemin de ronde, cachot).
À Larceveau, stèles discoïdales dans l'église provenant de l'ancienne chapelle du hameau d'Arros (1648).
À Utxiat, vestiges d'un hôpital prieuré Sainte-Madeleine, où œuvraient des donats, ces laïcs qui se donnaient au Christ.
Le château de Lacarre (XIIe et XVIIe s.) fut transformé dans un style Renaissance à partir de 1820.
Au hameau de Bussunarits, à Sarrasquette : croix de carrefour et maison noble Renaissance.
Au château d'Apat, porte de 1764 avec les armoiries des seigneurs du lieu. Mais l'édifice est plus ancien.

Saint-Jean-le-Vieux était une station romaine au pied des Pyrénées. De l'église du XIIe s. reste un portail roman restauré en 1630. Ruines romanes d'une église Saint-Jean et château de Harriéta (XIIIe s., remanié au XIXe s.).
À voir encore : la maison noble d'Irrumberry à tourelles carrées ; l'église de Sainte-Marie-Madeleine de la Recluse à beau portail gothique de grès rose (XVe s.) ; la maison Priorena, où se réunissaient les députés de Saint-Jean-Pied-de-Port et du pays de Cize.

Saint-Jean-Pied-de-Port fut édifiée au XIe s. par un roi de Navarre. Elle connut bien des batailles qui renforcèrent son rôle de place forte frontalière.

À voir en ville
Les remparts du XVe s. et la porte Saint-Jacques ; la rue de la Citadelle et ses maisons des XVIIe et XVIIIe s.
La maison Laborde : gîte et permanence des Amis des Chemins de Saint-Jacques des Pyrénées-Atlantiques.
La prison des Évêques : sous-sol en ogive (XIIIe s.) ; l'église Notre-Dame-du-Bout-du-Pont, gothique sur bases romanes.
Le musée de la Pelote ; le pont sur la Nive, médiéval et restauré en 1634 ; la maison des États de Navarre (1610).

Et sous le pont coule la Nive…

POUR CONTINUER JUSQU'À COMPOSTELLE

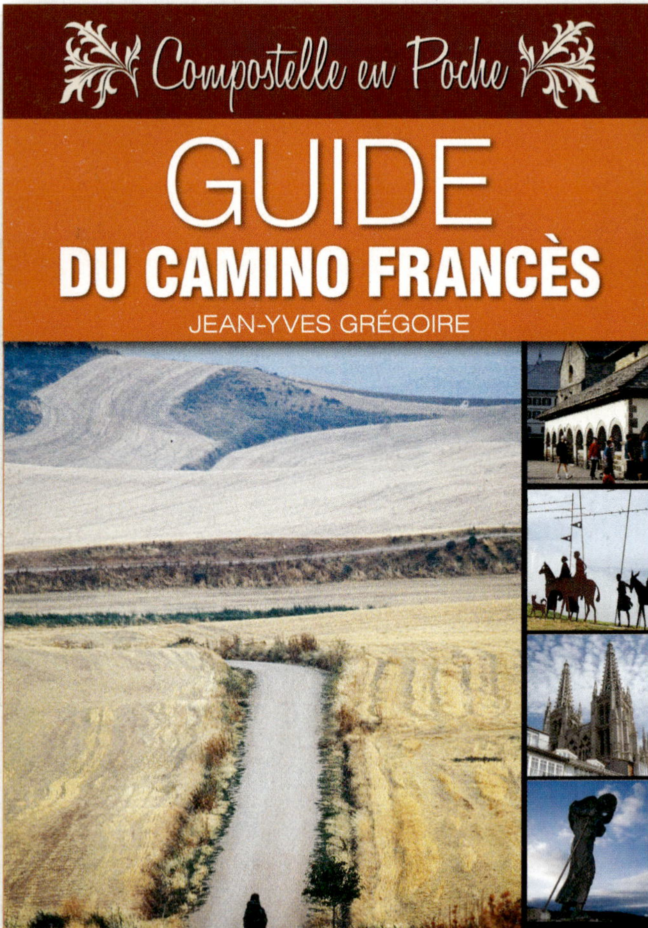

790 km – 160 pages – 12,50 €